21世纪普通高等院校系列规划教材

生态经济学教程

Shengtai Jingjixue Jiaocheng

主　编　肖良武　蔡锦松
副主编　孙庆刚　张攀春

西南财经大学出版社

图书在版编目(CIP)数据

生态经济学教程/肖良武主编.—成都:西南财经大学出版社,
2013.8(2018.1重印)
ISBN 978 – 7 – 5504 – 1043 – 5

Ⅰ.①生…　Ⅱ.①肖…　Ⅲ.①生态经济学—教材　Ⅳ.①F062.2

中国版本图书馆 CIP 数据核字(2013)第 098106 号

生态经济学教程
主　　编:肖良武　蔡锦松
副主编:孙庆刚　张攀春

责任编辑:李　雪
助理编辑:傅倩宇　蹇伟强
封面设计:杨红鹰
责任印制:朱曼丽

出版发行	西南财经大学出版社(四川省成都市光华村街 55 号)
网　　址	http://www.bookcj.com
电子邮件	bookcj@foxmail.com
邮政编码	610074
电　　话	028 – 87353785　87352368
照　　排	四川胜翔数码印务设计有限公司
印　　刷	郫县犀浦印刷厂
成品尺寸	185mm × 260mm
印　　张	12
字　　数	260 千字
版　　次	2013 年 8 月第 1 版
印　　次	2018 年 1 月第 4 次印刷
印　　数	4001— 5000 册
书　　号	ISBN 978 – 7 – 5504 – 1043 – 5
定　　价	25.00 元

前　言

随着人类对环境资源开发能力的提高,尤其是在 18 世纪以后,大量工业机械的应用,开采业、制造业特别是冶炼业、化学工业的大规模发展,大量煤炭被开采,农业被过度开荒、毁林,"石油农业"模式的大规模应用等,造成全球范围内严重的环境污染、资源短缺、水土流失、生物多样性锐减,极大地破坏了生态系统并严重威胁着人类经济、社会的可持续发展。

20 世纪六七十年代以来,人们越来越清晰地认识到,经济发展和环境保护是不可分割的。由于经济增长的原材料主要来自环境,如果经济发展损害了环境,环境的恶化必然限制甚至破坏经济的发展。尤其对于许多发展中国家而言,农业、林业、矿业和能源生产至少占其国民生产总值的一半,依赖这些产业生存和就业的人口比例则更高。在这些发展中国家特别是最不发达国家的经济中,自然资源的出口一直占很大比重。结果,这些相对贫穷的国家在出口越来越多稀有资源的同时也变得日益贫穷。同时,对自然资源的过量开采,必然导致环境的破坏,进而带来更严重的灾难,经济发展也将终止。如何妥善处理经济发展和环境保护的关系,转变经济发展模式,已成为世界各国特别是发展中国家最重要的问题。

改革开放以来,中国经济虽然保持持续高增长,但是在高增长的背后,存在环境日益恶化的问题。相关资料表明,30 余年来,中国的环境问题日益凸显:水污染问题严重,全国七大水系都受到污染,主要湖泊富营养化问题突出;城市空气质量处于被严重污染的状态,区域性酸雨时有发生,雾霾天气肆虐北京等一些城市;耕地的土壤质量呈下降趋势,沙漠化、荒漠化、石漠化问题严重。

正是由于以上原因,生态经济建设显得尤为迫切。进入 21 世纪以来,中央及地方各级政府付出了巨大的努力,为生态经济建设做出了有益的探索,取得了一定的成就。今天,我们只有稳步推进生态经济建设,才会使资源的永续利用和经济的可持续发展成为可能。

本书的编写分工为：肖良武负责第一章的编写工作，并负责全书的框架设计；黄臻负责第二章的编写工作；孙庆刚负责第三章的编写工作；蔡锦松负责第四章的编写工作；张韬负责第五章第一节至第四节的编写；刘清海负责第六章的编写；张攀春负责第五章第五节、第七章的编写工作；文瑾负责第八章的编写工作。全书的统稿、审核、定稿工作由肖良武、蔡锦松、孙庆刚、张攀春共同完成。

　　本书涉及理论与实践的研究面广，需要深入探讨的问题尚有很多，故难免有不当之处，敬请广大读者和同行批评指正。

肖良武

2013 年 4 月于南明鱼梁河畔

目录
MULU

第一章

导论

生态经济学是一门新兴学科，学习本学科首先要了解它的形成和发展历程，了解它的内涵与性质、研究对象和内容、学科体系构成及研究意义。本章将主要介绍学习生态经济学的这些基本问题。

第一节　生态经济学的形成和发展

一、生态经济学形成的背景

人类进入工业文明以来，创造了比过去一切时代总和还多的物质财富，也创造了更加丰富的文化与制度，人真正成为"自然的统治者"。但是在经济社会迅速发展的同时，也产生了众多的环境问题，诸如资源耗竭、环境恶化、同温层臭氧减少、海平面上升、森林缩减、土壤侵蚀、生物多样性减少等，这些问题的存在已经严重影响了人类的正常生活和经济发展。人类的经济亚系统已经严重地影响到地球生态系统的正常运转，也制约了经济系统的进一步发展。对于这些问题的解决，需要有新的知识或学科的出现。

在 20 世纪 60 年代后期兴起的环境保护运动中，循环经济思想还仅仅表现为发达国家一些环境科学工作者的一种超前性和理想化的理念，还远远没有变为人们的自觉实践，因为当时这些工业发达国家所关心的还只是以公害为代表的环境污染问题如何治理以减少其危害。进入 80 年代以后，发达国家开始注意到采用资源化的方式来处理生产过程的废弃物，但对污染和废物产生是否合理这一根本问题，对是否应该从生产和消费的源头上防止污染产生，则还没有更深刻的认识。他们开始关心经济活动所造成的生态环境后果，但还没有质疑造成这种后果的经济运行模式本身。

1992 年世界环境与发展大会以后，世界各国对可持续发展理论和战略取得空前的共识。在可持续发展理论指导下，环境污染的源头预防和全过程治理开始代替末端治理成为发达国家环境与发展政策的主流。这种认识上的理性飞跃，使人们更加清楚地看到了线性经济必然带来严重污染，而污染的末端治理又不能从根本上治理和杜绝产生污染的内在逻辑关系。30 年来，我国环保事业尽管在治污控污方面倾注了极大的精力，取得了巨大的成就，但各种污染问题仍很严重，继续污染的趋势还没得到根本遏制。既然末端治理不能从根本上解决污染产生和防治问题，那就要从源头和过程方面去寻找解决的途径，从产生污染的经济发展模式上去寻找解决问题的根本办法。正是在这种背景下，循环经济的出现就顺理成章了。

党的十六届三中全会确定了以统筹城乡发展、区域发展、经济社会发展、人与自然和谐发展、国内发展和对外开放为内容的新的科学发展观。这种科学发展观本质要求"可持续发展能力不断增强，生态环境不断得到改善，资源利用效率显著提高，人与自然关系和谐，推进整个社会走上生产发展、生活富裕、生态良好的文明发展道路。"这种科学发展观正确地解决了经济、社会与环境全面协调和可持续发展问题，突出了环境在可持续发展中的基础地位和作用。实践这种新的发展观，必须彻底摒弃人类沿用至今的传统的经济增长方式，要代之以大力发展以物质闭环流动的生态经济为本质特征的循环经济。

二、生态经济学的形成及发展

生态经济学的产生归功于生态学向经济社会问题研究领域的渗透。20 世纪 20 年代中期，美国科学家麦肯齐首次将植物生态学与动物生态学的概念运用到对人类群落和社会的研究上，提出了经济生态学的名词，主张经济分析不能不考虑生态学的过程。

生态经济学作为一门独立的学科，是 20 世纪 60 年代后期正式创建的。美国海洋生物学家莱切尔·卡逊，于 1962 年发表了著名的科普读物《寂静的春天》，对美国由于滥用杀虫剂所造成的危害进行了生动的描述，揭示了近代工业对自然生态的影响，首次真正结合经济社会问题开展生态学研究。20 世纪 60 年代美国经济学家肯尼斯·鲍尔丁在《一门科学——生态经济学》一书中正式提出"生态经济学"的概念。鲍尔丁明确阐述了生态经济学的研究对象，提出了"生态经济协调理论"。美国另一经济学家列昂捷夫则第一个对环境保护与经济发展的关系进行定量分析研究。

联合国于 1972 年在瑞典首都斯德哥尔摩召开了"人类环境会议"，把保护生态环境的意识落实到保护生态环境的实际行动中。但是自然生态的破坏并没有停止，人类生存的环境还在继续恶化。为此，联合国于 1992 年又在巴西的里约热内卢召开了"环境与发展会议"。大会的一个重要成果是提出：环境保护与人类经济社会的发展密切联系不可分割，脱离了经济的发展来保护环境是保护不住环境的。大会明确提出把环境与发展密切结合起来，以"可持续发展"作为世界环境保护与人类经济社会的发展共同的正确指导思想。

1980 年，联合国环境规划署召开了以"人口、资源、环境和发展"为主题的会议，并确定将"环境经济"（即生态经济）作为 1981 年《环境状况报告》的第一项主题。由此，生态经济学作为一门既有理论性又有应用性的新兴科学，开始为世人所瞩目。1989 年，国际生态经济学会成立，《生态经济》杂志创刊。尔后，成立了两个著名的生态经济学研究机构，一个是位于美国马里兰大学的国际生态经济学研究所，另一个是位于瑞典斯德哥尔摩的瑞典皇家学会的北界国际生态经济研究所。这两个研究所及学会会员的研究大体代表和左右着西方国家生态经济学界的动向。20 世纪 90 年代以来，生态经济理论有了更深入的发展。从 1996 年美国著名生态经济学家戴利发表《超越增长——可持续发展的经济学》，1999 年保罗·霍肯出版《自然资本论：关于下一次工业革命》，2002 年美国经济学家莱斯特·R. 布朗出版《生态经济——有利于地球的经济构想》、《B 模式》等生态经济学力作之后，生态经济学沿着可持续发展理论方向又迈进了一步。

此后，一大批论述生态经济学的著作问世，从此，生态学开始了"边缘学科"的新时代，与社会经济问题密切结合，交叉发展，产生了公害经济学、污染经济学、环境经济学、资源经济学，最终分离出一门新的边缘学科——生态经济学。

发达国家发展循环经济具有深刻的理念和实践支撑基础：①生态经济效益理念。

1992 年世界工商企业可持续发展理事会（WBCSD）在向世界环发大会提交的报告《变革中的历程》中提出了生态经济效益的新理念。这一理念要求企业生产过程中要实现物料和能源的循环往复使用以达到废物和污染排放最小化。②工业生态系统理念。这是由美国通用汽车公司研究部任职的福罗什和加劳布劳斯提出的一种新理念。1989 年他们在《科学美国人》发表了《可持续发展战略》一文，提出了生态工业园的新概念，要求企业之间产出的各种废弃物要互为消化利用，原则上不再排放到工业园区之外。其实质就是运用循环经济的思想组织园区内企业之间物质和能量的循环使用。自 1993 年起，生态工业园区建设逐渐在各个国家展开。③生活垃圾无废物理念。这种理念本质上要求越来越多的生活垃圾处理要由无害化向减量化和资源化方向过渡，要在更广阔的社会范围内或在消费过程中和消费过程后有效地组织物质和能量的循环利用。

当世界经济的发展进入 20 世纪 60 年代末之际，生态与经济不协调的问题愈来愈显现。面对当时已经凸显的人口、粮食、资源、能源和环境等五大生态经济问题，人们纷纷寻找解决问题的出路，引发了以"罗马俱乐部"为代表的"悲观派"观点和以美国的赫尔曼·康恩、朱利安·西蒙人为代表的"乐观派"观点。

悲观派以"罗马俱乐部"为主要代表。自 20 世纪 60 年代末以来，该派环境经济学家对人类社会发展的过去、现在和未来进行了大量的系统研究，将全球的未来描绘成一幅可悲的图景。其代表性著作有《增长的极限》、《全球 2000 年》和《世界保护战略》等。悲观派的基本看法是：如果人类社会按目前的趋势继续发展下去，则 2000 年的世界将比我们现在所生活的世界更不安定、更拥挤、污染更严重、生态上更不平衡。如不立即采取全球性的坚决措施来制止或减缓人口和经济增长速度，则在若干年内的某一时刻，人类社会的增长会达到极限。此后，便是人类社会不可控制地崩溃，人口和产量都将大幅度下降。

乐观派以美国未来研究所所长卡恩博士为代表，其代表作是《世界经济发展——令人兴奋的 1978—2000 年》。他坚持用设想的方式而不是用数学推导的方式看待未来。他对历史进行了分析解释，并以此作为预测未来的基础。

此外，还存在着中间派，中间派对世界未来的看法介于以上两者之间。中间派承认人类面临问题的严重性，但认为只要有谨慎而坚决的行动，就一定有希望，而且必能战胜这一挑战。代表人物有世界未来学会主席柯尼什和德·儒弗内尔和艾伦·科特奈尔等，其代表作是《环境经济学》，以及阿·托夫勒的《未来的震荡》和《第三次浪潮》，约翰·奈斯比特的《大趋势——改变我们生活的十个新方向》。中间派的基本看法是：今后的岁月可能布满风险，但人类各个领域的活动仍有希望取得许多巨大的成就。因此，对未来的正确态度既不是悲观主义，也不是乐观主义，而是满怀信心的现实主义。

三、我国生态经济学的形成及发展

我国生态经济的研究始于 20 世纪 80 年代。1980 年 8 月在青海省西宁市召开的一次全国性学术会议上，著名经济学家许涤新首次提出开展生态经济学的研究，创建生态经济学科的建议。同年9月，许涤新发起召开了有农业经济学家王耕今，生态学家马世骏、侯学煜和阳含熙院士参加的首次生态经济座谈会。与会者一致强调在我国加强生态经济学研究的重要性和紧迫性，并明确提出了在我国创建生态经济学的任务和当时需要研究的一些重大课题。这次会议有力地推动了生态经济学在中国的发展。

1981年5月，云南省农经学会在昆明召开了生态经济问题研究工作会议，同年11月成立了云南生态经济研究会，这是我国第一个群众性的生态经济研究组织。

1982年11月在江西南昌召开了全国第一次生态经济讨论会，会上递交的70多篇论文从不同角度对生态经济基础理论问题和实际应用问题进行了探讨，讨论会还通过了给党中央、国务院关于开展生态经济研究的建议书。

1984年2月，由中国社会科学院经济研究所、农业经济研究所、城乡建设环境保护部、环境保护局、中国生态学会和中国"人与生物圈"国家委员会，在北京联合召开了全国生态经济科学讨论会暨中国生态经济学会成立大会。原国务院副总理万里同志代表党中央和国务院为大会作了报告，指出生态经济问题是社会主义建设中的战略问题，认为生态学会和生态经济学会的成立是我国对这个问题开始觉醒的表现。要求大力开展这方面的研究、宣传和教育工作，为改善中国的生态环境提出建议，在社会主义建设中积极发挥作用。会后，出版了许涤新的专著《生态经济学探索》，并被苏联译成俄文版出版；还出版了全国生态经济科学讨论会论文集。这次会议的召开，有力地促进了中国生态经济研究工作的飞跃发展。会后，全国生态经济学术团体纷纷成立，学术交流活动空前活跃。

1985年6月，云南省生态经济学会创办了世界上第一本《生态经济》杂志。1987年，许涤新出版了《生态经济学》，其后出版了一系列有关生态经济学的著作和教材。这些成果的出现，标志着我国生态经济学这一新兴学科理论体系初步建立起来。

知识链接：生态文明贵阳会议

2009年8月，在贵阳举办了第一届生态文明贵阳会议，英国前首相布莱尔出席了会议；2010年7月，在贵阳举办了第二届生态文明贵阳会议，会议的主题是"绿色发展——我们在行动"；2011年7月，在贵阳举办了第三届生态文明贵阳会议，会议以"通向生态文明的绿色变革——机遇和挑战"为主题，香港特别行政区首任长官董建华、爱尔兰前总理伯蒂埃亨出席会议并发表演讲；2012年7月，在贵阳举办第四届生态文明贵阳会议，会议以"全球变局下的绿色转型和包容性增长"为主题，德国前总理格哈德·施罗德、中国著名的经济学家吴敬琏及20国集团研究中心秘书长龙永图出席了会议，四届会议均达成了对建设生态文明、发展绿色经济具有积极意义的《贵阳共识》。见图1-1。

图 1-1　全国政协副主席李金华在 2012 年生态文明贵阳会议开幕式上致辞

资料来源：《"2012 贵阳共识"呼吁推进绿色转型和包容性增长》，作者王橙澄、余晓洁。来源：新华网贵阳频道 2012 年 7 月 29 日，网址：http：//www. gz. xihanet. com/2012-07/29/c_ 11260623. htm

■■■■ 第二节　生态经济学的内涵与性质

一、生态经济学的内涵

（一）国外学者对生态经济学含义的理解

美国经济学家肯尼斯·鲍尔丁在他的重要论文《一门科学——生态经济学》中首次提出"生态经济学"的概念，对利用市场机制控制人口和调节消费品的分配、资源的合理利用、环境污染以及用国民生产总值衡量人类福利的缺陷等做了一些有创见性的论述。他在对传统经济学忽略人类经济活动赖以进行的基础——自然环境的行径进行反思的基础上，提出人类经济活动时刻在与生态系统发生关系，即经济系统与生态系统的相互作用构成了一个生态经济系统。肯尼斯·鲍尔丁还提出了"生态经济协调理论"，指出现代经济社会系统是建立在自然生态系统基础上的巨大开放系统，以人类经济活动为中心的社会经济活动都在大自然的生物圈中进行。

美国著名的生态经济学家赫尔曼·E. 戴利提出了稳态经济理论和建立宏观环境经济学的主张。所谓稳态经济是指通过低水平且相等的人口出生率和人口死亡率使人口维持在某个合意的常数，同时通过低水平且相等的物质资本生产率和折旧率来支撑恒定的、足够的人造物质财富存量，从而使人类的累计生命和物质资本存量的持久利用最大化的经济。稳态经济的前提是将资源、能量、流量控制在生态可持续的范围内，然后提高经济系统的效率。稳态经济的实质是保持人口和物质资本存量零增长，主要通过没有数量增加的质量改进来实现。他认为，人类应该停止传统的经济增长，取缔妨碍可持续发展实现的全球自由贸易制度，加强国家共同体对社会、经济发展的控制。稳态经济主要控制的是经济的输入端，将社会的资源损耗首先确定一个可持续的规模，然后进入市场进行有效配置。

美国著名的生态经济学家罗伯特认为，生态经济学是一门从最广泛的领域阐述经济系统和生态系统之间关系的学科，重点在于探讨人类社会的经济行为与其所引起的资源和环境变化之间的关系。生态经济学的基本宗旨之一就在于关注经济发展对人的生存的影响。他认为目前人类社会经济亚系统是整个地球生态系统的一部分，而且这个亚系统的存在和发展是以生态系统为基础的，人类的经济系统必须要和生态系统保持协调，包括它们之间的物质循环和能量的流动，以及规模和尺度的互相协调。

（二）中国学者对生态经济学含义的理解

中国对生态经济学最早的研究是由著名的经济学家许涤新发起的，后来经过许多学者的补充和完善，发展形成了中国的生态经济学研究。

其后，生态经济学在我国得到了迅速的发展。一批学者从不同视角对此学科进行研究，同时也得到了政策制定者的关注，出现了一批优秀的成果，制定了一系列相关政策。目前，中国已经将发展生态经济和保护生态环境作为基本国策。

生态经济学家王松霈认为生态经济学为可持续发展提供了理论基础。在其所著的《生态经济学》一书中，他认为，当代世界范围内所产生的各种生态经济矛盾，都是由于人们为了发展经济的需要，采取了错误的经济思想和错误的经济行为，损害了自然界的生态平衡而造成的，因而实质上是经济问题。王松霈认为，生态与经济协调理论是生态经济学的核心理论，生态与经济协调理论是在工业社会向生态社会转变过程中产生的，它的提出体现了生态时代人们改变经济发展中生态与经济严重不协调现状的客观要求，决定了整个生态经济学理论体系的建立和学科基本理论特色的形成。

生态经济学家腾有正认为，生态经济学是研究生态经济系统的运动发展规律及其机理的科学，是一门兼有理论和应用二重性的科学，就其基础部分来说，属于理论科学。他认为生态经济学是一门具有边缘性质的经济科学，它和政治经济学、生产力经济学、生态学、环境科学、人口科学、资源科学、国土科学等有着密切的关系，因此生态经济学与一些相邻学科就有许多共有范畴或概念，如经济系统、生态系统、环境、资源、人口、自然生产力、社会主义生产力等。除了与相邻学科的共有范畴之外，生态经济学还有许多本学科的特有范畴，这其中包括关于生态经济系统状态的范畴，如生态经济关系、生态经济位、生态经济资源、生态经济结构、生态经济功能、生态经济信息等；关于生态经济运行机制的范畴，如生态经济序、生态经济演替、生态经济阈、生态经济价值、生态经济需求等；关于系统调控管理的范畴，如生态经济价值、生态经济战略、生态经济政策、生态经济区域、生态经济工程等；关于研究方法的范畴，如生态经济抽象、生态经济评价、生态经济指标、生态经济模型、生态经济同构、生态经济设计等。

还有一些学者认为，生态经济学分为狭义生态经济学与广义生态经济学两部分。狭义生态经济学是对生态经济系统及其构成要素进行描述和分析，探究生态经济系统运行规律的理论，狭义生态经济学着重对生态经济系统本身进行分析研究；而广义生态经济学则是建立在经济生态、政治生态、人文生态、社会生态基础上的理论，分析经济子系统、社会子系统和生态子系统内部存在和发展的本质规律，以及子系统之间的反馈作用机制，旨在指导人类经济、政治、社会、科学、文化实践沿着合理的、顺应自然规律的道路前进。

根据国内外学者的研究与表述，唐建荣总结认为，生态经济学是综合不同学科（包括生态学、经济学、生物物理学、伦理学、系统论等）的思想，是对目前人类经济系统所产生的问题及其对地球生态系统的影响而研究整个地球生态系统和人类经济亚系统应该如何运行才能达到可持续发展的科学。其所要达到的最终目的就是人类经济系统和整个地球生态系统的可持续发展，这需要充分地了解人类的经济系统和生态系统之间的相互作用关系，以及社会经济系统对生态系统的影响。

（三）生态经济与循环经济、绿色经济、低碳经济的区别

生态经济是指在生态系统承载能力范围内，运用生态经济学原理和系统工程方法改变生产和消费方式，挖掘一切可以利用的资源潜力，发展一些经济发达、生态高效的产业，建设体制合理、社会和谐的文化以及生态健康、景观适宜的环境，实现经济腾飞与环境保护、物质文明与精神文明、自然生态与人类生态的高度统一和可持续发展的经济。

循环经济也称为资源闭环利用型经济，是以资源的高效利用和循环利用为核心，以减量化、再利用、资源化为原则，以低投入、低消耗、低排放和高效率为基本特征，符合可持续发展理念的经济发展模式。循环经济产生于环境保护兴起的 20 世纪 60 年代，萌芽于生态经济。1966 年，美国经济学家肯尼斯·鲍尔丁在"宇宙飞船经济理论"中提出要以"循环式经济"代替"单程式经济"以解决环境污染与资源枯竭问题，肯尼斯·鲍尔丁因而被认为是生态经济学、循环经济理念的最早倡导者。20 世纪 90 年代，英国经济学家大卫·皮尔斯和克里·特纳在《自然资源与环境经济学》一书中正式提出"循环经济"的术语，以代表一种有别于传统经济发展方式的模式。循环经济本质上是一种生态经济，它自觉地运用生态学规律来指导人类社会的经济活动。出入传统线性经济运动系统中的物质流要远远大于内部互相交融作用的物质流，使经济活动出现了"高投入、低产出、高排放、高污染"的特征；而出入循环经济系统的物质流则以互相关联的方式进行交换和往复利用，从而使进入系统中的物质和能量得到最大限度地利用，形成了"低投入、高产出、低排放、低污染"的结果。

绿色经济是以市场为导向、以传统产业经济为基础、以经济与环境的和谐为目的而发展起来的一种新的经济形式，是产业经济为适应人类环保与健康需要而产生并表现出

来的一种发展状态。"绿色经济"一词源自英国环境经济学家皮尔斯于 1989 年出版的《绿色经济蓝图》一书，但其萌芽却要追溯 20 世纪 60 年代开始的"绿色革命"，主要针对的是绿色植物种植的改进，随后这场革命演变成一场全球的"绿色运动"，不仅涉及资源与环境问题，还渗透到社会各个方面。1990 年 Jacobs 与 Postel 等人所特别提出的社会组织资本深化了对绿色经济的研究。2007 年联合国秘书长潘基文在联合国巴厘岛气候会议上提议开启"绿色经济"新时代之后，"绿色经济"便出现在了各个国际会议的议题之中，成为一种新的能够引领世界经济活动走向的话语。

低碳经济是以"低能耗、低排放、低污染"为基础的经济发展模式。目前，对"低碳经济"概念的阐述主要是英美日等发达国家、印度和巴西等发展中国家、联合国政府间气候变化专门委员会（IPCC）的一些报告、决议、倡议书、行动指针，以及我国党和国家领导人的一些提法和学术界对中央精神的一些认识和体会，尚没有一个严格的定义。中国环境与发展国际合作委员会 2009 年发布的《中国发展低碳经济途径研究》，最终把"低碳经济"界定为"一个新的经济、技术和社会体系，与传统经济体系相比在生产和消费中能够节省能源，减少温室气体排放，同时还能保持经济和社会发展的势头。"

"低碳经济"问题，源于 20 世纪 90 年代以来的气候问题备受关注的国际大背景。瑞典科学家阿列纽斯在 1896 年预测大气中二氧化碳浓度升高将带来全球气候变化，已被确认为不争的事实。在此背景下，1992 年《联合国气候变化框架公约》、1997 年《京都议定书》获得通过。2003 年英国政府在《我们的能源未来——创造低碳经济》的能源白皮书中首次提出了低碳经济的概念。特别是自从《斯特恩气候变化报告》（2006）和联合国政府间气候变化专门委员会（IPCC）第四份气候变化评估报告——"气候变化 2007"报告（此前于 1990 年、1995 年和 2001 年，IPCC 已经相继完成三次评估报告）发表及"巴厘岛路线图"决议（2007）之后，低碳经济无论是在国际舞台上还是在国内，都开始受到广泛关注。

目前，低碳经济作为循环经济的重要组成部分和深化，作为实现生态经济、绿色经济的有效途径之一，已被各国视为应对能源、环境和气候变化挑战的必由之路和实现经济转型、可持续发展的共同方向。

二、生态经济学的性质

生态经济学是生态学和经济学相互交叉、渗透、有机结合形成的新兴边缘学科，是一门跨自然科学和社会科学的交叉边缘学科。那么，生态经济学究竟是属于生态学的一个分支，还是属于经济学的分支呢？目前，较多的学者认为属于经济学的分支，但也有少数学者认为属于生态学的分支。也有人认为它既不属于生态学，也不属于经济学，而是一门新兴的独立学科。目前，持这种观点的学者有增多的趋势。

（一）生态经济学具有边缘科学性质

生态经济学是近年来出现的一门由生态学和经济学相交叉、渗透、有机结合形成的新兴边缘学科。现代科学的发展，出现了自然科学和社会科学交叉合流的一体化趋势，生态经济学就是这种趋势的产物。生态经济学，既不完全以经济系统本身为对象，又不同于社会经济发展规律的一般经济学。它以生态经济系统为研究对象，把生态与经济两个系统的相互联系作为一个整体，来研究和揭示生态经济复合系统的发展规律。现代生态学与现代经济学本身都是多学科有机组成的综合性很强的学科。生态经济学，从诞生之日起，就吸取了这两门学科多种知识和理论营养，进行交叉融合，形成了自己独有特色、具有边缘性的科学体系。

（二）生态经济学具有经济科学性质

生态经济学从本质上说，是自然科学与社会科学之间的边缘学科，它运用两大科学的理论和成果揭示生态系统和经济系统之间相互关系的规律，这些关系和规律叫做生态经济关系和生态经济规律，其本质还是一种经济关系。不过这种经济关系是在生态系统与人类经济过程的相互关系中产生的。也就是说，在生态经济规律（或关系）中，生态系统与人类经济过程之间相互作用和相互影响是以人类经济活动为中心的，这是人类经济关系在更深层次上、在更广泛的领域中、在更新的内容上的体现。所有这些都说明了生态经济学属于经济学范畴。

生态经济学从它成为一门独立学科的必然性来看，是经济学的一个分支。生态经济学不是生态学和经济学一般相结合的科学，而是在现代科学发展的过程中所产生的生态学和经济学一体化的科学。它从生态经济系统中的生态与经济两个系统的矛盾运动中研究人类社会经济活动与自然生态相互发展的关系，揭示其在人们的经济生活和经济关系上的规律性。他把自己的研究领域重点放在生态和经济两个系统之间相互联系发展过程中发生的经济现象和体现的经济关系上。从生态学和经济学的结合上普遍阐明产生这些经济问题的生态经济原因和解决这些问题的理论原则。也就是说，在生态经济系统中，生态系统与经济系统间相互作用和相互影响是以人类经济活动为中心。研究这些问题，旨在调节人类社会的经济活动，使人与自然、社会、经济和生态环境能够协调发展，以满足人类生存和经济社会发展的需要。以上这些问题，都决定了生态经济学这门学科按其性质应该归属于经济学的范畴。

（三）生态经济学既有很强的理论性又有很强的实践性

生态经济学研究内容的抽象概括程度高。生态经济学是从整体上来研究生态经济系统中生态系统和经济系统之间相互关系及其发展规律的科学，揭示自然和社会这个统一体运动发展的规律性，随着对自然、社会，及其相互作用认识深化而抽象出理论概念和理论范畴。如生态经济系统、生态经济关系、生态结构、生态功能、生态平衡、生态经济效益、生态经济目标、生态经济规律等。它要建立自己特有的理论和数学模型，也有自己众多的应用分支学科。

生态经济学具有很强的理论经济学性质。对适用于一切社会经济形态的一般研究，人们通常称之为广义的理论经济学。而广义理论经济学的中心问题，是研究生产力与生产关系内部矛盾运动发展的客观规律及社会生产力和生产关系之间相互作用的客观规律，不仅政治经济学和生产力经济学是理论经济科学，而且生态经济学也是理论性很强的经济学科。

生态经济学具有很强的应用经济学性质。生态经济学的产生来源于现实经济发展产生的问题与需求，同时，它又应用于经济发展的实践，指导经济发展的实践过程。一方面，对过去经济学研究中已经涉及的，但是由于没有和生态规律结合起来研究所产生的问题进行研究，另一方面，由于将经济学和生态学孤立研究，两者结合存在大量亟待解决而无法用固有理论解决的问题，生态经济学应运而生。它的研究对社会经济的发展有着重大的指导意义，它是发展经济、保护环境的理论基础，是制定国民经济方针政策的科学依据，是制定工农业发展规划乃至国际政策的指导思想，为解决严重生态、环境问题提供有效方法。

第三节　生态经济学的研究对象和内容

一、生态经济学的研究对象

人类社会发展至今，既没有不研究客观规律的科学，也不存在没有研究对象的科学。作为一门科学，其特有的研究对象和对某一客观规律或某客观规律的一定侧面的研究是该科学存在的前提。生态经济学同一切科学一样，有自己特定的研究对象。

传统生态学主要研究不包含人类的自然世界，传统经济学主要研究人类社会的经济。生态经济学改变了传统经济学、传统生态学的研究思路，将生态系统和经济系统作为一个不可分割的有机整体，由一个生态系统和经济系统相互作用所形成的生态经济复合系统。生态经济学是从生态学和经济学的结合上，以生态学原理、经济学原理为基础，以人类经济活动为中心，围绕着人类经济活动与自然生态之间相互发展的关系这个主题，研究生态系统和经济系统相互作用所形成的生态经济系统。也就是说，生态经济学研究的是生态经济系统，主要是关于人类社会经济系统和地球生态系统之间的关系。

生态经济学不是一般地研究生态系统和经济系统的相互关系，而是研究作为整体的生态系统和经济系统统一有机体运动发展的规律性。社会物质资料生产和再生产的运动过程，是人类和自然之间进行物质交换的运动过程。因此，社会物质资料再生产运动不断进行，人类不断占有自然物质的有用形态，同时不断将废弃物和排泄物返回自然。人类就是这样不断往复循环地和自然进行物质交换。这是人和自然的最基本的关系，也是经济系统和生态系统最本质的联系。这种相关的联系是以物质循环、能量流动、信息传递和价值增值为纽带，把生态系统和经济系统耦合成为生态经济有机整体的。这一有机整体的运动发展是生态经济系统运动发展的表现，在此基础上，就构成生态经济学的研究对象。因此也可以说，生态经济学是研究社会物质资料生产和再生产运动过程中经济系统与生态系统之间物质循环、能量流动、信息传递、价值转移和增值以及四者内在联系的一般规律及其应用的科学。

生态经济学是一门边缘科学，由很多相关学科交织而成，其研究对象的边界很难确定，但使它成立并能够发展壮大的最主要研究对象，是由生态系统和经济系统相互交融而形成的生态经济系统。生态经济系统的物质组成是人类生存的基础，也是可持续发展的根本。而生态经济学的研究，既不能向生态学延展太深，也无力向经济学了解太细。生态经济学与其他经济类边缘科学不同的是，它一方面要坚持经济效益原则才能实现发展，另一方面要坚持生态效益原则，才能实现可持续性。而经济学及其他边缘学科是缺乏生态观念的传统经济学理论。尤其创立了生态经济协调发展理论作为中心内容，使生态经济学的最主要研究对象和领域迈向了新的阶段。

二、生态经济学的研究内容

（一）研究的基本范畴

生态经济学研究的基本范畴，包括一些与相邻学科共有的范畴，如经济系统、生态系统、环境、资源、人口、技术等，具体而言，包括生态经济系统、生态经济产业、生态经济消费、生态经济效益、生态经济制度等。除此以外，还包括本学科特有的范畴，如关于生态经济运行机制的范畴。

（二）研究生态经济系统的区域性结构问题

研究生态经济系统的区域性结构问题是生态经济学研究的重点之所在，因为任何一个系统都由一定的结构所组成，而这种结构，又往往布局于一定区域土地面积上。同时区域结构是否合理，往往决定着该地域生态经济系统的整体功能和优势，对提高各种生态经济系统的功能，有着十分重要的意义。

（三）研究生态经济系统的综合功能和整体运动问题

生态经济系统综合功能的产生是由系统内各要素之间进行物质、能量、信息的流动和转移的各种状态、速度所决定。它包括生态和经济两个系统的生态平衡和经济平衡及其内在规律性问题，经济再生产和自然再生产的内在联系和规律问题，人类的各种经济活动对生态经济系统带来的影响和效益问题，以及一系列计量的指标体系问题。

（四）研究人类对生态经济系统的科学管理问题

由于生态经济复合系统是人类通过各种经济行为作用于生态经济系统的结果，人类是生态经济系统的主要消费者，因此研究人类管理生态经济系统的科学显得特别重要。

（五）研究生态经济学的发展历史及其实用问题

生态经济学必须在总结历史经验教训的同时，从中找出许多生态经济学规律性的东西，从而促进人类更好地运用生态经济复合系统的理论去指导生产实践，使生态效益、经济效益和社会效益达到满意的程度。

上述五个方面的内容，均是生态经济复合系统所要研究的问题。当然，要研究这一系列的内容，必须运用现代科学的一些方法和手段，如系统论、信息论、控制论、耗散结构论、协调论、突变论、电子计算机的系统工程等手段，才能达到理想的效果。

第四节 生态经济学学科体系及与其他相关学科的关系

一、生态经济学学科体系

综合生态经济学的研究内容，生态经济学的学科体系可以划分为四类：

（一）理论生态经济学

从总体上研究人类社会经济活动和自然生态环境的统一运动，揭示生态经济发展的总体规律，是研究生态经济理论和实践的共性、全局性问题，为各部门应用生态经济学提供基础理论，如生态经济学、生态经济学说史等。

（二）部门生态经济学

研究国民经济某一个部门的生态经济发展状况及其运动规律，如工业生态经济、农业生态经济、运输生态经济、基本建设生态经济、旅游生态经济等。

（三）专业生态经济学

研究国民经济某一个行业的生态经济状况及其具体规律，就构成了专业生态经济，如能源生态经济、人口生态经济、水利生态经济等。

（四）地域生态经济学

研究某一自然地理区域的利用、改造和保护。生态经济总是同一定地域相联系，因而具有明显的区域性特征，如山地生态经济、流域生态经济、海域生态经济、水体生态经济、城郊生态经济、庭院生态经济等。

二、生态经济学与其他相关学科之间的关系

（一）生态经济学与生态学之间的关系

生态学和经济学两方面在很大程度上是相统一的，生态学是研究生物与其周围物理、化学环境因子相互关系的科学，生态系统是一定区域内由生物与周围物理、化学环境组成的具有特定结构和功能的统一体，因此生态学也重点研究生态系统的结构、状态和功能。因而生态学也称之为"研究大自然的经济学"，即研究世界上含人类在内所有生物与生物之间及其他各类环境因子相互依存、相互作用的关系和状态，是最宏观的经济学。而经济学只是研究人类这种生物为生存、繁衍和发展与各类环境因子（含生物因子及资源）的相互作用、过程及效果。生态经济学是从整体上和客观上来研究如何使生态、经济、社会这三个子系统协调发展。

（二）生态经济学与经济学之间的关系

传统经济学的世界观是以人为本位，人类的偏好为主宰经济行为的动力。生态经济学则认为，必须通过限制人的需要以适应自然资源的有限性。传统经济学的核心是增长和规模，它提倡不受自然生态环境制约的经济发展，解决人们需求之无限扩张的根本方

式是经济的不断增长和规模化发展，主张经济规模不断扩大、经济增长率不断提高。生态经济学主张经济发展应该受自然资源和生态系统整体性的制约，经济规模是和生态系统的自然承载力相关的，即在可持续的基础上输入能量、更新资源和吸收消化废弃物的能力。经济系统被看成是一个更大的、但有限的而且是非增长的生态系统的子系统。生态系统的规模是固定的，经济规模相对于这个生态系统的规模非常重要。

生态经济关系的本质是经济关系，对经济关系的科学分析来自于经济学理论。

宏观经济学是以一个国家的整体经济活动或经济运行作为考察对象，考察一个国家整体经济的运作情况以及政府如何运作经济政策来影响整体经济的运行。宏观经济学所研究的问题分为短期和长期，就长期问题来讲，宏观经济学主要考察一个国家的长期增长和发展的问题。而经济发展的根本点就是经济、社会的发展与生态环境的相协调。生态经济学把生态系统和经济系统作为一个整体来研究人类进行物质资料生产的发展规律，揭示人类社会经济活动和自然生态发展的普遍的、必然的、内在的联系。它所研究的经济、技术、社会和生态问题具有宏观的特点，如人口与资源、经济发展与生态环境、经济发展与技术进步等问题，这与经济学所关心的问题是完全一致的。另外，生态经济问题的解决，需要通过国家政策、法律的调控，乃至国际市场、国际法对世界的经济发展进行调控，对全球环境建设合理规划、管理；生态建设涉及的各部门、各区域的协调问题同样需要政府从宏观上加以调控。现行的宏观经济政策在改进一个国家的生态经济的状况上起着重要作用。

微观经济学是以单个经济主体的经济行为作为考察对象，所要解决的问题是经济资源的优化配置问题。在当今世界上，经济资源的优化配置是通过市场机制达到的，而市场机制的最主要部分是价格机制问题。微观经济主体的行为与结果通过价格的引导可以解决资源的优化配置问题。从微观角度来看，价格手段是保护环境的经济手段体系中比较灵活和有效的手段。价格手段一般具有两方面的作用：一是使价格具有帮助体现社会边际成本的功能，如对产生污染的产品提高价格；二是尽力消除价格在发挥原有功能时产生的副作用，如资源价格偏低。所以，生态经济学中要运用微观经济学的理论来影响微观决策主体的行为。生态经济学具有微观经济学的性质，这是因为生态经济协调发展除了实现战略思想的转变外，还必须以最基本的经济细胞企业、农户为依托，从小区域、小流域建设开始，配置丰富多彩的技术项目和生态经济具体模式，即从大处着眼，小处着手，才能建立生态经济持续发展的良性循环。

生产力经济学是研究社会生产力的科学。社会生产力是指人同他所用来生产物质资料的那些自然对象和自然力的关系，即生产过程中人和自然的关系。它表明某一社会的人们控制和征服自然的物质能力。而这种物质能力是存在于人和自然之间的物质变换关系之中的。可见，无论是生产力经济学，还是生态经济学都要考察人和自然之间的物质变换关系。这样，生态经济学的研究就不可避免地同生产力经济学的研究范围与对象发生某种重叠。这种情况表明两门经济学科是相互交叉的，两者有着极其密切的联系。

发展经济学以发展中国家经济为研究对象。其任务是研究发展中国家经济从落后状态发展到现代化状态的规律性，研究其发展的过程、发展的要素及应该采取的发展战略和政策等。生态经济学是研究生态经济系统由不可持续发展状态向可持续发展状态转变及维持其可持续发展动态平衡状态运行所需要的经济条件、经济关系、经济机制及其综合效益的学科。由于可持续发展不仅是发展中国家的目标，也是发达国家的目标，所以生态经济学所探索的规律带有上述两类国家之间的通用性，是研究在这两类国家中走可持续发展道路所需遵循的普遍原则；而不像发展经济学只探索发展中国家发展的规律性，所概括的规律和原则只适应于发展中国家。

生态经济学的时间尺度亦类似生态学，但又强调不同时间尺度间的开发行为的长期影响。在空间尺度上，生态经济学更强调全球性观点的生态与经济间之相互作用与互相依存关系。生态经济学的总体目标系综合经济学与生态学的目标，追求生态经济系统的可持续性，并把握生态经济系统的规律。

第五节　研究生态经济学的意义

一、带动一批新学科的发展

随着生态经济学的发展，将带动一批新学科的研究，也将为原有学科注入新的内容。生态经济学研究的对象是生态经济系统，它包括两个主要的子系统，即生态系统和经济系统。在社会再生产过程中，经济系统持续地从生态系统中吸取物质和能量（资源），又持续地把物质和能量排入生态系统。因此，二者互为开放系统。西方经济学家把研究这种开放系统的经济方面的学科叫做"开放生态经济学"。

此外，像生态哲学、资源生态经济学等都是随着生态经济学的发展而发展起来的。

二、推动生态经济的发展

生态经济学的创立，为发展经济、保护生态环境提供了理论基础和科学依据，是编制经济发展规划的指导思想，是解决目前存在的生态问题的有效途径，因而对推动生态、经济、社会的协调发展，具有十分重要的意义。

（一）为制定社会经济持续发展战略提供正确的理论指导

制定一个正确的战略规划，是保证社会经济顺利发展的重要前提。传统经济学片面地强调经济增长，忽视了经济增长中的生态问题。生态经济学主张从生态与经济的结合上研究和树立社会经济的产值观、资源价值和发展战略观，认为现代经济社会是一个生态经济有机整体，社会再生产是包括物质资料再生产、人口再生产和生态环境再生产的生态经济再生产；人类的需求不仅仅是物质、文化的需求，而且包括对优美舒适的生态环境的需求。因此，经济社会发展战略应该是经济—社会—生态同步协调发展战略，在目标选择上注重不断改善生态条件和提高环境质量，并通过完整的多元指标体系来保证这一目标的实现。生态经济学这一重要的战略观点，为制定全面正确的社会经济发展战略提供理论指导，对于国民经济建设方针及政策的确定、国土资源开发整治、编制国家经济发展规划和国民经济管理等，都具有重要意义。

（二）为设计和建设良性循环的生态经济系统提供科学依据

生态经济学的重要任务之一，就是通过对生态经济系统的结构和功能机制的研究，揭示生态经济运动的规律，为设计和建立良性循环的生态经济系统提供科学依据。近几年来，人们在应用生态经济学原理建设高质量的生态经济系统方面，进行了有益的尝试，如我国上海、贵阳、大连等城市，进行生态建设的试点，取得了很好的效果。

（三）对当前经济发展的现实意义

1. 从我国国情出发的必然选择

众所周知，人口、资源、环境的状况是一个国家最基本的国情。如果说它们是当今人类生存与发展所面临的三大难题，那么可以说，这三大难题在中国尤其突出。人口众多、资源相对不足、生态基础脆弱的现实国情，决定了在建设有中国特色社会主义现代化的事业中，必须而且也只能实施可持续发展战略。这是因为，人口众多、资源短缺、环境污染、生态退化，已成为影响我国经济和社会发展的重要因素。生态经济学正是为了寻求解决上述问题的措施和途径，以协调人和自然的关系，维护生态平衡，促进经济发展。

2. 企业转变增长方式的客观需要

目前我国绝大多数企业仍然是一种高投入、高消耗、高污染、低产出、低质量、低效益的粗放型经济增长方式，这种方式使企业及整个国民经济发展付出极大生态代价和社会成本，造成不可持续发展的危机。把企业生产经营管理的重点放在转变粗放经营的经济增长方式上，逐步从现有以资源环境消耗型为基本内容的粗放型非持续经济增长方式，转向以环境资源节约型为基本内容的经济增长方式。这样才能切实避免以牺牲环境和浪费资源为代价换取企业经济一时增长的先污染后治理的老路。

3. 增强企业竞争力的需要

目前，我国企业面临的是按照国际通行的世界贸易组织规则竞争的新环境。为了适应这种新环境，我国国内市场必须严格按照现代市场经济的规范与要求运作。这是关系到我国企业的命运与前途的重大问题。从国际贸易来看，中国加入世界贸易组织之后，关税大幅度降低，传统的非关税贸易壁垒也将逐步取消；国际贸易壁垒逐步转向各种苛刻的技术标准和环境法规与生态标准及其要求，这样对我国企业的生产与销售构成很大冲击。从国内贸易来看，我国政府实施可持续发展，保护生态环境，必然要支持与鼓励低污染或无污染的生产与消费，对低污染或无污染的绿色产品实行减征消费税的优惠政策。

复习思考题

1. 生态经济学的内涵是什么？
2. 生态经济学的研究对象是什么？
3. 简述生态经济学的学科体系。
4. 简述生态经济学与经济学之间的关系。
5. 简述研究生态经济学的意义。

第一章 导论

第二章

生态经济系统

　　生态经济系统是生态经济学的研究对象，理解和掌握生态经济的概念和基本原理，有助于把握生态经济系统运行规律，对生态经济系统进行优化调控，从而实现生态经济系统的可持续发展。本章主要介绍生态经济系统概念、特性、组成要素及功能、生态经济系统要素配置及方法、生态经济系统的基本矛盾与协调统一等内容。

■■■■ 第一节　生态经济系统概述

一、生态经济系统的概念

生态经济系统是由生态系统和经济系统两个子系统相互交织、相互作用、相互混合而成的统一复合系统。他们是通过技术中介以及人类劳动过程所构成的物质循环、能量转换和信息传递的有机统一整体。生态系统与经济系统之间有物质、能量和信息的交换，同时，还存在着价值流沿生态链的循环与转换。在这个系统中的各个子系统之间、子系统内各个成分之间，都具有内在的、本质的联系，这个系统中的每一个要素承担着特殊的作用，都是系统不可缺少的部分。

生态系统和经济系统的统一必须在劳动过程中通过技术中介才能相互耦合为整体。技术系统是生态经济系统的中间环节，技术是人类利用、开发和改造自然物的物质手段、精神手段和信息手段的总和。凡是生态系统与经济系统相互交织和物质能量的循环转化过程，都有技术的中介作用。从生态系统的整体结构来看，技术系统只是起一个中介作用，起主导作用的还是主体结构中掌握和运用技术的主体人。价值的形成及其增值过程也必须通过人类脑力和体力劳动以及各种具体劳动过程才能实现。因而，人类通常所见到的经济系统和生态系统实际上绝大多数都是复合生态经济系统。生态经济系统并不是自然的生态系统和人类社会经济系统简单的叠加体，而是由他们之间存在的物质交换和能量流动这两个系统相互作用和影响组成的有机体，是生态经济要素（如环境要素、生物要素、技术要素和经济要素等）遵循某种生态经济关系的集合体。人类的社会经济系统建立在自然生态系统的基础上，并且在依靠生态系统的同时也通过各种活动对其产生影响。

二、生态经济系统的特性

（一）融合性

生态经济系统的融合性体现在生态经济系统的再生产是自然再生产、经济再生产和人类自身再生产这三个再生产过程的相互交织。

人是经济系统的主体，人的再生产需要消耗一定的物质资源，以一定的经济条件为支撑，在人的主导作用下自然力和人类劳动相结合，共同创造使用价值，其产品参与和影响经济、社会、自然再生产的总循环过程。生态系统通过能量流、物流的转化、循环、增值和积累过程与经济系统的价值、价格、利率、交换等软件要素融合在一起。

（二）开放性

生态经济系统是一个开放的系统，它与更大的大自然和社会环境有着物质、能量、价值与信息的输入输出关系，这是整个生态经济系统协调发展的依据。系统通过不断地与外界进行物质、能量、信息、价值的交换，就可能使系统从原来的无序状态变为一种在时间、空间和功能上的有序状态，这种平衡状态下的有序结构就叫耗散结构。通过这种交换和循环使生态经济区域功能的发挥具有较高的效率，具体表现在物质循环的高效性、能量转换的高效性、价值增值的高效性及信息传递的高效性。

（三）有序性

生态经济系统的有序性也是生态经济系统构成的重要特性之一，即构成生态经济系统的各种成分和因素，不是杂乱无章的偶然堆积，而是在一定时间和空间上处于相对有序的状态。实质上是生态经济系统双重目标及协调有序的实现，是在生态系统与经济系统双向循环耦合过程中完成的。首先，经济系统的有序性是以生态系统的有序性为基础的。经济系统也遵循经济有序运动规律性，不断地同生态系统进行物质、能量、信息、价值等交换活动，经济系统的有序性也影响生态系统的有序性，以维持一定水平的社会经济系统的稳定性。其次，生态系统的有序性和经济系统的有序性必须相互协调，并融合为统一的生态经济系统的有序性。为使系统结构趋于稳定状态，生态系统和经济系统相互之间不断进行物质、能量、信息和价值等交换，各要素相互交换过程中的协同作用，不仅使两大系统协调耦合起来，而且使耦合起来的复合系统具有生态经济新的有序特性。

人类活动在很大程度上影响生态经济系统协调有序性的发展，如乱砍乱伐、肆意排放废弃物等必然影响生态系统的有序性，因而人类活动一定要和生态系统相协调，而不能超越生态经济系统的限度。所以生态系统与经济系统所具有的非平衡生态结构，决定了二者必须相互进行不断的交换活动以维持某一稳定状态。

（四）动态演替性

生态经济系统演替是社会经济系统演替与自然生态系统演替的统一，它与社会历史发展相关联，而且还与同一历史阶段经济发展的不同时期以及同一时期的不同经济活动相联系。从生态经济结构进程来看，大体经历了原始生态经济系统演替、掠夺型生态经济系统演替和协调型生态经济系统演替三个阶段。

1. 原始型演替

原始型生态经济系统的演替，是生产力发展水平极低条件下的产物。它主要存在于自然经济和半自然经济条件下农业和以生物产品为原料的家庭工业中。在这种社会经济条件下，经济系统与生态系统只能形成比较简单的生态经济结构，其特点如下：①主要依赖自然的帮助才能完成演替任务；②在演替过程中，资金要素基本上不参与生态经济系统结构的形成，主要由自然经济决定；③演替过程中起中介作用的技术手段十分简单，经济系统与生态系统的能量流、物流结合能力差，并且转化率低；④演替规模小，速度慢，经济系统对生态系统的作用，一般不会超过生态系统的耐受限度。

从上述的特征上讲，原始型生态经济系统是在生产手段落后，以石器为主的生产工具不可能充分开发出生态系统积累起来的物质和能量的生态经济系统；同时人口数量少，植物数量丰富，生态系统的食物资源可以说是取之不尽、用之不竭，但这是生产力发展水平极度低下的产物。

2. 掠夺演替

掠夺型生态经济系统演替，主要表现在资本主义的发展阶段，以能源利用为主的发展阶段。它是指经济系统通过技术手段，以掠夺的方式同生态系统进行结合的一种演替方式。掠夺型的生态经济系统演替的特点如下：①具有经济主导性，生态基础要素的定向演替要靠经济、技术要素的变动来实现；②有使生态资源产生耗竭趋势的特点，这是由于经济主导型的生态经济系统演替，具有极强的同化和吸收自然资源的能力；③由于严重的环境污染，具有产生环境质量快速消耗的特点。

掠夺型生态经济系统演替，是具有脱离生态规律约束倾向的经济增长性的演替，这种演替虽然一定时间内能使经济快速增长，但由于这种增长以破坏资源和环境为代价，所以，当环境和资源损伤到一定程度出现严重衰退时，便会成为制约经济增长的严重障碍。

3. 协调型演替

协调型生态经济系统演替主要表现在生态文明社会的发展阶段，它是指经济系统通过科技手段与生态系统结合成物能高效、高产、低耗、优质、多品种输出、多层次互相协同进化发展的生态经济系统的演替方式，也就是经济社会持续协调发展阶段的生态经济特征。协调型生态经济系统演替的特点表现在：①互补互促的要素协调关系。协调型生态经济系统演替特点，表现为经济系统与生态系统各要素是互补互促的协调关系，单一的生态系统因其营养再循环复合效率、生产率和生物产量都较低，人们为了满足需要，便运用经济力量来干预生态系统中营养循环和维持平衡的机制，以获取高转化率和高产量。这种干预引起生态系统向更加有序的结构演化，从而生产出比自然状态循环时多得多的物质产品。较多的物质产品输入社会经济系统后，又会引起经济有序关系的一系列变化。②高输入、高输出的投入产出关系。演替必然包含一部分对维持现状多余的物质和能量，这部分物质和能量既是系统自身的产物也是自然经济和社会环境的投入。协调型演替正在于利用这些多余的物质和能量，在技术手段的作用下，使原来有序的生态结构关系发生新的变化，从而产生更加有序的结构演替变化，协调型生态经济系统演替具有不危及生态环境的特征。经济系统与生态系统的关系有时是不协调的，特别是经济迅速发展时期，常常会出现经济系统与生态系统相矛盾的现象，协调型的演替正在于能够找出恰当的方法解决两者之间的矛盾。

三、生态经济系统的分类

地球上最大的生态经济系统是生态经济圈。依据不同的经济特征，可以把它分为农村生态经济系统、城市生态经济系统、城郊生态经济系统和流域生态经济系统四大类。

（一）农村生态经济系统

凡是以农业为主体的生态系统，就是农村生态经济系统，农业在整个国民经济中具有十分重要的基础地位和作用，随着农村经济的发展，农村生态经济也在日益向专业化方向发展，农村生态经济系统大致分为以下几种类型：

1. 农业（种植业）生态经济系统

它是农村生态经济系统的基础，其主要特点是利用绿色农作物的光合作用，将太阳能转化为化学潜能和将无机物转化为有机物的第一性生产系统，其他各种不同形态的农村生态经济系统都要在这个基础才能建立起来。

2. 林业生态经济系统

林业生态经济系统是指以经营木本植物为主的林业生产系统。林业生态经济系统，可以分为自然森林生态经济系统和人工营林生态经济系统两大类。林业生态经济系统在农村生态经济系统中地位十分重要，对于保障农业生产和为畜牧业提供条件，对于保持水土、涵养水源、调节气候、有利水分和其他一些物质循环以及充分利用光能生产林产品等方面，都具有独特的不可替代的作用。

3. 畜牧业生态经济系统

畜牧业生态经济系统是指以生产家畜家禽等经济产品为主的生态经济系统，它可分为草原畜牧业生态经济系统和农区畜牧业生态经济系统两大类。

4. 渔业生态经济系统

渔业生态经济系统是指以水生生物生产为主的生态经济系统，它包括海洋渔生态经济系统和内陆水域生态经济系统两大类。

（二）城市生态经济系统

城市是一个典型的经济——生态有机系统，在这个系统中还可以分为三个不同级别的亚系统，即工业经济生产系统、高密度的人口消费系统、维护城市生态平衡的分解还原系统。这三大亚系统有着内在的特殊有机联系，经济生产系统是城市存在的经济基础，也是城市人口生存的物质条件；经济生产与人口生存不可避免地排泄废弃物，这又是还原系统存在的前提；反过来，城市人口高密度集中，如果没有人口和人口集聚，也就不会有城市，更不可能有工业经济生产系统；但如果没有生态分解还原系统，城市就可能毁于垃圾、污水和臭气之中。因此，城市工业经济生产系统、高密度人口消费系统和城市生态分解还原系统三者相互作用、相互联系构成了一个不可分割的统一的城市生态经济系统。

（三）城郊生态经济系统

这是既区别于城市又不同于农村的一种特殊生态经济类型，它的最大特征就是以城市为主要服务对象建立起来的农村生态经济系统。为城市服务，不仅包括通过商品交换为城市提供蔬菜、食品等生活消费品的内容，更重要的还包括非商品交换所接纳和处理城市排放的废弃物的内容。因此，有城市就必须有城郊，有多大规模的城市就必须有相适应面积的城郊与之配合。随着城市化迅速扩展和城市"三废"污染的加剧，城郊生态经济系统也显示出越来越大的作用。

（四）流域生态经济系统

流域生态经济系统视研究的范围而定，小的系统可指小流域，是一种比较简单的生态经济系统，流域内既可是单一的某种生态经济系统，或者是包括农、林、牧、渔等几种经济生产内容的农村生态经济系统；大的系统可以是在很大范围内既包括农村经济生产，又包括城市和城郊经济生产的综合性生态经济系统，如珠江三角洲流域、长江流域、黄河流域。流域，一般是指地域或区域而言。研究流域生态经济系统，可以为国土整治和制定经济总体发展规划提供理论依据。

案例链接：山西生态防护林

山西省地处黄土高原，三北防护林体系四期工程建设范围包括 6 市 44 县（区），其中集中有 20 个国家级贫困县和 5 个省级贫困县。总人口为 1042.6 万人，其中农业人口 797 万人，总耕地面积约为 2761 万亩（1 亩 ≈ 666.7 平方米），农民人均收入 1562.2 元。

山西省三北地区宜建农田防护林的县有 38 个，已建农田防护林总面积为 142.1 万亩，总蓄积为 720.6 万立方米。其中未成林面积 28.1 万亩；中幼林面积 55.7 万亩，蓄积 215.5 万立方米；成熟林面积 36.1 万亩，蓄积 286.0 万立方米；过熟林面积 23.1 万亩，蓄积 226.3 万立方米。中幼林中残次林 20.5 万亩，蓄积 55.6 万立方米；成过熟林中残次林 24.6 万亩，蓄积 98.4 万立方米。被庇护的农田面积 742.3 万亩，未造林地面积 121.2 万亩，尚有 1200 多万亩农田需营建农田防护林。见图 2-1。

图 2-1　三北防护林体系

山西省通过 30 年的三北防护林工程建设，在这一地区初步建成了带、网、片、点相结合的农田防护林骨架体系。从晋南黄河之滨到塞外的长城脚下，以大运公路和高速路为轴线，建起了连绵千里的防护林带，在农区纵横交织的林网之中，点缀着片片速生丰产林和小果园、小园林景点，为人民的生产生活创造了良好的环境，促进了社会主义精神文明建设。据调查，运城、临汾两个主要棉花、小麦产区，农田林网内的风速一般比林网外降低 33.3%，相对湿度提高 23.2%，从而使干热风的危害大大减轻。地处黄河一级支流的三川河流域，通过农网和经济林建设，人均粮食增加 145 千克，人均收入增加了480元，流入黄河泥沙减少了54.6%。昔日"百里无梨枣，狂风遍地起黄沙"的晋西北地区，出现了"主要风口林成带，荒山荒滩林成片，平川农田有林网"的新景象。临汾市昕水河流域六县，按照"垣面方田林网，地埂生物护边，坡面林草覆盖，果树连片建园，窄沟谷坊拦泥，宽沟打坝造田"的模式，进行了山、水、田、林、路大规模综合治理，建成了农田防护林综合体系，形成了林护田，果挣钱，林保水，水益农，多效益兼顾的农林复合生态系统。

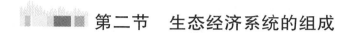

第二节　生态经济系统的组成

一、人口要素

人口要素是指生活在地球上的所有人的总称。人口是组成社会的基本前提，是构成生产力要素和体现经济关系和社会关系的生命实体。在生态经济系统中，人口要素属于主体地位，其他要素都属于客体地位。这是因为其他的自然生态系统以及环境等都是和人口相对应的，只有和人类相互作用才具有实际意义，没有人类也就谈不上什么生态经济系统和自然生态系统与人类经济系统之间的矛盾了。另外，人类作为生态经济系统的主体，其最大的特点是具有创造力也就是能动性，这是人和其他一切生物的区别。因为人类具有能动性，所以人类才可以能动地控制和调节这个系统，使之符合客观发展规律。

二、环境要素

环境是一个相对的概念，是指与居于主体地位的要素相联系和相互作用的客体条件。在生态经济系统中，人类居于主体地位，从广义上说环境要素就是人之外的其他一切生物和非生物。另外根据和人类的关系，环境要素可以细分为物理系统、生物系统和社会经济系统三个亚系统。

（一）物理系统

物理系统由所有自然环境成分组成，包括地球之外的太阳辐射、岩石土壤圈、大气圈、水圈。他们独立于有机生命体之外，均有其自身的运动规律，但是这些圈层却是生物圈和人类社会存在和发展必不可少的，并且生物圈、人类的社会经济系统和这些圈层时时刻刻都在进行着物质和能量的交换，包括人类社会从这些圈层中获取物质和能量，同时又将人类消费过的废弃物排放到环境中。因此，可以说这些物理系统是生命系统存在的基础。

（二）生物系统

生物系统包括植物、动物以及微生物等，这些生物在生态经济系统中分别扮演了不同的角色。绿色植物进行光合作用，固定太阳能，并且从土壤中吸收营养元素，促进物质循环，这一点是重要的，也就是进行第一次生产的过程，绿色植物不仅是自然生态系统中的生产者，也是生态经济系统中的生产者。动物在生态经济系统中既是消费者也是生产者，各种动物和植物以及非生物环境组成了丰富多样的自然生态系统。微生物在系统中担当着分解者的角色，有了他们的分解作用才使得系统的物质循环能够形成一个闭环。

（三）社会经济系统

社会经济系统是人类为了生存和发展而创造的，是人类文明的象征，这个系统从自然环境中获取资源进行生产和消费，不断地发展和进步。

这三个亚系统都有各自的结构和功能，而且系统之间还在不断地进行着物质和能量的交换。人类社会经济系统，以物理系统和生物系统为基础，人类从其中获取资源，享受舒适的生态环境，同时自然环境还容纳了人类所排放的各种废弃物。总之，环境要素是人类社会经济系统的基础，同时人类社会经济系统对环境也产生了重大的影响。

三、科技与信息要素

科学是关于自然、社会和思维的知识体系，技术是指依据科学原理发展而成的各种操作工艺和技能，包括相应的生产工具和其他物资设备以及生产的作业程序和方法。现代科学技术贯穿于社会生产的全过程，其重大发现和发明，常常在生产上引起深刻的革命，使社会生产力得到迅猛的提高和发展。

科技要素能改变全球生态经济系统中物质能量流动的性质和方向。发达国家正是借助科技要素的这种特殊功能从发展中国家掠夺了大量财富，造成了发展中国家生态恶化。科技和技术两者相互依赖，相互促进，都是人类在改造自然的过程中所造成的，这是人类和其他生物最主要的区别所在。信息是事物运动的状态以及这种状态的知识和情报。在系统内部以及系统之间的相互作用过程中，不仅存在着物质和能量的交换，还存在着信息的交换。在一定条件下，信息交换对系统的组成、结构和功能以及系统的演化起着决定性的作用，是人类对系统实施干预、控制的基本手段。

现代科学技术贯穿于社会生产的全过程，其重大发现和发明，常常在生产上引起深刻的革命，使社会生产力得到迅速发展。从系统论来看，科学技术是一种精神创造过程，可以被认为是减熵过程，例如技术的进步使资源的利用效率提高，减少了不必要的消耗，也就减少了系统中熵的增加；科学发展使得人类可以认识自然界发展的规律，发展中的不确定性随之减少，系统的有序程度得到提高，使熵减少。因此，科学技术也是一种资源，这种资源在人类经济高速发展的今天显得尤为重要，因为在经济发展中化石燃料等一些不可更新资源日益减少，成为主要的发展限制因素，一方面科学技术的发展可以提高这些资源的利用效率，减缓资源危机的到来，另一方面可以依靠人类科学的发展来寻找新的资源作为替代品。

根据维纳的定义，信息可以看作是一种解除不确定性的量，可以用所解除的不确定性的程度来表示信息量的多少，因此信息的实质就负熵，在生态经济系统中可以将其看作是一种负熵资源。例如，对于一个生产系统（企业）来说，必须了解充分的信息，才有可能做出正确的决策，使其不断地发展和进步，而对于整个生态经济系统来说，信息的充分和流动，可以使得系统中的各个子系统之间相互关联，达到协同运动，通过协同作用，可以使系统从无规则混乱状态走向宏观的有序状态。信息在生态经济系统中具有很重要的作用。维纳等人强调指出，任何系统都是信息系统，他说："任何组织之所以能保持自身内稳定性，是由于它具有取得、使用、保持和传递信息的方法。"系统各部门之所以能组合成相互制约、相互支持、具有一定功能的整体，关键是由于信息流在进行连接和控制。没有信息，任何有组织的系统都不可能独立地存在。

第三节　生态经济系统要素配置及方法

一、要素配置

所谓生态经济系统的要素配置，就是人类根据生态经济系统的构成、要素作用效应以及由此给社会经济系统或环境系统所带来的后果，通过人类自觉的生态平衡意识，遵循一定的原则，利用科学技术、上层建筑（主要是行政干预和经济政策、经济计划等）、技术措施等手段，围绕一定的社会经济目标，对生态经济系统所进行重新安排、设计、布局的活动。生态经济系统要素配置包括以下三个部分：

第一，生物要素的控制。即对一定生态系统中的动、植物时空分布、数量、品种进行的组合。如，根据生态系统的容量和限度，对森林、草地、作物、人口、牲畜进行增减、移位、变动，使他们的现存状态有利于达到该系统的动态平衡并取得最佳的经济效益。

第二，经济要素的配置。经济要素所包括的内容很广，泛指一定生态经济系统的人、财、物和信息。经济要素的配置，即对输入、输出该生态经济系统的资金、劳动力、机械、化肥、价格、产品及经济政策、经济信息、政策等进行过滤、选择和实施的活动。

第三，技术要素的配置。技术要素输入是人类对生态经济系统驾驭能力的重要标志，它包括作用于一定生态经济系统的技术措施、技术设施、技术方案和技术决定。

由此可见，生态经济系统要素配置的内容和对象包括生物要素、经济要素和技术要素，其范围包括宏观、中观和微观方面的活动。被配置的各要素具有三个显著的特点：①要素本身依时间、地点、条件而异，具有变动性；②在人类一定阶段的认识能力和科学水平下，具有可控性；③每个要素及其变动都或多或少、或长期或短期地从不同角度作用于生态经济系统，产生有益的或有害的效果，即具有效应性的特点。所以，人类对于生态经济系统要素的配置活动是在多种因素的动态序列中进行的，是一个社会、技术的系统工程。

二、配置方法

区域生态经济要素的合理配置是人们实现一定配置决策的具体途径。由于生态经济系统的范围不同，社会、经济、技术条件不同，经营目标不同以及决策水平的差异，配置方法亦不尽相同。时正新（1985）将生态经济要素配置的方法归纳为宏观配置法、食物链配置法、增减配置法和数学配置法。何乃维、李小平（1988）则根据要素的属性特征，提出相辅相成配置法、同阈组合配置法等。要构成一个结果稳定、功能高效并持续发展的生态经济系统区域，必须通过一定的方法使区域生态经济要素的配置在属性关系、数量规模、时间顺序和空间地域上有所规定，才能使要素之间彼此相辅相成，合理组合在一起。

（一）同类要素的择定：相辅相成配置法

同类要素择定是指根据区域生态经济要素的同类相吸特性，选择那些具有相辅相成、共利共生关系的要素，使之有机地组合在一起。

1. 生物群落与无机环境之间的相宜配置

生物群落演替的规律表明，生物群落与无机环境之间是在相互适应、相互改造的过程中向前演进的。因此，要实现生物群落与无机环境之间的相宜配置，可以从两方面进行。一是依据无机环境特性来选择适宜的生物群落；二是改造或恢复无机环境使之适合生物群落。但是，就目前人类对生态经济区域的调控程度来看，改造无机环境具有很大的困难。相反，可以通过适宜生物群落的选定及配置，达到改造和恢复无机环境条件的目的。例如，在水土流失区域采取植树种草等措施，当森林（绿色）覆盖率达到一定程度时，不仅遏制了水土流失，保持了水土，而且改善了气候、水文等无机环境条件。因此，生物群落与无机环境相宜配置的关键是要做到适地适作、适地适树、适料适养、适水适渔。

2. 产业部门与生物群落、无机环境之间的相宜配置

一方面是产业部门适应生物群落和无机环境的特点，例如，对生物群落和无机环境有较大依赖性的农业（农、林、牧、渔）、采掘业、环保业、交通运输业等，在一定的技术手段和水平条件下，应该宜农则农、宜林则林、宜牧则牧、宜渔则渔、宜矿则矿。另一方面是改变生物群落，使之符合产业部门的需要。例如，在加工制造业、商业、服务业聚集的城市地区就要注意和加强绿化，在市郊发展蔬菜、畜禽、乳蛋生产，以满足这些产业部门发展需要。

3. 产业部门之间的相关配置

如果产业部门与生物群落及无机环境之间的相宜配置使人类决定了一个生态经济区域的主导产业部门，那么产业部门之间的相关配置，就是根据部门之间的投入产出关系，即产前、产中、产后关系来决定一个生态系统区域的补充部门和辅助生产部门的。配置好主导产业部门的旁侧结构，使产业部门形成一种互助的彼此相关的关系。产业部门之间的相关配置，一方面要根据生物群落要素及无机环境的多用性和相关性特点，进

图 2-2　各种各样的生态系统

行综合开发、综合利用、综合治理和综合保护。例如，对以一矿为主的伴生矿，除了开掘、利用主要矿种之外，对其他伴生矿元素也要加以利用；对林区的木材，除了木材之外，还应对树桩、梢头、树皮、刨花、边角料等加以综合利用，做到地尽其力，物尽其用。同样，对恶化的生态经济区域，在要素重组的过程中也注意产业部门的相关配置。例如，水土流失区工程措施与生物措施相结合，治山、治水、治林、治田、治路相结合，对矿区被破坏的土地、废石填沟与植树造林相结合，对排除的废气、废水、废渣，处理利用与消除污染源及限制排放相结合等，这是从生物群落与无机环境特点出发围绕主导产业部门进行旁侧结构的相关配置。另一方面，要根据主导产业部门的原料要求、产品供给等关系，建立服务于主导产业部门的交通运输业、商业、服务业及加工制造业等具有投入产出链特征的产业。例如，对牧区，不仅要注意肉蛋奶的生产，还应加强肉蛋奶产品的加工转化的增值能力、出口的开拓能力，以提高区域的复杂度、开放性。

4. 农村、小城市、大中城市及城市郊区的相应配置

在那些生物群落、无机环境条件优越的地区发展起来的城市、集镇是生态经济区域中物质循环、能量转化、价值增值及信息传递最活跃、最集中的地方。大中城市通过小城镇、城郊输给农村先进的技术、设备、人才、信息，为农村注入新的活力，带动农村的发展；农村则通过小城镇为城市提供丰富的原料和剩余劳动力。在这种连为一体、结成网络的生态经济区域内，要做到相应配置。首先，城市应该向农村传递先进的技术、工艺和设备，禁止或减少落后的、陈旧的设备的转移，杜绝城市污染向农村扩散。同时，城市自身的扩展要注意保护农村的耕地、水域等资源要素。其次，农村也应向大中城市、城镇提供适销对路的农村产品。这样，城市与农村相互促进、相得益彰，共同促进生态经济区域的繁荣和发展。

（二）适度规模的限制和规定：同阈组合配置法

各个区域生态经济要素的合理规模，使生产规模、社会规模、环境容量及生物（及其生长量）之间相互匹配，使丰富资源的优势得到充分发挥，短缺资源的劣势得到有效避免。

1. 产业部门的规模必须适度

从产业部门在生产过程中与生物群落及无机环境的关系来看，后者不仅为前者提供必备的原料、劳动资料、劳动对象，而且还作为活动场所给前者提供立足之地，前者也将物质和能量投入后者之中，促进生物的生长、发育、繁殖。因此，相对于生物群落要素，产业部门与无机环境之间就是提取与给予的关系。我们假定产业部门对生物群落、无机环境的提取量与投入量分别为 M 和 S，生物群落的生物生长量及无机环境的各个因子的自我更新量分别为 G 和 V，并且 G、V 一定，那么，可分为以下几种情况讨论：

（1）只取不投，即 $S = 0$，$M > G$，或 $M \leqslant G$（V）。

当 $M > G$（V）时，其现实形态是生态经济区域的产业部门只顾森林砍伐、草地放牧、牲畜屠宰、作物收获、培肥地力、水体养殖、换代补给、综合利用、节约利用、回收转化等来保护生态，使得林木、草类、畜群、鱼群得生长量小于采伐量、屠宰量及捕捞量，生产规模大于生长限制阈，地力更新量、矿产资源的综合利用水平及换代补给量小于地力耗竭量、浪费量，生产规模大于环境容量限制阈。其结果是生态经济区域中生物群落的衰退、无机环境的污染及矿藏的大量浪费（换代补给问题似乎不是那么令人担心），显然这种做法是不可取得，当 $M \leqslant G$（V）时，即虽然产业部门的生产不对生物群落及无机环境给予投入，但是对这些资源的耗用量小于其生长量和自我更新量，这是一种自然型的生态经济区域。

（2）取大于予，即 $M > S + G$（V）。其显示形态是，采伐量大于生长量及植物总量、捕捞量大于放养量、矿产耗用量快于发掘量等，即生产规模阈大于环境容量限制阈和生物生长限制阈。显然，这也会导致生态经济区域的退化。

（3）取予相当，即 $M = S + G$（V）。其现实形态是生态经济区域产业部门的生产，一方面要注意植树种草、培肥地力、水产养殖、饲养牧畜（并与饲料供给量相适应），寻找矿产代用品并注意综合利用、节约利用、废料利用、废料循环转化；另一方面通过上述措施，使森林砍伐量等于栽种量及原油林木生长量之和。土壤肥力的耗竭等于投入的肥料量及土壤肥力自我更新量之和，即生产规模与环境容量限制阈及生物生长限制阈相当。那么，这对于一个没有劣化的生态经济区域来说是可取的，不仅具有生态效益，而且经济上也可行，因为 $M > S$。

（4）取小于予，即 $M < S + G$（V）。其现实形态是在生态经济区域内注意恢复植被、保护土壤、加强养殖、配备防污设备等，即生产规模不超过生物生长限制阈和环境容量限制阈。显然，这对于区域生态经济要素的重组来说，虽然初期的经济效益不显著，但有利于生物群落中动植物的生长和无机环境条件的改善与恢复。因此，这种做法也是可取的。

综合考虑上述生产规模阈、环境限制阈及生物生长限制阈之间的四种关系，无论是在一个初建还是一个重组的生态经济区域内，都必须服从 $M \leqslant S + G$（V），并且要素重组只能是 $M < S + G$（V），才能优化生态经济区域。因此，在调控生态经济区域，进行要素配置的过程中，应该确定合理的垦殖指数、采伐量、饲养量、屠宰量、采掘量和排污量，使产业部门的生产规模不超过环境限制容量和生物生长量。

2. 社会群落规模必须适度

首先，人口规模要加以控制，这是显而易见的。因为，在一个特定的生态经济区域内，人口的增长必须与其赖以生存、享受和发展的土地、粮食、森林、草地、淡水、能源等资源相适应。如果人口过多，那么人均资源不足，这就必然一方面导致盲目扩大生产规模，使生态经济区域更趋劣化，另一方面又限制了人类自身的生存和发展。例如，中国人口过多并且集中分布在东南部，人均资源拥有量与世界平均水平相比严重不足，并且已经体现了人口作为重要原因之一的滥垦、滥伐、滥捕的现象。有人根据中国淡水供应、能源生产、乳蛋鱼肉供应、粮食生产、土地资源、人均收入、人口老化等因素综合考察，提出中国生态理想负载能力是 7 亿 ~ 10 亿人。其次，城市的规模也应适度。城市的规模过大不仅会导致城市大气、水质污染、垃圾排放量过多、交通拥挤、噪音增多、住房紧张、就业困难及犯罪严重等一系列"城市病"，而且不利于生态经济区域内农村地区的发展。所以，应该从生物群落、无机环境条件的特点出发，控制社会群落的规模，使人口、城市规模适度。

3. 发挥规模效益与消除"瓶颈"制约

在生产规模、社会群落的规模不超过环境容量限制阈及生物生长限制阈的前提下，对区域生态经济要素调控的同时应注意扬长避短，发挥规模效益和消除"瓶颈"，这是另一层意义上的适度规模配置。

美国经济学家 Paul A. Samuelsonz 指出："规模的经济效果可以解释为我们购买的许多物品都是大公司制造的。"虽然，人们主张控制产业部门的生产规模和社会群落的规模，但是在这一前提下（尤其是当作为资源的生物群落、无机环境较为丰富的时候），对区域生态经济要素的调控仍然要注意发挥生物群落和无机环境要素的优势，使产业部门的生产规模以及社会群落的人口数量达到一定的程度，获得规模递增的收益——成本最低、盈利最多时的最优生产规模。如果产业部门生产规模及社会群落聚集规模以及社会群落的规模不超过生物群落的生物生长限制阈和地理环境的环境容量限制阈，而更偏重于从产业部门要素及社会群落要素对生物群落要素及无机环境要素的开发利用角度来考察的话，那么，发挥规模效益则是把投入和产出两个方面综合起来加以考察，即达到产业部门内部及产业部门间人力、物力、财力量上的合理聚集，达到在合理的城市规模和全球乡村规模基础上形成合理的城市与乡村结合的规模。

事实上，生态经济区域内诸要素对区域的贡献能力不是等同的，能力较差、规模最小的要素形成区域发展的"瓶颈"，因此，在要素优化配置过程中，应该消除"瓶颈"制约，达到要素之间配比阈下合理配置的规模效益。例如，对交通运输十分落后的区域应当积极开辟各种运输渠道，为搞活区域创造条件。

（三）同步时序的确定：同步运行配置法

要使具有不同生态经济序的要素同步运行，必须合理确定各个要素的时序，使之相互一致，彼此呼应。同步时序的确定有四种类型和方法，即周期性时序链条的同步配置、食物链时序的同步配置、投入产出链时序的同步配置和时序网络的同步配置。

1. 周期性时序链条的同步配置法

根据不同生物群落对象规定不同产业（农业）生产周期。例如，与作物的生长周期、轮作演替结构、四季交替结构相适宜，规定种植业的播种期、施肥期、休闲期及采收期；与果树的大小年结果周期、林木的更新成熟周期相适宜等，规定相应的林业生产周期、轮伐期（回归年）及封山育林期；与畜龄结构、家畜利用年限相适应，制定相应的家畜生产周期及役畜使用时期（季节）计划；与草原、草地的生长季节性相适应，确定相应的放牧期和轮牧期；与鱼龄结构相适应，制定相应的养鱼周期及禁渔期等。要使产业部门（农业）生产周期与生物群落中动植物生长、发育、繁殖、衰亡的生命机能节律同步协调、相互配合，就必须做到起步时点、运行速率及终止时限的一致性。

（1）起步时点的一致性。不同动植物有不同的出生（发芽、出苗）时间、季节，产业部门（农业）生产周期的开始也必须与之适应，做到同步时起步。这又包括两种情况：一是产业部门（农业）的起步时点与生物群落中动植物的生命机能活动时点的正点具有一致性（例如播种行为）；另一种情况是产业部门（农业）的起步时点的超前（例如苗期基肥的施用，必须在播种之前完成，这也是起步时点的一致性）。

（2）运行速率的一致性。产业部门（农业）的劳动力投放、施肥供应、电力分配、农药使用、机械选择等的配备，也要与动植物生长、发育、繁殖的速率相适应，使得劳动时间与生物的自然生长发育繁殖相吻合。例如，南方稻区"前稳、中攻、后补"的施肥方式，就是在前期底肥充足、基本期稳定的基础上，在中期增加追肥量以促进第二枝梗分化和颖花分化，后期看苗补施"保花"、"增粒"肥。

（3）终止时限的一致性。根据边际均衡原理，要素投入的适合点及最大收益值的获得是在边际收益刚补偿了边际成本的时候。因此，一旦 $MR = MC$（边际收益＝边际成本），即在产业部门（农业）以与生物群落想吻合的速率向其投入最后一个单位的物质、能量的成本，与其获得的增产量的收益相等时，那么产业部门（农业）与生物群落在时间上的配合运行终止，即终止时限的一致性。例如，家禽在饲养期内随饲养时间的推移，生产函数曲线呈 S 形（即畜禽生产性能在其生长发育期内随着时间的推移呈现由低到高，又由高到低的变化）。因此，对于主要提供肉、乳、蛋等产品的畜禽，在畜禽饲养周期内就应根据边际收益等于边际成本的原则，确定屠宰、出售的期限，至此，畜禽生产周期也告完结。又如，树木或林木在其自然生长期内其材积平均生长量也呈 S 形，那么，用材林的砍伐就应以目的树种的平均生产量达到最高值时的时间为终止的时限。至此，也完成了一个林业生产周期。

2. 食物链时序的同步配置法

第一，要使生物群落的生命机能节律与无机环境的变动节律相吻合。①使生物群落的生长、发育及繁殖节律适应无机环境的光照、温度、热量、降水节律。例如，高粱的播种、出苗、拔节、抽穗、开花、成熟的适宜温度分别是12℃（地温）、20℃～25℃（气温）；马尾松的造林适宜季节是雨水至春分；水杉的造林适宜季节是立冬至大雪，雨水至春分；苹果适宜在冬季9℃下低温的2～3个月的地区生长、发育等。②根据这些特点就应把他们分别配置在相应的季节和地区，使人工改造无机环境的节律变化，适合于生物群落的生命节律，如利用温室、塑料大棚等设施消除温度降低对植物生长、发育的影响，从而使生物生长、发育的季节延长，这也是两种不同生态经济序的要素通过人工调控、合理配置之后的时序组合达到同步状态。由于生物生长要以无机环境的元素为养料，所以，称之为食物链时序的同步配置。

第二，要使具有不同生命机能节律的生物群落之间，以食物链次序进行同步配置。例如，一个湖区，在要素配置的时序上首先发展以湖区为主体的水体农业，其次可以利用耕地的农作物群落、林地的森林、果树群落以及水域的鱼类和水生植物群落之间存在的供求关系、连锁关系及限制关系，相继配置防风林、防浪林、作物、家禽等生物群落。使水域、林带、农田、牧场之间水陆结合、互利共生。

3. 投入产出链时序的同步配置法

由于各个产业部门自身生产所必需的因子（如劳动者、资金、物资、技术等）有其不同的生存、组合、运行的规律，要达到产业要素之间同序组合、同步运行的目的，就要按照产业部门之间客观存在的投入产出链关系进行配置，使之同步协调。例如，在一个以农业生产为主的区域，在农业生产起步之前，就要做好产前、产后部门的准备。如农业机械、化学肥料、农机、能源等产品首先要及时供应，处于"临战"状态，当一个生产周期终结之后，又应该及时地把农副产品进行加工、储藏、运输、销售，产后产业部门的起步也要随之衔接上来。这样，就达到了产前、产中、产后部门之间以投入产出关系连接起来的时序上的协调运行。

4. 时序网络的同步配置法

一方面，从单个产业部门与单个生物群落及无机环境之间的时序配置来看，起步时点的一致性、运行速率的一致性及终止时限的一致性，不过是描述了单对区域生态经济要素的长期配置中的要求之间结合—运行—分离的一个短周期而已。因为区域生态经济要素之间无时不在进行着物质循环、能量转换、价值增值和信息传递，无时不是耦合在一起运行，各个配置周期之间总是此起彼续、此止彼起、相互衔接的。因此，单对区域生态经济要素同步配置的周期性链条实际上应该是起步—运行—终止—起步—运行……；另一方面，从所有的区域生态经济要素之间的时序配置来看，不仅仅有单对要素同步配置的周期性链条的存在，而且，由于要素之间复杂的食物链（网）及投入产出链（网），形成了所有区域生态经济要素之间交错、叠合、复杂的时序网络，这个时序网络是起步［运行（终止）］—运行［终止（起步）］—终止［起步（运行）］—起步

［运行（终止）］……。这同样要求我们搞好在周期性链条同步配置和食物链投入产出链同步配置基础上的所有区域生态经济要素长期性的时序网络的配置。只有这样，整个生态经济区域的时序网络才会有条不紊，整个生态经济区域才会有节律地运行，区域结构才会表现出在具有均衡性、复杂性、开放性基础上长期高效发展的持续性。

达到时序网络配置的关键是要以在生态经济区域优势生物群落及无机环境的生态经济序基础上建立起来的产业部门、行业部门为先导，按照该产业部门的生态经济序来使其他产业的生态经济序与之组合，即先建立骨干主体，然后建立辅助产前、产后的产业部门。

（四）空间位置的划定：立体网络配置法

将各个区域生态经济要素布局在适宜的地域空间，使各个要素具有合适的经济生态位，要素之间的空间关系上呈现立体网络格局形式。

1. 生物群落之间立体配置及边缘效应的运用

在林地、耕地、草地、养殖场、水域、庭院内进行垂直分层格局式的各个要素内部因子的配置，达到对光、热、水、气的充分利用，使各个因子互利共生。例如，在林地内部，把山区、丘陵地貌下的山顶、山腰和山脚结合起来；乔、灌、草间套作；林、茶间套作；林、药、菌间套作；林、草、禽、畜结合；平原、沙漠地貌类型下的农林套种；林、茶、药结合；林、草、畜结合，如河南农桐间作物网内的小气候较非间作区有明显改良，作物产量及经济效益都有明显提高；在耕地内部，稻、林间套作，稻、藕、鱼套养，绿肥、秧、油菜间套作、高低搭配等；在水体内部，上中下分层养鱼，鱼虾、鱼鳖混养，藕苇混植；在庭院内部的果木、葡萄、瓜豆、蔬菜、花、牛马鸡鸭猪羊猫的立体种养业配置等。在水平散布的平面上，根据生态经济区域的林地、耕地、草地、养殖场、水域、庭院等生物群落之间的供求关系、限制关系，将它们配置在合适的生态位上，进行适度、合理的聚集，达到对资源的循环利用、土地的合理利用。首先，要根据土地资源（气候、地貌、岩石、土壤、植物和水文等因子的自然综合体）的特点及生物群落的特征，使之具有合适的生存及开拓环境。例如，在坡度大于25°的山地，就不适宜垦殖，而应该作为林地；湖泊水域，就不适宜围湖造田作为耕地，而应该建立鱼场。使各个生物群落有合适的生态位是立体网络配置最重要、最关键的一环。其次，在各个生物群落有合适的生态位的基础上，使林地、耕地、牧场、渔场及庭院之间在空间和地域上相互配合，有利于物质、能量及信息在空间上的相互交换和传输，以减少空间交换和传输上的损失。将具有垂直分层格局的各个生物群落之间在水平面上纳入更为广泛的再循环、再利用、再增值的立体配置格局之中，使耕地、林地、草地、养殖场、渔场及庭院之间互相促进、相得益彰。例如，我国南方较为广泛发展的"桑基鱼塘"农业生态模式就是各个生物群落之间空间上的立体配置模式——塘泥培桑、桑粪喂鱼；又如，被誉为中国生态村的北京留民营村，在鱼塘、菜地、林木、果园、畜禽、加工厂、微生物（沼气）、村庄院落之间实行了立体网络配置，实行物质循环利用、能量高效转化、价值多次增值。这几种农业生态模式均获得了异常高的经济效益和生态效益。

在各个生物群落的交错区，不同的生物群落集聚在边缘交错地带会出现物质循环、能量转换、价值增值和信息传递效率特别高的边缘效应。因此，在生物群落要素空间配置的过程中，也应该注意发挥边缘效应的作用，在耕地与养殖之间、林地与耕地之间、耕地、林地、养殖场、渔场与庭院之间在空间上很好地渗透、衔接，达到作物借林木之利增加产量，林木借畜禽之利增加材积，果品、畜禽因作物丰产增加肉、蛋、奶，庭院借林绿阴而环境优美的效果。

2. 农业（采掘业）、加工制造业、建筑业、商业、服务业之间的立体配置与集聚效应的运用

各个产业、行业部门依其投入来源和产出流向，在空间地域上有不同的布局、指向规律。按照这种布局，指向规律配置各个产业部门要素，使之有合适的生存和发展的经济生态位。例如，受资源（来自于生物群落和无机环境的动物、植物、矿藏、能源、燃料、动力等）指向约束的行业部门有林业、牧业、渔业、采矿业、冶金、石油、钢铁、化工、建材、水电、制糖、罐头、乳肉水产加工、纺织、缝纫、制药等产（行）业。将它们分别配置在动植物矿藏、燃料、动力、原料、劳动力等资源丰富的地区；受市场（消费）指向约束的行业如硫酸、食品、日用品、家具、专业设备等，应将它们配置在消费区。虽然产业、行业部门的资源指向约束和市场指向约束并不是绝对的，还受到其他因素的修正（如行为学派、社会学派对资源和市场对产业、行业的主要特性并不以为然），但无论如何，综合考察诸多因素对产业部门指向约束的影响，是达到立体配置产业部门要素的第一步。另外，从空间位置上看，农业、采掘业、环境保护业、加工制造业、商业及服务业等各大产业不过是位于生态经济区域内以开发、利用、保护、治理生物群落要素、无机环境要素的农业、采掘业和环境保护业为起点的投入产出链（网）的各个结点上，因此，也必须依据投入产出关系使各个产业、行业部门之间在空间和地域上达到立体组合状态。例如，在农业、加工业、商业具有合适的生态位的基础上，进行同位集聚，实行农工商一体化，产供销一条龙配置。

我们可以合理运用集聚效应的原理，以生态经济区域内的主导产业、行业为骨架，然后依照各行业的指向、区位规律及其之间投入产出关系在空间地域上展开乘数效应，通过产业部门的立体空间配置，达到资源从空间充分利用、物质循环利用、能量高效转化、价值多次增值、信息迅速传递的目的。但是产业部门在空间上的集聚不能过分集中、臃肿，分散反而有利于空间结构上的均衡，有利于避免过分集中所带来资源供给不足和环境污染严重等问题。

3. 农村、小城镇、大中城市间的立体配置

作为大中城市、小城镇、乡村实体的建筑设施，其合适的经济生态位都应是地势高、绿荫掩映、交通方便、靠近水源、地质较好的地方。大中城市是生态经济区域内社会群落要素的中心环节，它与小城镇乡村之间是点、面关系，并非孤立地存在，一方面它本身在地域、空间上不段地向外扩张，另一方面，它又吸引周围地区的小城镇，乡村向它靠拢，形成大中城市—小城镇—乡村立体组合格局。因此，在生态经济区域的调控

过程中，应以大中城市为中心实行立体配置。首先应控制大城市空间的过分扩大，开发大城市的地下、地上空间，形成大城市的上、中、下垂直分层格局，同时积极地把大城市的居民、企业单位向中等城市、卫星城疏散，从而使社会群落内各个因子（居民、企业、事业等）在生态经济区域内比较均衡地分布，这也符合边缘效应的原理，因为城镇作为大城市与乡村的纽带，事实上处于城市社会群落与农村社会群落的边缘交错地带。

4. 所有区域生态经济要素立体网络配置

生态经济区域内的各个要素在地域空间上是相互关联的。因此，对所有区域生态经济要素必须进行因地适宜、统筹兼顾、合理布局的安排，建立融洽的生态经济区域立体网络结构。整个生态经济区域立体网络结构表现在：分布在地势高、交通发达、水源便利点上的第二、第三产业大量集中的城市社会群落，同林场、农场、牧场、渔场融为一体的以第一产业为主的农村社会群落之间依靠交通运输网，凭借中、小城镇交互进行产业部门之间、农村与城镇之间、生物群落之间、产业部门之间、社会群落、生物群落及无机环境之间的物质循环、能量转换、价值增值及信息传递，形成"点—线—网—面"一体的立体网络结构。最后通过城乡一体化出现具有均衡性、复杂性、开放性的稳定结构。配置空间立体网络结构，一方面，应根据生物群落要素与无机环境要素的地域空间的分布来配置与之相适应的产业部门与社会群落。例如，应使林果业配置在山地丘陵地区，种植业配置在平原地区；而污染物质排放最大的行业、工厂不应建立在居民稠密区、水源保护区、城市上风区及风景游览区；农村，城镇居民点应配置在地势高、绿树掩映、交通发达、水源便利的地点（区）。另一方面，根据社会群落的空间布局来配置生物群落。譬如著名的"杜能圈"受"$P = V - (E + T)$"支配，其中 P 为利润，E 为成本，V 为价格，T 为运费，它反映了这一规律：以城市为中心，由近及远分别配置蔬菜、奶牛、薪炭林、集约型谷物业、休闲型谷物业、农业、畜牧业。

相辅相成配置法、同阈组合配置法、同步运行配置法以及立体网络配置法，分别从生态经济要素属性关系、数量规模、时间顺序和空间位置四个侧面做了规定，然而事实上，在对一个现实的生态经济区域进行调控的过程中必须要同时运用这四种方法。

案例链接：受污染的渤海

据渤海水产研究发布的"渤海湾渔业资源与环境生态现状调查与评估"项目报告显示，渤海湾渔业资源由过去的 95 种减少到目前的 75 种，现在可捕捞达产的渔业品种只有皮皮虾、对虾等极少数品种，传统渔业特产野生牙鲆、河豚等已经彻底绝迹。见图 2 - 3、2 - 4。

经研究人员在渤海湾 10 米等深线以下海域连续 3 年的跟踪调查发现，由于受到环境污染等众多因素的影响，自 20 世纪 80 年代以来渤海湾渔业资源递减，由过去的 95 种减少到目前的 75 种；其中，有重要经济价值的渔业资源更是从 70 种减少到目前的 10 种左右。

图 2 - 3　受污染的渤海

图 2 - 4　河豚

　　渤海水产研究所所长宋文平介绍，渤海湾是渤海三大渔场之一，是渤海产卵场主要水域。历史上渤海湾水生生物曾有 150 多种，有经济价值的渔业资源达 70 种。但由于过度捕捞、海洋污染等众多因素的影响，渤海湾渔业生态环境从 20 世纪 80 年代开始迅速恶化，鱼虾产卵场已经遭受严重破坏。

　　（资料来源：《渤海湾渔业生态迅速恶化物种资源不断减少》，乔仁英摘录自中奢网，网址：http：//www. chinavalue. net/story/2011 - 7 - 15/263925. html）

■ ■■■ 第四节　生态经济系统的基本矛盾与协调统一

一、基本矛盾

（一）基本矛盾的内容

人类的经济系统是以自然生态系统为基础的，人类各项经济活动必须在一定的空间进行，并且依赖生态资源的供给。凡是人类活动可以达到的生态系统，一般也不是纯粹的自然生态系统，而是被纳入了人类经济活动范围，并且打上人类劳动烙印的生态系统。总的来说，生态经济系统的基本矛盾是：具有增长型的经济系统对自然资源需求的无限性与具有稳定型机制的生态经济系统对自然资源供给的有限性之间的矛盾。这一矛盾又叫经济无限发展过程同生态系统顶极稳态之间的矛盾。这一矛盾是贯穿于人类社会各个发展阶段的普遍矛盾。

生态经济系统的基本矛盾具有决定性、普遍性、复杂性和可控性的特点。首先，在生态经济矛盾体系中，生态经济基本矛盾是最主要的起决定作用的矛盾。一旦这一矛盾得到妥善的解决，其他生态经济以及社会矛盾就会迎刃而解或者有了解决的基础。不难设想，一个社会，如果经济需求能有合理的约束，而生态供给又能源源不断地涌现，那么制约经济发展的最大问题——资源的稀缺性就将不再困扰人类，其他生态、社会问题自然也就易于解决了。其次，生态经济系统的基本矛盾是贯穿于人类社会各个历史发展阶段的普遍矛盾，是一个不分地域的世界性问题。这一矛盾是人类永恒的矛盾，在不同的历史时期这一矛盾又具有不同的表现形式。最后，生态经济基本矛盾比起系统的其他矛盾更具有复杂性，生态经济基本矛盾是众多错综集结而成的，因而更为复杂，它的解决要依赖于各种分门别类的生态经济问题的解决，所以也更加困难。此外，生态经济系统的矛盾还具有可控性，人则处于这个控制系统的中心。生态经济基本矛盾是一个对立统一体，虽然当人类经济活动对生态系统的干预方式和程度不适当时，这一矛盾会尖锐激化，但人类可以重新调节自己的干预方式，使生态系统的资源既得到充分利用，又不超越系统维持稳定状态所允许的限度，使矛盾得以缓解。

（二）基本矛盾的主要表现

（1）生态生产力更新的长周期与社会生产力更新的短周期之间的矛盾。这一矛盾通常要造成一种生态供给不能满足经济需求的生态滞后效应。

（2）单纯适宜经济增长的技术体系与恢复生态平衡技术滞后之间的矛盾。社会技术活动，首要目的是提高劳动生产率，取得最大的经济效益，因此总是力图强化生态系统的经济功能，而简化其生态结构，降低其生态功能；生态系统，只是维持其复杂的生态结构，保持其较高的生态效能，才能使系统趋于稳定，实现平衡发展。

（3）生态经济系统的自然有序与经济系统要素的社会有序之间的矛盾。

（4）生态系统负反馈机制与经济系统正反馈机制之间的矛盾。

（三）经济发展过程中应该确立的原则

发展经济必须与保护生态相结合，生态可持续发展是经济可持续发展的充分条件。经济发展过程中应该确立以下原则：

1. 合理利用自然资源

经济系统必须依赖生态系统提供生产所需的原料、食物、能源等，在开采、利用可更新资源时，开采率不能超出其再生能力，以确保自然界能维持资源存量，持续地提供经济系统所需要的资源。

2. 合理确定区域人口承载力

从宏观经济角度来看，区域的经济规模（总资源消耗量）不应超出该区域的承载能力，否则会加速自然资产的耗竭。换言之，在不危及区域环境品质的前提下，该区域所能承受的经济成长是有限制的。区域的人口承载力主要受两方面因素的影响：一是生活水平；二是外界能量、资源供给量。

3. 生产过程废弃物的循环利用

经济生产或消费行为所产生的人类不需要或厌恶的副食品，一般称之为废弃物。这些废弃物，有的经过处理后排放，有的未经处理，直接排放回自然界。当释放到环境系统的废弃物量超过了环境的同化力时，就会导致环境系统衰退，进而影响其对经济系统的承载能力。应用生态工程理论，通过生态系统使养分循环返回自然界，促进自然环境的生命支持功能，或者废弃物通过回收而被经济系统再利用。

总之，改变过去视生态经济保护与经济发展相对立的错误观点，将保护生态与发展经济有机统一起来进行研究，积极探讨生态系统与经济系统间的密切关系，才有可能实现可持续发展。

二、生态经济协调发展

在生态经济系统统一体中的各个子系统之间、子系统内各个成分之间，都具有内在的、本质的联系，这个系统中的每一个要素都承担着特殊的作用，都是系统不可缺少的组成部分。在这个系统中如果一个环节发生变化，就会引起一系列的连锁反应，离开某一要素，系统的功能就要受到影响，原有的系统就会受到质的影响。就经济与生态这两个子系统来看，一个良好的经济系统必然要求一个良好的生态系统与之相适应，二者相互促进，构成一个良性循环的整体。主要表现在以下几个方面；

（一）生态与经济协调是经济社会发展的必然趋势

人类的生产活动是人与自然关系的纽带，社会再生产所需的一切物质和能量都来自于自然生态经济系统，因此生态系统是经济系统赖以发展的物质源泉。当经济系统的调节机制破坏了生态系统的生物资源和环境资源结构、布局和自我更新能力时，经济系统本身就会陷入恶性循环之中。因此，现代经济的发展要受生态环境的制约，人类保护地球生态环境，促使生态与经济协调发展就成了可观必然趋势。

（二）生态与经济的协调发展是经济与生态矛盾运动的产物

生态环境的实质是自然生态系统，其组成要素是各种自然资源，这就决定了发展经济必须要依托生态环境来进行。自然生态系统所蕴涵的自然资源是十分丰富的，但同时他们又都是有限的。然而，人类发展的经济的需求是无限的，人类社会要不断进步，人的物质和文化生活要不断提高，因此人向生态环境取用自然资源的要求也是无限扩大的。由此在人类的经济社会发展活动中，发展经济对自然资源需求的无限性与生态系统自然资源供给的有限性之间，就必然会出现越来越尖锐的矛盾，从而就会出现生态与经济的日趋严重的不协调。这就必须依靠人发挥正确的主观能动作用，使生态与经济的关

第二章

生态经济系统

系从不协调走向协调。

（三）生态与经济协调理论是生态经济学的核心

人类社会从过去的农业社会向工业社会，又向今后的生态化转变是一个客观过程，这也是生态与经济不断协调的过程，新的生态时代的一个最突出的特点就是可持续发展，而它正是建立在生态与经济协调的理论基础之上。这就决定了生态经济协调理论是指导当代人类社会发展的核心理论，并且体现了生态时代的基本特征。

生态经济学有一系列的生态经济学基本理论范畴和基本原理，他们相互联系，相互依存；同时也分别在各自的领域，对生态经济实践起着不尽相同的指导作用，但是它们对于实现生态与经济协调的促进作用又是相同的。生态与经济协调这一核心理论对整个生态经济学理论体系的建立起着基础作用，并且也赋予这个体系"生态与经济相协调"的基本理论特色。

三、生态经济发展的协调路径

建立生态—经济—社会—技术大系统发展战略，是解决人类面临的人口、环境、资源、粮食等严峻问题的基本方向，也是发展生态经济生产力的物质基础。

（一）加强全民生态意识教育，正确处理人与自然的关系

在现代社会中，人与自然的关系，有三种态度：一是热爱自然的保护者，二是凌驾自然的征服者，三是自然与社会共生的协调者。前两项各自走向极端，难为现实社会所接受，后者才是自然社会持续发展的必由之路。因此，加强生态意识宣传，变"征服"为共生，化"掠夺"为互助，保护自然，利用自然，是人类生存与社会发展的根本。

（二）保护自然资源，维持生态平衡，提高生态经济效益

自然资源包括有机的和无机的资源与要素，既是生态系统、自然生产力的构成与基础，更是人类社会、经济发展的源泉。自然界中，水、土、气、生物、矿物等都是人类赖以生活和不可缺少的生态物质资源。保护自然资源，就是保护人类自己。

保护自然，改善环境，与充分利用自然资源，增加社会经济实力是密不可分的。充分有效的利用自然资源，意味着在生态平衡或不超过生态阀值条件下，使生态经济的物质、能量的利用率高，或物质、能量的消耗小，同时，又使生态、经济、社会、技术和谐发展，保持生态经济系统动态平衡和持续运转。按照系统科学的观点，一个复杂的大系统，只要自觉运用控制反馈原理，合理控制，就可形成最佳的结构与功能，保持稳定有序的发展。当今的耗散结构理论和协同论，已揭示和证明了这一事实的客观存在，并逐渐应用于实践之中。为便于生态经济系统高效和谐发展，利用生态与经济学的一些基本规律或原则，如物质循环与重复原则，避害趋利原则，共生互利原则，以及开源节流原则等为获取资源高效利用服务，同样，利用相生相克原则，可靠性强风险小原则，使经济、生态相互制约，相互作用，持久和谐发展。

（三）依靠科学技术，改革传统产业结构，发展新的产业

追求生态经济高效和谐模式，需依靠科学技术。一方面，探索生态经济协调发展的

理论与方法，并施之于实践；另一方面，要改革传统产业，使之走向生态经济协调发展的轨道。这种新型产业的功能，既能缓解消除污染、净化和消化废物，改善环境质量；又能提高资源利用率、劳动生产率，进而不断提高生态经济生产力；更重要的是为生态经济协调发展提供了良好的自然、社会条件。改革和兴建产业结构，不论农业、工业和第三产业，都要通过科学技术手段，使其朝着有利于发展高效和谐的生态经济系统迈进。

（四）经济高速发展的今天，更要注意生态环境问题

我国将保护环境作为一项国策是非常英明的。根据我国目前经济、人口和环境的发展势态，未来的环境前景，可能有两种状况：一是正确处理发展与环境的关系，强化环境管理，增加环保投入，实行建设与环保同步发展方针，使生态环境问题不再加剧或有所改善；二是水资源危机越演越烈，大气质量日益恶化，污染废物（特别是固体）急剧加重，生态环境更加不稳或失调，非但给人民健康、生活带来了威胁，也将制约经济的进一步发展。环境的两种前途都是可能出现的，我们只有选择正确的道路，才能利于经济和社会的协调发展。

复习思考题

1. 简述遏制生态环境恶化的措施。
2. 简述经济发展和生态保护矛盾的解决措施。
3. 简述生态经济系统良性运作的条件。
4. 举例说明区域生态系统的构成。
5. 试论生态环境恶化对我们的启示。

第三章

生态经济学的价值理论

价值理论是经济学理论的一个重要方面，价值理论随着社会的进步和发展而不断完善。在建设生态文明的要求下，为了抑制或消除外部不经济性对环境的消极影响，一个基本的思路是使人们在生产和消费中产生的外部成本内部化，使损害环境者付出相应的代价，这就牵涉环境和资源的价值问题。生态经济学作为一门新兴学科，价值论问题是不可回避的，这关系到理论体系的建立，也关系到生态经济学向纵深领域的发展。本章将介绍生态经济学的价值观、产值观、效益观和财富观。

一、有益价值与无益价值

价值是凝结在商品中的抽象的人类劳动或一般的无差别的人类劳动。抽象的人类劳动是价值的质的规定性，而其量的规定性是用社会必要劳动量来计量的。在商品交换中价值才能实现，但已实现的这部分价值，对社会、对消费者并非都是有益。生态经济价值观认为，在目前条件下（社会、政治、经济、技术及人们的观念等），价值有"益"和"害"之分。也就是说，并非所有的抽象劳动或社会必要劳动对社会、对消费者都是有益的。

由于社会、消费者得到的是商品的使用价值，当他们受害后，这些受害者及社会谴责的是某种使用价值的生产——具体劳动。然而，抽象劳动和具体劳动、价值和使用价值是融合在一起的。某些具体劳动和使用价值的有害性后果最终还是由社会抽象劳动创造的价值来承担。所以，由具体劳动创造的对社会和消费者产生危害的那部分使用价值中所凝结的人类抽象劳动，就是无益价值。相反，对社会文明及消费者的生理、生活（物质的、文化的和生态的）及生产的正常进行起促进作用的那部分使用价值中凝结的人类抽象劳动，就是有益价值。

二、生态价值概念的产生

有益价值的重要组成部分是生态价值。为使生态系统朝着有利于人类生存和经济社会发展的方向进化与演替，人们使自然物质由潜在使用价值转化为实在使用价值都付出了一定量的物化劳动和活劳动。这些劳动转移和凝结于生态系统之中，就形成了生态价值。

传统的经济学认为经济系统是与生态系统无关的封闭系统，仅就经济系统内部物质资料的生产、交换、分配、消费等现象和过程来研究人类社会经济活动，把人类劳动过程看成是单纯的经济作用过程，因而必然认为人类劳动只能是投入在经济系统内部，经过人类劳动过滤的只有经济产品，在商品经济条件下表现为商品。所以，劳动价值论，就是商品价值论。

在这个原理的指导下，人们把自然生态的演替与进化看成是完全由生态系统的自然力本身所推动而与人类劳动无关，认为自然资源和自然环境没有人类劳动的凝结、完全是大自然的产物，它只有使用价值而没有价值，因而人们可以无偿使用它。这样，自然资源与自然环境即生态环境的无偿性，就成为传统经济学的一条重要经济原则。很明显，传统经济学的价值理论和以它为基础的经济原则，既不完全符合现代生态经济系统运动的实际情况，也不完全适应现代经济社会发展的客观要求。

现代生态经济系统中的生态环境都是经过人类劳动改变过的生态环境，它已经不是"天然的自然"，而是"人化的自然"。这种"人化的自然"的进化与演替，并不完全取决于自然力本身的作用，还要受人类经济活动的干预和影响。因而它直接或间接地、或多或少地都要投入人的劳动。同时，我们还要看到，人类社会发展到今天，现代人类在创造现代文明过程中，给予自然界以前所未有的巨大影响，地球上几乎每个角落都成为人类相互竞争的激烈场所，以至整个生物圈都有人类"征服"自然的踪迹。人类没有涉足过的自然资源环境、没有经过人劳动的天然的自然，在当代的世界里可以说已经是为数不多了。只要是经过人类涉足的生态环境，就不仅具有使用价值，而且具有价值。

在当代，人类社会经济活动对生态系统需求的无限性与生态环境满足生产力发展需求的有限性之间的矛盾，经济系统中生产生活排污量迅速增长与生态系统调节能力净化能力的有限性之间的矛盾，已经成为现代人类与自然之间物质变换关系的两个基本矛盾。现代生态经济系统的基本矛盾的运动改变了生态经济系统的价值运动和经济系统价值运动的同向轨道，使得一般人类劳动凝结在经济系统中而形成的商品价值，从生态经济系统的总体来看，并非一定是正值。这是因为，现代社会生产与再生产是人们大规模消费自然资源和环境质量的经济活动过程，具有两个显著特点：一是经济系统生产某些具有价值的商品时，由于大量消耗了某些稀缺自然资源，使某些再生产性资源不能补偿，或使某些非再生产性资源日益减少，甚至走向枯竭，结果在生态系统同时产生负价值；二是经济系统生产某些具有价值的商品时，由于人类的生产和生活活动所产生的各种污染物超过了环境容量的极限，使环境污染，生态恶化，结果在生态系统同时产生了负价值。这样，一般人类劳动在经济系统中创造了商品的价值，而从生态经济系统的总体来看，形成的商品的价值，可以是正值，也可能为零值，还可以是负值。不管是在哪种情况下，需要人类再付出劳动对经济产品生产过程中在生态环境产生的负价值进行补偿。而这种补偿是不能仅仅依靠生态系统本身源源不断地提供，这就是说，在现代社会条件下，良好的生态环境已经不能像过去那样靠自然界的赐予而免费获得了，必须通过人们的劳动活动来提高自然生产与再生产的能力，把它再生产出来，这就要花费大量社会必要劳动。

现代经济社会是社会经济和自然生态互相制约、互相作用的生态经济有机体，这是生态环境没有价值而成为有价值的根本条件。现代经济社会是生态经济有机体，这就决定了它的生态经济生产与再生产已由过去那种对自然界的单方面作用转变为互相作用，一方面，在经济再生产过程中人类劳动要有自然界提供具有实在使用价值的自然物质作对象，并受到自然界的协助，因此，现实的使用价值是劳动和自然物质相结合的产物；另一方面，在自然再生产过程中越来越多的自然物质和生态因子为了达到可供人类及其社会使用的形态，必须经过劳动过滤，才能由潜在使用价值变成具有满足人类生存和经济社会发展所需要的实在使用价值。在这种情况下，各种体力的和智力的、直接的和间接的劳动力都在与自然资源和自然环境发生日益扩充的联系，使它们不同程度地受到这种或那种形式的劳动的渗入和作用。因此在现代经济社会条件下的自然资源和自然环境，虽然主要不是在人工劳动下产生与形成的，但在自然生态生产与再生产的某些环节上，是与社会经济生产与再生产相互交织、相互作用的，因而人们为使生态系统朝着有利于人类生存和经济社会发展的方向进化与演替，使自然物质由潜在使用价值转化为实在使用价值，都要付出一定量的物化劳动和活劳动。这些劳动转移和凝结于生态系统之中，就形成了生态价值。

三、生态价值的组成

从本质上来说，生态价值与商品价值一样，都是人类抽象劳动的凝结。

（一）生态价值补偿过程中物化在生态系统中的社会必要劳动

在自然资源和自然环境消耗的价值补偿过程中物化在生态系统中的社会必要的人的劳动，应该形成生态价值。现代经济社会的生产和生活消耗了大量的自然资源和环境质量，必须通过人的活动把它再生产出来，使生态系统得到必要的补偿。为了补偿自然环境的消耗，世界各国在治理污染和公害方面花费了大量的投资。

案例链接：治理污染和公害方面的投资①

西方资本主义国家在治理污染和公害方面花费了大量的投资。1971—1975年，几个国家用于环境污染控制费用占国民生产总值的比例为：美国1.6%，日本1.3%～2%，有的估计美国20世纪70年代中期为2%～2.5%，日本最高达3.5%～5.5%。美国环境质量委员会估计，1977—1986年的十年内，用于污染控制的总费用6453亿美元，其中水、空气、废渣污染控制中费用6335亿美元，占98%。美国工业的污染控制费用在某些工业部门占全部成本的比重很大，竟达到1/4至1/3。例如1973年污染控制成本在全部成本中所占比重，石油工业是29%，造纸工业24%，金属冶炼工业23%，化学工业14%。

芬兰20世纪50年代每年用于国有林抚育管理的资金在15亿芬兰马克以上；美国1970年营林投资达13.5亿美元以上，其中绝大多数用于森林保护、科研、林道建设和改造。我国从1952—1978年营林投资也达42.5亿元，在森林病虫防治、防火、次生林改造等方面做了大量工作。苏联在许多生产部门要保证生产用水必要净化程度的现代净化装置，需要工程项目总投资的30%左右，炼油石高达50%。据报道，1986年苏联全国用于环境保护费用达100亿卢布，才使某些环境污染状况有所好转。如果要建设生态文明，把生态环境质量提高到较好的水平，就需要投入更多的人类劳动。据美国环境质量委员会估计，1977—1986年的10年间，用于污染控制的总费用6435亿美元，如果要

---

① 资料来源：《环境科学理论会讨论文集》第1集，中国环境科学出版社1984年，第43页。[英]朱利安·大卫·路易士：《环境管理经济学》，贵州人民出版社1985年，第120页。苏联科学院经济研究所：《发展社会主义社会的济经》，中国财政经济出版社1981年，第492页。

使生态环境质量达到较好的水平，则需要 20 000 亿美元，增加三倍的投资。

（二）保护和建设生态环境过程中物化到生态系统中的社会必要劳动

人类在保护和建设具有一定使用价值的生态环境过程中物化到生态系统中的社会必要劳动，是形成生态价值的重要组成部分。现代经济社会发展实践表明，有效地保护和认真建设生态环境已成为现代人类及其社会经济运行的重大问题。因此，现代经济社会发展必须执行以有效保护为核心的生态环境资源开发战略，使生态环境具有适合现代人的生态需要的质量标准，必须投入大量的劳动，才能保护和建设具有不同等级使用价值的生态环境。因此，在现代社会中，保护天然资源逐渐为人们所重视，不仅各国相继颁布了各种资源法和建立了专门管理和保护机构，而且对天然资源进行了大量物化劳动和活劳动的投入。

（三）开发生态环境过程中物化到生态系统中的社会必要劳动

人类将生态系统中具有潜在使用价值的自然物质变成符合人类生存和经济社会发展所需要的实在使用价值时，必须付出一定量的劳动，这也应该是形成生态价值的一个方面。在生态系统中，无论是自然资源还是自然环境的生态因子，首先具有潜在使用价值的性质，一旦经过劳动过滤发展到可供人类及其社会使用的形态时，潜在使用价值的自然物质变成为实在使用价值的自然资源。例如，矿物是埋藏在地下的地质体，在没有经过地质勘探之前，它只是一种潜在的使用价值，把它变成能够满足人类需要的使用价值即实在使用价值，就要投入地质勘查等劳动，对它的发现和探明矿体的质量、数量、形状、产状、技术加工性能和开采条件等方面的情况，都要付出大量的物化劳动和活劳动。

四、生态价值的计量

按照马克思的劳动价值理论，商品的价值量是由生产该商品的社会必要劳动时间决定的。"社会必要劳动时间是在现有的社会正常的生产条件下，在社会平均的劳动熟练程度和劳动强度下制造某种使用价值所需要的劳动时间。"[1] 这个理论同样适用于生态价值量。所以，生态价值量是由创造具有一定使用价值的生态环境的社会必要劳动时间所决定的，它与投入创造的劳动量成正比，与劳动生产率成反比。创造具有一定使用价值的生态环境的劳动生产率越高，它所需要的劳动时间越少，这种生态环境所形成的价值就越小；相反，劳动生产率越低，它所需要的劳动时间就越多，这种生态环境所形成的价值就越大。所以提高创造具有使用价值的生态环境的劳动生产率是实现社会经济建设和生态环境建设同步协调发展的重要途径。

生态价值的构成和商品价值的构成一样，也是分为三部分：C + V + m。我们就以补偿、保护和建设具有一定使用价值的生态环境来说，如果人们在补偿、保护和建设具有使用价值的生态环境的过程中，所投入的全部劳动都物化在生态系统、生态环境之

① 马克思. 资本伦 . 1 卷 . 北京：人民出版社，1972：52.

中，那么，C是补偿、保护和建设生态环境所需要的生产资料的价值，如消耗的能源、物资的价值及其机械设备和设施的折旧费等；V是补偿、保护和建设生态环境的劳动者的必要劳动所创造的价值，即维护劳动力生产与再生产所需要的生活资料的价值；m是补偿、保护和建设生态环境的劳动者的剩余劳动所创造的价值。因此，创造具有一定使用价值的生态环境的总价值量 $W_生 = C + V + m$。其中C是物化劳动转移的价值，$V + m$ 是活劳动所创造的新价值。

但是，在生态经济系统的实际运行中，人们投入一定量的劳动创造具有一定使用价值的生态环境，在创造生态价值的同时，还会生产具有一定使用价值的经济产品，创造商品价值。在这种情况下。生态价值量 $W_生 = C + V + m - W_经$。而生态经济价值量则是投入补偿、保护和建设具有一定使用价值的生态环境全部劳动所形成价值量 $W_{生经} = C + V + m = W_生 + W_经$。

■■■■ 第二节　生态经济学的产值观

一、无效产值和有效产值

价值的有益性和无益性，直接关系到产值的有效和无效。所谓产值是企业或一个地区、一个国家在一定时期内所生产的全部物质资料的价值。这样定义的产值至少有下列几点缺陷：其一，那些毒化社会文明，污染生态环境，损害人民键康的使用价值中所凝结的社会抽象劳动—价值，在商品交换中得到实现，这是以损害社会文明和消费者利益为代价的，但却得到社会承认。这种违背了社会生产目的的"价值"，被记入产值，将会形成产值增加而社会文明和生态环境破坏的结果。其二，该定义只把"物质资料"的价值叫做产值，由优美的自然景观、良好的生态环境和丰富多彩的历史文化而发展起来的旅游业收入却没有被计算在内。其三，由卫生、环保部门的劳动带来生态环境改善从而产生的经济效益也被排斥在产值之外，没有得到社会的承认。为了克服上述缺陷，必须从理论上确立有效产值和无效产值，确立完整的生产观（以下简称广义生产观）。

所谓无效产值是指一定时期内，企业、一个地区或一个国家生产的造成环境污染、生态结构破坏、毒化社会文明、损害人民健康的商品的价值总和。反之，一定时期内，企业、一个地区或一个国家生产的些有益于环境质量提高、生态平衡改善、社会文明和人民健康的商品的价值总和就是有效产值。

例如，生产假冒产品、黄色录像带和毒品的产值，无论如何不能叫做有效产值。再如，某些发达国家一年由于污染带来的损失，占国民经济总产值的5%，这些损失不能算作有效产值。由于农业环境污染，许多农产品有毒物质含量超过食用标准而不能食用，这一部分农产品产值也是无效产值，这一部分产值的作用原有的产值概念是难以确定的。

无效产值的危害有三：一是使国民经济总产值失去产值的真实意义（包含一部分无效产值），从而违背社会生产的目的，二是降低了某些行业的产值（如降低水产品量，减少以野生动植物为对象生产部门的产值等），三是严重危害了人口的再生产。第一种情况实际上是总产值里的负数，在这个负数里包含一切由于"环境毒化"所带来的动植物损失、材料、原料、疾病等损失，第二种情况的直接后果是使以后的总产值增长速度减低，在实际总产值里已经被减掉，第三种情况影响到人口的质量。所有这一切，用旧的产值观是无法表达的。

明确无效产值概念的意义有三点：其一，无效产值在总产值中所占的比例，标志着社会经济系统健康、健全发展程度，也标志着社会文明程度和人民生活质量。无效产值愈大，说明有害使用价值及凝结其中的社会抽象劳动量愈大，给社会文明及消费者带来的危害愈大，偏离社会生产目的愈远。其二，通过对无效产值的计量，可以发现和及时采用新技术，减少以至消除产生有害价值的隐患。其三，从价值观念上改变狭隘生产观、消费观及生态观，用人口—需求—资源—技术—经济—生态环境协调发展的理论指导现代经济社会，提高现代人的素质。此外，通过对有害价值的考查、计量可以促使社会实行"三废"资源化的步伐，首先在生产领域中实现把污染物纳入无限物质循环过程中，最终消除产生无效产值的根原。

如上所述，在社会抽象劳动量中，并非所有部分都是对社会有益的，并非都能实现满足人民日益增长的物质和文化需求这一目的。环境污染使总产值中带有负数，而社会抽象劳动量中也有一部分是负数。如果种植鸦片是有害于人类再生产的"有害劳动"，黄色录像带是毒化人民精神的鸦片，那么引起"公害"的那些社会抽象劳动量同样也是有害的。同理，由于违背生态规律带来的农业损失是能够被人们接受的"经济损失"，这些劳动是无效劳动，那么上面指出的那些劳动也是无效劳动，就应当从社会耗费的抽象劳动量中减去这一部分。

与此相联系的是，在国民经济总产值或在社会抽象劳动量中还应加上一部分。这一部分产值包括：由于植树造林及城市园林化，绿色植被生产释放出的氧气，从而提高了环境质量，促进了人民健康水平的效益；由于清洁工人所创造的环境高质量而带来的效益；由于按生态规律生产，从而使动植物资源兴盛繁茂，增强了生态系统稳定性而带来的效益（对土壤质量的改善，由于直接增加了农作物产量，其总产值已被记入）等。

二、生态经济学的产值观

产值应该是企业产前、产中和产后经济、社会效果的统一，是企业内部经济性（创造物质资料的货币表现）与外部经济性（对环境的益害）的统一。这正是我们把环保部门合理协调自然的活动，作为生态经济环境以及建立广义生产观的经济学依据。

在这里我们重温一下社会主义开拓先驱者马克思、恩格斯、列宁的有关论述，可以更坚定地树立广义产值观。马克思说："社会化的人，联合起来的生产者，将合理地调节他们和自然之间的物质变换，把它置于他们的共同控制之下，而不让它作为盲目的力量来统治自己，靠消耗最小的力量，在最无愧于和最适合于他们的人类本性的条件下进行这种物质变换。"①如果说在科学技术不发达的历史时期内，改造自然能力低下，人们不得不屈从自然的统治是问题的一面的话，那么在科学技术相当发达的今天，把自然当做"奴仆"而任意摆布则是问题的另一面。马克思这段话正是教育人们既不能被自然统治也不能去统治自然，而当建立一种人和自然的协调关系去进行生产。

恩格斯说："我们必须时时记住：我们统治自然界，决不像征服者统治异民族一样，决不像站在自然界以外的人一样，相反地，我们连同我们的肉、血和头脑都是属于自然界，存在于自然界的，我们对自然界的整个统治，是在于我们比其他一切动物强，能够认识和正确运用自然规律。"② 上面我们列举的使产值失去真实意义的事实，都不是违背经济规律本身，而是违背自然规律，特别是违背生态规律，也就是说违背自然规律同样会造成经济上的损失。换言之，经济发展在企业内部（或社会内部）必须遵照经济规律办事，在企业外部（人与自然）必须遵照自然规律办事，并把二者（即把社会的人与自然的人）协调起来，才能形成企业内外、社会与自然相协调的生产有机整体，才能把制约经济发展的生态规律与经济规律有机统一起来，而不是人为地把它们分离。正由于既是社会的人，又是自然的人，所以其本身便成为一个杠杆系统的支点，把社会经济与自然过程紧密联结在一起，成为一个把自然物质变换为社会财富的生态经济系统。

综上所述，完整的产值观就是合理调节人与自然的物质变换关系，有计划地开发、利用、保护资源，以便把生态系统改造好后传给后代。按照这种生态产值观，开发利用资源是生产，保护更新资源和保护生态系统是生产，治理环境污染也是生产。因为在此过程中不仅耗费了社会劳动量，而且也创造了新的价值。

三、绿色国内生产总值及其核算

（一）绿色国内生产总值的定义和原则

随着生态经济学产值观的产生发展，绿色国内生产总值这一概念被提出。就绿色国内生产总值的概念而言，很多学者都给出了其具体定义，但还未有一个统一全面的概念，我们先介绍几种具有代表意义的定义。

绿色国内生产总值是扣除生态破坏和环境污染损失后的国内生产总值。

联合国综合环境与经济核算体系工作把绿色国内生产总值定义为从国内生产总值中扣除自然资本消耗和生产资本消耗最终得到的国内生产净值。

绿色国内生产总值是扣除了传统国内生产总值中因环境和资源损耗所减少的价值（外部不经济），加上环保部门新创造价值（外部经济），从而得到生态恶化与环境污染造成的经济损失的价值量化。

---

① 马克思 . 马克思恩格斯全集 . 25 卷 . 北京：人民出版社，1972：926 ~ 927.
② 恩格斯 . 马克思恩格斯选集 . 3 卷 . 北京：人民出版社，1972：518.

绿色国内生产总值是扣除经济增长导致的外部不经济因素如资源滥用、环境污染等，加上自给性服务、地下经济活动及闲暇活动等外部经济因素后的国民福利总值。

绿色国内生产总值 = 固定资产损耗 + 国内生产净值 − 生产中使用的非生产自然资产

绿色国内生产总值是在原有国内生产总值的基础上修正了环境与资源因素，计算而产生的一个新的总量指标。其中的非生产自然资产包括非生产自然资产退化和非生产经济资产耗减两项内容。

从上面的这些定义我们认知到，虽然各种定义不统一，但他们的根本原则是一致的，即都是在原有国内生产总值的基础上作适当的调整得到绿色国内生产总值，加减各种其他要素的影响得到的数值。根本的区别在于各种定义调整的范围不同，具体考虑哪些环境要素还不能达到统一认识；还有学者认为绿色国内生产总值不仅要考虑环境要素，还应考虑地下经济等其他影响要素。

综上而言，关于绿色国内生产总值的内涵我们应考虑两点，首先要遵循原有国内生产总值核算原则，在传统的基础上进行适当的调整。其次要明确调整的范围，具体到各个环境变化要素。结合上述要求，我们总结出绿色国内生产总值的内涵：绿色国内生产总值，就是从传统的国内生产总值中扣除由于环境资源质量的退化、环境资源量的减少和因环境恶化而需要进行的补偿等三种因素引起对社会和经济的影响值，从而得出真实的国民财富总量，它是各国扣除自然资产损失后新创造的真实国民财富的总量核算指标。

（二）我国的绿色国内生产总值核算

我国是一个发展中国家，面临着严重而迫切的环境问题。各地的自然资源浪费、河流的污染触目惊心，并且因用于环境保护的支出相对较少，环境恶化不断加剧。鉴于这种情况，20 世纪 80 年代以后，我国开始了有关环境核算方面的各种研究和探索。1980年，中国环境科学研究院开展了全国环境污染损失和生态破坏损失的评估，开始了我国第一次系统的环境污染经济损失的估算研究。1990 年，国家环境保护局金鉴明院士主持完成了《中国典型生态区生态破坏经济损失及其计算方法》的研究，应用了生态定位站的长期观测数据，结合了一些实地调查资料，推动了这一方面的研究。1991 年，国家环境保护局政策研究中心出版了《资源核算论》，该工作由国内十多个部门和地方的百余名专业人士共同完成，具体对国内外绿色国民经济核算和资源核算的理论和方法进行了回顾，对矿产资源、地下水资源、地表水资源、森林资源、土地资源和草原资源进行了初步研究，并在此基础上对 1992 年和 1993 年全国的环境污染损失进行了估算，于 1998 年出版了专著《中国环境污染损失的经济计量与研究》。1998 年年初，国务院发展研究中心首次提出开展资源核算以及纳入国民经济核算体系的课题研究，该课题下设若干子项目，其中综合性的子课题有资源定价、资源折旧、资源核算及其指标体系、国民经济核算及其指标体系、资源核算及其纳入国民经济核算体系实施方案、有关的数学模型、相应的政策和措施建议等专题性的子课题。1992 年，联合国环境与发展大会一致通过《21 世纪议程》。1994 年 3 月，国务院正式批准《中国 21 世纪议程》后，相关研究全方位展开。目前为止，我国已经出版的与环境经济综合核算相关的著作有

《绿色投入产出核算——理论与应用》、《可持续发展下的绿色核算——资源、经济、环境综合核算》、《环境统计与环境经济核算》等。这些研究不仅在核算理论方面进行了探讨，而且还针对国内情况进行了应用和实证研究。1992 年 4 月，中国政府批准成立中国环境与发展国际合作委员会，根据工作重点，组建了七个专家工作组对中国环境与发展领域的一些重大课题进行研究，分别是资源核算与价格政策核算组，污染控制工作组，生物多样性工作组监测信息工作组，能源战略与技术工作组，科研、技术开发与培训工作组和环境与贸易工作组。其中，资源核算与价格政策核算研究组和监测信息工作组从事的工作属于环境统计范围，资源核算与价格政策核算组以自然资源定价的理论和方法为基础，对各类资源提出定价模式和价格改革的目标、措施和步骤，为环境成本进入资源核算体系从而进入整个国民经济体系提供理论依据。2000 年开始，国家环保总局与世界银行合作，开展中国环境污染损失评估方法研究，目前正在研究并计划开展两个省市的试点。2001 年，重庆市作为国家统计局核算司的唯一试点城市，开展了重庆市自然资源与环境核算方法的研究。在国家统计局核算司的指导下，经过三年的努力课题组完成了重庆市水资源和工业污染的实物量、价值量及绿色国内生产总值核算方法的研究。2003 年，国家环保总局与经济合作与发展组织合作，开展环境综合指标体系研究以及环境绩效评估工作；并开始与国家信息中心合作，开展建立国家中长期环境经济模拟系统研究以及环境经济投入产出核算表。2004 年，国家环保总局开展国家"十五"科技攻关课题《绿色国民经济核算体系框架研究》的研究；同年国家统计局出版的《中国国民经济核算体系》中新设置了附属账户——自然资源实物量核算表，制定了核算方案，试编了 2000 年全国土地、森林、矿产、水资源实物量表；并与挪威统计局合作编制了 1987 年、1995 年、1997 年中国能源生产与使用账户，测算了我国 8 种大气污染物的排放量，并利用可计算的一般均衡模型分析并预测未来 20 年中国能源使用、大气排放趋势；在黑龙江省、重庆市、海南省分别进行了森林、水、工业污染、环境保护支出等项目的核算试点，并已编写了技术总结和工作总结报告。翻译出版联合国编写的《综合环境与经济核算手册——2003》（简称 SEEA2003）并出版。目前已商定国家林业局、国家林业科学研究院、北京林业大学合作，开展我国森林资源核算及纳入绿色国内生产总值核算的研究工作。2004 年 6 月 24 日至 25 日国家环保总局和国家统计局联合在杭州召开"建立中国绿色国民经济核算体系"国际研讨会，就建立绿色国内生产总值的必要性、中国建立绿色国内生产总值的途径和应采取的方式、中国建立绿色国民经济核算体系的机遇和挑战等内容进行了讨论。

案例链接：中国开展绿色国内生产总值核算具有必要性和迫切性[①]

从生态环境看，中国的生态环境是较为脆弱的。中国国土面积占世界陆地面积的

[①] 胡鞍钢. 我国真实国民储蓄与自然资产损失（1970—1998）. 北京大学学报：哲学社会科学版，2001，（4）.

7%，而森林面积仅占世界森林面积的 4%。水土流失面积为 367 万平方千米，占全部国土面积的 40%。荒漠化土地面积 262 万平方千米，占国土面积的 27.3%，近 4 亿人口处于荒漠化威胁之中。水旱灾害频率加快，新中国成立以来，每年旱灾 7.7 次，涝灾 5.8 次。显然是由于人为开发强度加快所致。从环境污染方面看，中国是全世界大气污染最严重的国家，废气中二氧化硫排放量为 1927 万吨，位居世界第一。因大气污染致死人数年均 36 万以上。称为"硫酸沉降"的酸雨区高速蔓延，范围占国土面积的 40%，约 380 万平方千米。中国废污水排放总量占世界 10%，每增加相同的社会产值，中国增加的水污染量是发达国家的 4 倍。

中国于 2004 年提出《中国资源环境经济核算体系框架》，标志中国绿色国内生产总值核算体系框架初步建立。该框架对资源环境经济核算体系的定义为："资源环境经济核算体系又称绿色国民经济核算体系，所谓资源环境经济核算，是在原有国民经济核算体系基础上，将资源环境因素纳入其中，通过核算描述资源环境与经济之间的关系，提供系统的核算数据，为分析、决策和评价提供依据。"

进行国民经济核算，会形成一组以国内生产总值为中心的综合性指标。与此相对应，进行资源环境经济核算，客观上特别需要开发出功能上类似国内生产总值的指标体系，即以"经资源环境因素调整的国内产出（EDP）"为中心的总量指标体系，从国内生产总值到 EDP，其间的调整是把经济活动对资源环境的利用消耗价值（即所谓经济活动的资源环境成本）予以扣除。

与国内生产总值三种计算方法一样，"经资源环境调整的国内产出"也可以在三个方向上表示。

生产法：EDP = 总产出 - 中间消耗 - 资源环境成本

收入法：EDP = 劳动报酬 + 生产税净额 + 固定资本消耗 + （营业盈余 - 资源环境成本）

支出法：EDP = 最终消费 + （资本形成 - 资源环境成本）+ 净出口

第三节　生态经济学的效益观

一、经济效益与生态效益

（一）经济效益

经济效益有两种含义：第一种含义是指人们通常所说的净收益和纯收益，主要是指企业在总收入中扣除物化劳动消耗和包括活劳动稍耗在内的全部消耗后剩下的余额，前者叫净收益，后者叫纯收益。第二种含义是指生产和再生产过程中劳动占用和劳动消耗量同符合社会需要的劳动成果的比较。我们这里着重谈第二种含义，其中所谓劳动占用是指，劳动过程中占用的劳动量，它包括厂房、机器及能使生产正常进行所必需的原材料储备等。劳动消耗量是指生产产品过程中实际消耗的劳动量，包括活劳动消耗和物化劳动消耗。劳动成果则是指所生产的符合社会需要的产品。产品是否符合社会需要是衡量经济活动有无经济效益的前提，商品只有符合社会需要，才能卖出去，也才能实现商品的价值。可见，经济效益是反映投入与产出、费用与效用的关系。生产符合社会需要的产品，所花费的劳动占用和劳动消耗量少，或花费同样的劳动占用和劳动消耗量而生产出更多的符合社会需要的产品，经济效益就大；反之，经济效益就小。不断提高经济效益的目的，就是要以尽量少的活劳动消耗和物质消耗，生产出更多的符合社会需要的产品，实现使用价值和价值的统一，使经济活动真正符合和不断满足社会的需要。

（二）生态效益

在人类的经济活动中所产生的污染物的多少和对生态环境的影响，从经济效益的概念中是反映不出来的。正是由于经济效益的这个弊端，人类常常为了追求最大的经济效益，而对生态环境的破坏不闻不问。直到 20 世纪 50 年代以后，生态环境遭到严重破坏，对其赖以生存的环境产生危机感的时候，人类才醒悟过来，提出了生态效益的概念。

生态效益是指生态系统对人类生活环境和生产条件产生某种影响的效应。它是对人与生物、人与环境和谐相处的融洽程度及生态系统稳定性的度量。自然生态系统所产生的生态效益是由众多的自然因素共同作用的结果，而人工生态系统的生态效益则是各种自然因素和人类的生产活动共同作用的结果。人们在社会生产和再生产的过程中，要从生态系统中取走一些物质和能量，又向生态系统投入一些物质和能量。这些活动必定要对组成生态系统的生命系统和环境系统产生影响，进而对整个生态系统的生态平衡造成某种影响，从而对人的生活和生产环境产生不利或有利的作用。当今世界，人类的活动几乎已涉及所有的生态系统，在某些生态系统中人的作用甚至远远超过了自然因素对生态系统的影响。因此，有些学者将生态效益定义为人类经济活动对生态系统功能产生某种影响，进而对人类的生活环境、生产条件产生某种影响的效应。根据这个定义，生态效益好是指投入和耗费的劳动能使生态系统保持和提高稳定性，使人们的生活和生产环境得到改善；相反，生态效益就差。通常所说的提高生态效益，就是要以尽量少的劳动占用和劳动耗费去保持和提高生态平衡水平。生态效益这个概念广泛适用于工业、农业、交通、城乡建设、环境保护各个领域。

（三）经济效益和生态效益的联系

从宏观和长远看，生态效益和经济效益二者是正相关，即生态效益好，经济效益也好；反之亦然。但从局部和短期看，则往往存在着程度不同的矛盾，加之人们在物质资料生产和再生产过程中，由于认识和合理运用生态经济规律的程度不同，因而可能出现复杂的多种情况。

在同等的社会条件下，生态效益高，也就是自然条件优越，或者说自然生产力高，经济效益必然高。因为在这种条件下，花费等量劳动，可以比生态效益低的情况下得到更多的产品。谁都不能否认，土地肥沃、雨量充沛、热量丰富的农业区，要比土地资源贫瘠、干旱缺雨、无霜期短的地区，生产出更多的谷物；等量劳动用在富矿（品位高）

上，要比用在贫矿上（品味低）能得到更多的有效成分。工人在良好的环境下工作，其效率就是要高于在恶劣的环境条件下工作的效率，等等。在同等生态效益和劳动消耗的条件下，技术手段合理，经济资源与生态资源组合得当，也就是说所有经济资源的投入符合生态系统反馈机制的需求，从质和量两个方面有利于形成有序的生态经济系统结构的良性循环，生态系统生产力可得到最大限度的发挥。生态效益的提高导致劳动所得增加，因而能获得高经济效益。在这里，技术手段合理是指有利于生态平衡与经济发展，有利于生态环境稳定，为经济效益的持续稳定提高创造经久不衰的物质基础。生态效益能否充分发挥并最终影响经济效益，还取决于投入与产出的产品差价。如果投入物质的价格高，而产出物的价格低，那么劳动消耗肯定增加，即使生态效益再高，也不会导致经济效益增高。并且，为了抵偿劳动消耗增加，生产者有可能采取掠夺式的经营方式，破坏生态效益的自然更新力，结果反而降低了生态效益。社会的经济、管理及技术条件优越，生态效益相似的系统，经济效益的高低，则取决于生态经济的总体结构的优越或优化。优化的结构系统，能充分利用生态资源，从而相对提高生态生产力的利用效率，相对降低劳动消耗、提高经济效益。

生态效益与经济效益并不总是同步协调的，而是经常发生背离。其主要原因并不在于生态效益的本身，而在于社会的经济、技术甚至某种经济发展理论没有遵循生态经济规律所致。如在农业中，对农业生态系统物质、能量的高输出、低输入，即取得多补得少，或人工输入的物质能量相互组合比例不恰当，因而出现农业生态经济系统的高输入、低产出现象，劳动消耗增加，经济效益降低。其原因首先是这种劳动输入没有激活生态效益的潜力；其次，在产出高的农业生态系统，生态生产力接近或趋向极限，继续追加经济物质和能最，生态转化率降低，从而出现经济上的报酬递减现象，虽然物质能量的总产出量提高，但单位产品的投入劳动增加，成本提高，经济效益必然降低；最后，农业的生态环境结构不合理，用单一种群代替互利共生、共栖，或相间无害的立体多层次结构，从而不能有效利用生态系统中的物质能量和不利于种群间相互补偿，不能增强环境变动的抵抗力，生态效益潜力被抑制，劳动消耗增加，经济效益降低。在采矿、冶炼等业中，由于选用矿体复杂、品位低的矿种，等量劳动得到较少的矿产品或较少的金属；在整个工业领域中，由于管理落后，技术工艺落后，或者由于劳动者素质低、经营管理思想狭隘，即不考虑经济效益的自然物质基础，尽管有良好的自然生产力作为生产的前提条件，仍然不能充分发挥自然生态效益的潜力，提高经济效益。这些都是生态效益与经济效益相背离的例子。

二、生态经济效益

生态经济效益通常是指在社会物质资料生产和再生产过程中，同时产生一定经济效益和一定生态效益的综合与统一，即经济的"产出"和生态的"产出"的综合与劳动占用和劳动消耗量的比较。如把经济产出和生态产出的综合叫做生态经济实践活动的成果，生态经济效益可以表示为：

生态经济效益＝生态经济实践成果/劳动占用和劳动消耗量

从以上概念可以得出，当取得同样多的成果时，所消耗的劳动总量愈少，生态经济效益愈大，或者说，当消耗同样多的劳动总量时，所取得的成果愈多，生态经济效益愈大。当取得成果与消耗的劳动总量都有变化时，需要计算比值，比值大的生态经济效益大；相反，生态经济效益小。人们在考察劳动的过程中，如果只看到产生经济效益的一面，而看不到同时产生生态效益的另一面，或者相反，只看到产生生态效益的一面，而看不到同时产生经济效益的另一面，那么，这样的考察就是片面的。只有全面地看到劳动对整个生态经济系统所产生的整体影响，并考核在此过程中所产生的生态经济综合效益，才是符合社会实践需要的。

生态经济效益集中反映了生态经济系统的整体性、协调性和有序性特征及其程度。生态效益多是整体的、长远的，而经济效益常是局部的、眼前的，二者综合统一后的生态经济效益，将把人类经济活动的眼前利益和长远利益、局部利益和整体利益结合起来。它引导人们更科学地分析劳动成果同投入劳动的对比关系，引导人们在投入劳动时自觉地遵守生态经济规律，达到生态效益与经济效益的统一。

案例链接：茶粮间作和谐共生生态经济效益显著

一般情况下，在春茶结束进入夏季后玉米的杆叶是生长盛期，也基本定型，这时期茶树需要遮荫，玉米的杆叶正好起到了给茶树的遮荫作用。玉米是一年生植物最迟八月底左右就可收获完毕，与茶树生长时间相互补充。夏秋茶生产季节，玉米大部分叶片都生长在茶树棚面高度以上，而玉米叶片是成棱形、螺旋、梯级式较规律的斜向上生长，上下层和相邻叶片之间都有一定距离空间，使茶树既能得到较适合的光照强度又可促进茶园内的空气自由流通。据宜宾近几年试验、示范效果的调查，通过玉米遮荫后，茶园可达到几个方面的效果，一是茶园内有了较好的生态环境条件，可减轻茶树病虫害的发生。二是降低了茶树生长环境的气温和光照强度，特别是对新栽茶园的茶苗的成活率有较大的提高。一般上年秋季新植茶园到第二年秋季茶苗成活率一般都在90%左右，比没间作玉米的茶园高20%～30%左右。如果遭遇干旱严重年份，茶苗成活率可相差40%～50%左右，甚至更大。三是加强了夏秋季生产名优茶的生态条件，减少了水分的蒸发，减缓了茶芽的摊叶时间，提高了茶叶品质和茶树的下树率及产量，提高了名优茶产量的比例。投产茶园，一般在夏秋两季每667平方米可新增生产名优茶25千克左右，增加茶叶产值2000元左右。间作玉米每667平方米收获玉米340千克左右，增加产值550元左右。收获玉米喂猪，杆叶用于沼气，沼气肥再返回茶园，形成猪—沼—茶有机生态生产模式。近几年，我们在万亩生态早茶示范乡翠屏区邱场乡试验、示范以来效果较好，现全乡农民基本普及了沼气，很多农民茶园间作玉米遮荫，达到了茶粮和谐共生，促进了农民增收和企业增效的效果，提高了茶叶生产经济和生态的综合效益。

（资料来源：邬发田：《茶粮间作和谐共生——生态经济效益显著》，《宜宾科技》2009年第2期。）

三、生态经济效益的评价

对人类活动的生态经济效益评价，主要沿着两个方向发展：一是对某项生产经营行为的经济、社会、生态效益进行分指标评价，分别评价某项活动所产生的经济效益、社会效益和生态效益，然后，通过横向或纵向比较来判断该项活动的生态经济效益高低，或生态经济效益的改善状况。二是通过创造新的概念或建立新的评价模型，对宏观或微观生产经营行为进行无量纲的单一综合指标评价。

对某项生产经营活动的生态经济效益进行分指标单独评价，主要采用的方法有三种：一是经验打分法。即根据设计好的评价指标体系，通过问卷调查的方式，收集被调查者对某项经济活动带来的生态经济效益的主观评价，或某区域生态经济效益的改善状况的评价，然后，通过数据处理得出结论。这种方法类似于环境价值评价中的条件价值评估法（CVM），主要应用于对生态效益和社会效益的评价中。二是成本—收益分析法。这种方法也是根据预先设计的，能分别表达经济、社会和生态效益的指标，通过计算和比较这些指标在一定时间内的产出—投入比，来判断生态经济效益的高低，这种方法对于社会和生态效益的评价结果，往往存在较大偏差。这种方法具体又可分为绝对方法和相对方法两种。绝对方法是从企业收益减去成本（包括内部和外部成本）获得的净增加值来评价净增加值，也被称为"绿色增加值"。相对方法是以每增加一单位环境（或社会）影响所创造的价值，即企业价值增值与环境（或社会）影响增加的比率来评价。三是层次分析法。该方法是把经济、社会和生态作为生态经济系统的三个亚系统，根据要解决问题的性质和要达到的总目标，按照指标的隶属关系分为不同的层次，形成一个多目标、多层次的分析结构模型。然后将不同量纲的指标转换成统一的量纲来表达，并运用专家经验法对各指标的权重进行定量打分。最后经过计算分别得出经济、社会与生态效益结果。层次分析法即能反映某项活动总的生态环境经济效益情况，也能分别反映经济、社会与生态环境三个子系统的效益变动情况。可以用无量纲的指数形式表达，也可以用货币形式表达，评价结果简单、明了，因此，在实践中应用较多。

对于生态经济效益的综合评价与可持续发展的综合评价是在同步进行的。本质上，经济社会的可持续发展要求人类各项活动要实现生态环境、经济和社会效益的协调与同步增长，或者说生态经济效益的不断提高也就代表着可持续发展能力的提高。因此，可持续发展评价指标和评价方法，都可用于对生态经济效益的评价。这些评价方法主要有两种：一是生态足迹。生态足迹在20世纪90年代初期提出。其基本原理是，由于任何人都要消费自然生态环境提供的产品和服务，同时向自然生态环境排放废弃物，因此均会对地球生态、经济和社会系统构成影响。这些资源和废弃物能折算成生产和消化这些资源和废弃物流的生物生产面积或生态生产面积，这一生态生产面积，就是生态足迹。因此，通过计算某个城市、地区或国家的人口所平均消费的资源和消纳废弃物所需要的生态足迹的变化，就可以判断其某一时期的人口活动和生产经营活动的生态经济效益如何变动，确定其可持续发展能力的高低。二是能值理论。能值理论由美国生态学家在

第二章　生态经济学的价值理论

20世纪80年代末期提出。该理论认为自然环境系统与社会经济系统之间的联系、发展和变化，均依靠能量流动来进行，自然环境系统为社会经济系统提供的各种物质、服务，以及社会经济系统对自然环境系统的反馈，都是以能量流动的形式来完成的。而地球生态系统的各种资源，以及由这些资源所生产的产品和服务所包含的能量，都毫无例外的来自太阳能。因此，任何物质和服务所包含的能量都可以用太阳能值——太阳能焦耳来表示，只要计算自然环境系统与社会经济系统之间的能值流动和转换比例变化，就可以估计生态环境承载力、生态环境系统服务价值，判断可持续发展能力的变化即生态经济效益的变化情况。但生态足迹和能值的计算需要以大量数据为基础，并经过一系列复杂的数据转换才能完成，而且计算结果也只能直观地体现宏观生态经济效益结果，无法判别引起这种变化的过程和主要影响因素。正因为如此，这两种方法的具体应用受到了很大限制。

第四节　生态经济学的财富观

一、传统经济学财富观及其缺陷

（一）传统经济学财富观的基本观点

在经济学说思想史上，英国的重商主义认为："财富由货币或金银构成。"英国杰出的古典经济学家亚当·斯密在他的著名作品《国民财富的性质和原因的研究》中指出，"货币总是国民资本的一部分"，"它通常只是一小部分"。因此，他认为一国国民财富是"由社会劳动每年所再生产的消费的货物构成"，"构成一国真实财富与收入的，是一国劳动和土地的年产物的价值。"可见，亚当·斯密的财富观不仅是指货币，也不专指商品，而是指人们生产和消费的物品，不仅如此，亚当·斯密还颇有见解地提出，一国幅员辽阔，土地肥沃，自然条件良好，也是一国富裕的重要标志。

马克思吸收了斯密理论的科学成分，在《资本论》巨著中研究资本主义的生产关系，揭示资本主义经济运动的发展规律，认为商品是资本主义社会的财富的元素形式，所以，"资本主义生产方式占统治地位的社会财富，表现为庞大的商品堆积"。商品具有使用价值和价值，"使用价值总是构成财富的物质内容"，价值体现财富的社会关系。商品或财物具有价值，是因为有抽象人类劳动体现或物化在里面。因此，财富归根到底是由劳动者所创造的。后来，马克思主义经济学者按照马克思的财富观形成了传统经济学财富观的基本观点，主要有以下几点：

第一，所谓财富，就是"社会财富"或"国民财富"。通常是指一个社会或国家在特定时间内所拥有的物质资料的总和。

第二，构成财富的内容，包括一切积累的劳动产品（生产资料和消费资料），用于生产过程的自然资源（如土地，矿藏、森林、水源等）；劳动者的生产经验和科学技能，科学理论（包括哲学、自然科学和社会科学）、文艺作品、文化遗产等。前两项是物质财富，后两项是精神财富。

第三，无论物质财富或精神财富，归根到底都是劳动人民创造的。

第四，自然界是物质条件的第一源泉，因此，自然界和劳动一起是一切物质财富的源泉。

第五，物质财富在不同社会中有不同的占有形式，无论财富的社会形式如何，使用价值总是构成财富的物质内容。[①]

不难看出，传统经济学的财富观是建立在人类生存和发展完全依赖的物质生产基础之上的。现代人类的生存和发展仍然要以物质生产发展为基础，因而物质生产本身发展仍然是现代社会进步的重要内容和主要标志。所以我们说，传统经济学财富观反映了客观真理，具有科学性，为我们建立生态经济学财富观提供了理论基础。

（二）传统经济学财富观的缺陷

在现代经济社会条件下，生态经济系统的基本矛盾运动，使人类需要的满足和社会进步的实现，不仅取决于社会物质生产本身的发展，而且取决于自然生态生产本身的发展。这样，传统经济学的财富观就暴露出它的缺陷。

第一，传统经济学财富观把国民财富仅仅看成是由人的劳动创造的财富。人类在经济系统中把自然界提供的材料通过劳动加工成符合人类生存和社会经济发展需要的使用价值，传统财富观认为这些使用价值才构成物质财富；而生态系统中符合人类生存和社会经济发展需要的生态环境，不被传统财富观视为财富。

第二，传统经济学财富观只是把现实用于生产过程的自然源泉看作财富，而把没有进入生产过程但却具有使用价值的自然源泉、把不进入物质生产过程的自然环境生态诸因子排除在国民财富之外。

第三，传统经济学财富观衡量财富的尺度只是劳动的耗费及其物化的经济产品或商品，而忽视了符合人类本性的良好生态环境及其"合乎人的本性的人"的全面发展的程度这个根本尺度。

可见，传统经济学财富观是把经济系统看成封闭循环运动的反映，是社会发展完全依赖于物质生产发展的理论表现。这是狭义的、不完全的财富观，它不能完全反映作为生态经济有机体的现代社会经济运行的实际，也不能完全体现作为生态经济再生产的现代经济社会再生产运动的特点。所以，我们必须在生态经济价值理论的基础上，把传统经济学财富观扩充、延伸到生态系统中，建立起生态经济学财富观。

二、生态经济学的广义财富观

（一）生态财富的概念

按照经济学的观点，凡是符合人类社会需要的具有使用价值和价值的东西，必然是

① 许涤新. 政治济经学辞典：上册. 北京：人民出版社，1980：128.

社会财富，在生态经济学领域里也是这样。生态经济价值论认为，生态经济系统的生态环境不仅具有使用价值，而且具有价值，因而生态经济系统的生态环境是人类社会的宝贵财富，我们把它称之为生态财富。它的物质内容是具有符合人类生存和经济社会发展所需要的使用价值，即存在于生态系统中的实在使用价值。生态经济系统的经济产品或商品是经济财富，它的物质内容是具有符合人类生存和经济社会发展所需要的使用价值，即存在于经济系统中的现实使用价值。生态财富的载体是物质的，所以生态财富和经济财富都是物质财富。但从生态财富的属性来说，尤其是自然环境的各生态因子以及它们的有机整体的良好生态环境，并不是具体的物质实体，是物质客体之间相互联系、相互作用的一种表现形态，因此，我们不能把生态同具有生态的物质这个载体混为一谈，必须把它独立当作一类财富，我们称之为生态财富。

（二）传统经济学财富观和生态经济学财富观的根本区别

在生态经济系统的总体上，一个国家或社会的国民财富应该由生态财富、物质财富和精神财富构成。由此看来，传统经济学财富观和生态经济学财富观的根本区别在于：前者只把现实用于生产过程的自然资源当作财富，后者不仅如此，还把现实尚未用于生产过程而存在于生态系统中具有实在使用价值的自然资源也当作财富；更为重要的是，前者认为不进入物质生产过程的自然环境各生态因子不属于财富，后者把它视为现代社会最宝贵的财富。

从生态经济学的财富观来看，人们长期以来已经习惯无偿使用的阳光、水、空气等构成人类生存环境的生态因子，不能不被视为财富。

首先，从人类社会发展的历史来看，社会发展只是为保证十分匮乏的物质资料以满足人自身的生存需要，人们对日常的吃、穿、住、用、行的物质产品的需求最为迫切，往往对自己生存的环境状况没有多高的要求，即使生活在比较恶劣的生态环境之中也能忍受，因而对生态的需求并不迫切。随着社会生产力的发展，人民生活水平的提高，尤其是现代生产力提供了现代生活的物质基础，人们对物质生活的消费比较容易得到，在这一情况下对自己生存环境质量的好坏就十分关注，对生态的需求就日益迫切，因而，在经济发达的国家里，人们对生态环境的关心程度超过了对经济收入的关心程度，所以，在现代经济社会条件下，满足人们的物质文化需求的物质产品和精神产品是财富；满足人们生态需求的生态产品也是财富。不进入物质生产过程的阳光、水、空气等生态产品，是人类生存所必需的生存资料。这类生存资料在人类很长的历史阶段完全是由大自然无偿赐予的，用不着人们耗费劳动去进行生产。可是，在现代经济社会条件下，情况就发生了很大变化，人类对这种生存资料的获得，已经不是完全由大自然无偿赐予，人们要花费劳动参与生态生产，它已成为社会的生态产品了。因此，现代人对良好的生态环境的需求的实现，完全同社会再生产过程没有直接联系，完全不消费社会劳动的时代已经过去了。现在，人们对生态产品需要的满足，已经由过去完全非经济需要变成具有经济需要的性质了，生态产品的生产，已经是现代经济社会的生态经济再生产的重要组成部分。

其次，从现代生态经济系统的再生产来看，现代经济社会再生产是生态经济有机体再生产，产品都是生态经济再生产的产品，是社会产品，属于社会财富。因而，社会财富应当包括物质再生产的物质产品，精神再生产的精神产品，人口再生产的劳动者，生态再生产的生态产品。

最后，就自然环境中的阳光、空气、水、热量等生态因子来看，它们虽然不直接进入物质生产过程，但却构成了人类生存和社会生产的自然环境，直接参与生态经济生产与再生产过程。一是自然环境的生态因子直接参与生物的生命新陈代谢的过程，在农业生产过程中尤其明显。农作物的生长发育缺乏这些生态因子，就根本不能生长，农业生产也就不能生产出供人们消费的农产品。农业环境严重污染，生态条件恶化，就会危害农业生产过程木身，即使能生产出农产品，也是含有污染物质而不符合人们需要，二是自然环境的生态因子直接参与人口生产过程。人需要新鲜的空气、清洁的淡水等来维持生命的新陈代谢过程。一个成年人每天平均吸入 15 千克空气，如果断绝空气一分钟就会死亡。所以如果人类自身再生产缺少这些生态因子，生命过程就要停止，也就没有什么劳动者的劳动过程可言了。如果人们生活在恶劣的生态环境之中，轻则降低劳动生产效率，重则危害人身健康，使人丧失劳动能力。三是工业生产过程中一切燃烧过程离开空气中的氧气，如果空气污浊或氧气不足，也会影响燃烧过程或燃烧效率。当然，更重要的还在于物质生产过程越是现代化，对环境质量要求越高。如果环境严重污染，空气十分恶化，不仅现代设备会受到腐蚀，而且生产过程也难顺利进行。因此，自然环境的诸生态因子是制约物质生产过程的重要因素。最后，在现代社会条件下，衡量社会财富的根本尺度和首要标志，开始由过去的人类劳动耗费所创造的经济产品的使用价值和价值及其货币表现，让位于社会每个人的合乎人类本性的人的全面发展的程度。这个重大变化，使得生态健全的环境及其优美环境欣赏价值对于合乎人类本性的人的全面发展具有越来越重要的意义，生态环境价值在生态价值中的作用将会越来越巨大。因此，现代经济社会生产创造出一个最无愧于和最适合于人类本性的生态环境，保证满足人民全面发展的生态需要，就成为社会财富的重要标志。这对于我国社会主义现代建设尤其重要，它不仅是我一国社会主义物质文明的重要标志，而且是我国社会主义精神文明的重要标志。

综上所述，传统经济学的狭义财富观，只是把经过劳动改变了自然形态而符合人类生存和经济社会发展需要的使用价值，或者说是由经济系统直接供给社会生产和社会生活的物质看作财富，对那种具有符合人类生存和经济社会发展需要的使用价值的自然物，或者说是由生态系统直接供给社会生产和人们生活的物质不视为财富。很明显，这是不全面的。现代经济社会是一个生态经济有机体，使人类社会进入了社会经济和自然生态互相融合、协同发展的新时代，自然生态既是经济财富的源泉又是人类的全面发展的源泉。这样，就使得现代经济社会发展无论在何种社会经济形态中实现，其内容不仅是物质生产本身的发展，而且是自然生态本身的发展。因此，现代人的财富观已由过去只着眼于社会经济内部的经济财富，变为经济财富同生态财富同时并重，从而把爱惜、保护和扩大生态财富放在极其重要的地位上来。生态经济学广义的财富观，既把由经济系统直接供给而进入社会生产和社会生活过程的物质看作财富，又把由生态系统直接供给而进入社会生产和人们生活过程的物质看作财富。总之，在生态经济系统中一切能够进入生态经济生产过程的物质条件和精神条件，都是现代经济社会的宝贵财富，我们称之为生态经济财富观。生态经济财富观将会为我们有效地协调人、社会与自然的发展关系提供科学依据。

复习思考题

1. 生态价值由哪些部分构成？
2. 什么是无效产值？明确无效产值的概念有何意义？
3. 绿色国内生产总值核算的原则是什么？
4. 简述传统财富观与生态财富观的联系与区别。
5. 简述经济效益与生态效益的联系与区别。

第四章

生态产业

生态产业是在人类生存环境受到严重威胁的基础上发展起来的一种新型产业，它的出现和发展，能够有效地减少环境污染、保护自然环境和合理利用资源，实现社会资源配置的最优化，达到人与自然、社会、经济和生态环境能够协调发展，极大地满足人类生存和经济社会发展的需要。生态产业的出现和发展是历史的必然。

第一节　生态产业概述及原理

一、生态产业的概述

(一) 生态产业的概念

生态产业是一种新型的产业，其范围非常广泛，其分类方式也不唯一，所以对生态产业的定义也不统一。中国科学院生态环境研究中心研究员王如松，海南热带农业发展研究所教授傅国华认为：生态产业是按照生态经济原理，以生态学理论为指导，基于生态系统承载能力，在社会生产消费活动中，应用生态工程的方法，模拟自然生态系统，具有完整的生命周期、高效的代谢过程及和谐的生态功能的网络型、进化型、复合型产业。国际东西方大学环境生态文化研究中心研究员董斌认为：生态产业是有关生态优化的产业，其目的是直接创造良好的生态环境，主要涉及生态化的环保产业、生态化的农业产业、生态化的绿色产业。浙江理工大学生态经济研究中心教授沈满洪认为：生态产业是按生态经济原理和知识经济规律组织起来的基于生态系统承载力、具有高效的经济过程及和谐的生态功能的网络型进化型产业。它通过两个或两个以上的生产体系或环节之间的系统耦合，使物质、能量能多次利用、高效产出，资源环境能系统开发、持续利用。企业发展的多样性与优势度，开放度与自主度，力度与柔度，速度与稳定度达到有机结合，污染负效应变为正效益。

综上所述，生态产业是指遵循生态学原理和经济学的规律，以生态系统承载能力为基础，因地制宜，将传统产业优势和现代科技成果进行有效结合，建立具有高效经济过程及和谐生态功能的、在生态与经济上均实现良性循环的新型产业，进而达到经济、生态、社会三大效益有效统一。生态产业包括生态工业、生态农业、生态服务业（第三产业），它横跨初级生产部门、次级生产部门、服务部门，是包含农业、工业、居民区等的生态环境和生存状况的有机系统。

(二) 生态产业的基本类型

1. 传统产业的基本类型

在传统的经济学理论中，产业主要指生产物质产品的部门，包括农业、工业和交通运输业等部门，一般不含商业。不过，有时产业也泛指一切生产物质产品和提供劳务活动的集合体，包括农业、工业、交通运输业、邮电通讯业、商业饮食服务业、文教卫生业等部门。

传统产业分类是把具有不同特点的产业按照一定的标准划分为不同类型的产业，以便进行管理和研究。常见的传统产业分类方法主要有：按生产活动的性质及其产品属性将产业分为两大领域、两大部类的分类法又称产业领域分类法；根据社会生产活动历史发展的顺序对产业结构进行划分的三次产业分类法；按照各产业所投入的、占主要地位的资源不同为标准来划分的生产要素密集分类法以及按照联合国颁布的《国际标准产业分类》（ISIC）（1988 年第三次修订）进行分类的国际标准产业分类法（见表4－1）。

表4－1 **产业分类标准与产业分类法**

序号	产业分类标准	产业分类方法与内容
1	产品的最终用途不同	产业领域分类法：生产生产资料的第一部类和生产消费资料的第二部类
2	根据社会生产活动历史发展的顺序对产业结构的划分	三次产业分类法：第一产业、第二产业和第三产业
3	生产要素密集程度划分	生产要素密集分类法：劳动密集型、资本密集型和技术密集型产业
4	国际标准产业分类	《国际标准产业分类》（ISIC）（1988 年）：A～Q 共17 个部门，其中包括99 个行业类别。

2. 生态产业的基本类型

生态产业是生态工程在各产业中的应用，通过纵向结合、横向耦合、统一管理等方式，力求实现资源的高效利用和有害废弃物向外的零排放。生态产业横跨初级生产部门、次级生产部门、服务部门，形成生态工业、生态农业、生态第三产业等生态产业体系。

生态产业的分类是在传统产业分类的基础上进行的，由于传统产业分类标准不同，生态产业分类也存在差异，傅国华根据生态产业的设计原则，将生态产业分成了自然资源业、加工制造业、社会服务业、智能服务业和生态服务业五大类，其核心是运用产业生态学方法，通过横向联合、纵向闭合、区域耦合、社会整合、功能导向、结构优化、能力组合、增加就业和人性化生产等手段促进传统产业的生态转型，变产品经济为功能经济，促进生态资产与经济资产、生态基础设施与生产基础设施、生态服务功能与社会服务功能的平衡与协调发展。澳大利亚经济学家费歇尔、英国经济学家克拉克、我国学者沈满洪等则按产业发展的层次顺序及其与自然界的关系作为分类标准，采用三次产业分类方法，将生态产业划分为生态农业、生态工业和生态服务业（见表4－2）。

表4－2 **生态产业的基本类型**

序号	基本类型	主要内容
1	生态农业	生态种植业、生态畜牧业、生态林业、生态渔业等
2	生态工业	矿产资源开采业、生态制造业、绿色化学、生态建筑、原子经济、生态工程、能源替代等
3	生态服务业	生态旅游、生态物流、生态教育、生态贸易、生态文化建设、生态设计、生态管理等

第四章

生态产业

二、生态产业原理

生态产业必然要遵循生态系统的基本原则，即以生态学的基本理论为依托，结合生态系统的基本原理和系统原则，寻求生态型的经济产业发展。生态产业的原理主要有：

（一）生态位原理

生态位是指一个种群在生态系统中，在时间、空间上所占据的位置及其与相关种群之间的功能关系与作用。其大致可分为三类：一是生境生态位，这是物种的最小分布单元，其结构和条件仅能维持该物种的生存；二是功能生态位，又称营养生态位，强调的是有机体在群落中的功能和地位，以及与其他物种的营养关系；三是超体积生态位，指在没有任何竞争者和捕食者的情况下，该物种所占据的全部空间的最大值，为该物种的基础生态位。生态位原理表明：任何一个企业、地区或部门的发展都有其特定的资源生态位，只有充分了解生态系统中该资源生态位优势和特点的前提下，才能做出符合比较优势的经济、生态和社会发展规划。

（二）竞争共生原理

系统的资源承载力、环境容纳总量在一定时空范围内是恒定的，但其分布是不均匀的。差异导致了生态元之间的竞争，竞争促进资源的高效利用。持续竞争的结果形成生态位的分异，分异导致共生，共生促进系统的稳定发展。生态系统的这种相生相克作用是提高资源利用效率、增强系统自生活力、实现持续发展的必要条件，缺乏其中任何一种机制的系统都是没有生命力的系统。

（三）反馈原理

反馈就是由控制系统把信息输送出去，又把其作用结果返送回来，并对信息的再输出发生影响，起到控制的作用，以达到预定的目的。反馈分正反馈和负反馈两种，前者使系统的输入对输出的影响增大，后者则使其影响减少。复合生态系统的发展受正反馈和负反馈两种机制的控制，正反馈导致系统发展或衰退，负反馈维持稳定，一般系统发展初期或崩溃期正反馈占优势，晚期负反馈占优势，持续发展的系统中正负反馈机制相互平衡。

（四）补偿原理

补偿原理是指在发展中对生态功能和质量所造成损害的一种补助，这些补偿的目的是为了提高受损地区的环境质量或者用于创建新的具有相似生态功能和环境质量的区域。生态补偿的内容主要包括以下四方面：一是对生态系统本身保护（恢复）或破坏的成本进行补偿；二是通过经济手段将经济效益的外部性内部化；三是对个人或区域保护生态系统和环境的投入或放弃发展机会的损失的经济补偿；四是对具有重大生态价值的区域或对象进行保护性投入。生态补偿机制的建立是以内化外部成本为原则，对保护行为的外部经济性的补偿依据是保护者为改善生态服务功能所付出的额外的保护与相关建设成本和为此而牺牲的发展机会成本；对破坏行为的外部不经济性的补偿依据是恢复生态服务功能的成本和因破坏行为造成的被补偿者发展机会成本的损失。

（五）循环再生原理

世间一切产品最终都要变成其功能意义上的"废物"，世间任一"废物"必然是生物圈中某一组分或生态过程有用的"原料"或"缓冲剂"；人类一切行为最终都会以某种信息的形式反馈到作用者本身，或者有利、或者有害。物资的循环再生和信息的反馈调节是复合生态系统持续发展的根本动因。

（六）多样性主导性原理

系统必须以优势组分和拳头产品为主导，才会有发展的实力和刚度；必须以多元化的结构和多样化的产品为基础，才能分散风险，增强系统的柔度和稳定性。结构、功能和过程的主导性和多样性的合理匹配是实现生态系统持续发展的前提。

（七）生态发育原理

发展是一种渐进的、有序的系统发育和功能完善过程。系统演替的目标在于功能的完善，而非结构或组分的增长；系统生产的目的在于对社会的服务功效，而非产品的数量或质量。系统发展初期需要开拓与适应环境，速度较慢；在找到最适应生态位后增长最快，呈指数式上升；接着受环境容量的限制，速度放慢，呈逻辑斯谛曲线的 S 型增长。但人能改造环境，扩展瓶颈，使系统出现新的 S 型增长，并出现新的限制因子或瓶颈。

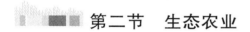

第二节　生态农业

一、生态农业概述

农业不仅是人类的衣食之源，生存之本，而且还是工业产品的主要消费产业，也为工业提供大量的原料，在国民经济中占有极其重要的地位。然而，农业在经历从原始农业到传统农业，再向现代农业发展的过程中，除了带给农业产量大幅增长外，同时还对生态环境造成极大的破坏，严重地影响着人类的生存。为此，取而代之的生态农业开始发展起来。

（一）生态农业的产生

世界农业的发展经历了原始农业、传统农业、现代农业三个阶段，目前正向生态农业方向转化。原始农业时期劳动生产力极其低下，人们几乎都是依靠夺取自然产品来获得生存的，谈不上利用生产原理和生产技术，此时土地的利用率很低，生产的产品不能完全满足需要，还需要靠采集和狩猎作为获取食物的重要的补充方式。在原始农业阶段，人们基本上没有对自然生态造成影响，整个世界还处在自然生态系统物质循环之中。传统农业是在原始农业的基础上发展起来的，这个时期生产规模小、社会化程度非常低、经营的地域分散而且难以集中，处于自给自足的综合性的自然经济，属于人工或半人工的生态系统，其系统的稳定性完全依靠农业内部的循环来维持的，其中的物质循环首尾相接，无废无污，整个生态环境处于自然的和谐之中。工业革命以后，传统农业进入了现代农业时期，这一时期，农业投入逐年增加，农业实现了机械化，土地使用率以及劳动生产率均得到了提高，化肥农药取代了农家肥和牲畜粪肥等等，现代农业的高速发展给人类社会的发展带来前所未有的贡献的同时，没有遵循自然规律，发挥农业生态系统的自我调节、自我缓冲、自我完善的重要功能，过多地进行人为的主观控制，造成了人与自然的过分分离，酿成了一系列的生态灾难。这些灾难的蔓延对农业的可持续发展构成了阻碍和威胁，同时对人类生存的环境也造成了严重威胁，于是人们不断的探索和研究，并提出生态农业的发展思路。

（二）生态农业的概念

生态农业概念最早是美国密苏里大学土壤学家威廉姆·奥博特在 1971 年提出的。他认为，通过增加土壤腐殖质，建立良好的土壤条件，就会有良好健康的植株，因此可以不用农药，但可用铜制剂"波尔多液"治病，用轻油杀死蔬菜里的杂草。少量施用化肥对作物有好处，又不会对环境造成不良影响，但农药是不能使用的，因为农药只有达到一定浓度才能对目标生物生效，这时已对环境造成了污染。英国农学家凯利·瓦庭顿 1981 年将生态农业定义进一步系统化，他将生态上体现为自我维持和低输入，在经济上体现为有生命力，在环境、伦理、审美方面不产生大的和对长远发展有较小负面作用的小型农业系统定义为生态农业。1984 年美国著名生态学农业专家韦恩·杰克逊则将生态农业定义为：在尽量减少人工管理的条件下进行农业生产，保护土壤肥力和生物种群的多样化，控制土壤侵蚀，少用或不用化肥农药，减少环境压力，实现持久性发展。美国农业部将生态农业定义为：生态农业是一种完全不用或基本不用人工合成的化肥、农药、动植物生长调节剂和饲料添加剂，而是依靠作物轮作、秸秆、牲畜粪肥、豆科作物、绿肥、场外有机废料、含有矿物养分的矿石补充养分，利用生物和人工技术防治病虫草害的生产体系。1991 年，我国著名的生态、环境学家马世骏教授提出：生态农业是农业生态工程的简称，它以社会、经济、生态三效益为指标，应用生态系统的整体、协调、循环、再生原理，结合系统工程方法设计的综合农业生态体系。

综上所述，生态农业是指包含农、林、牧、副、渔在内的生态上和经济上构成良性循环，经济、生态、社会实现效益统一的大农业体系。它是在保护和改善农业生态环境的前提下，按照生态学原理和生态经济规律，利用传统农业精华和现代科技成果，将粮食生产与多种经济作物生产，大田种植与林、牧、渔、副业发展，大农业与二、三产业的发展结合起来，运用系统工程方法和现代科学技术，因地制宜有效地组织、协调和管理农业生产和农村经济的系统工程体系。

（三）生态农业的特点

为防止生态环境污染，生态农业通过生态与经济的良性循环，合理利用农业资源、最大限度地减少农业资源消耗。与传统农业比较，生态农业具有高效性、持续性、多样性和综合性的特点：

1. 高效性

生态农业通过物质循环、能量综合利用、产品深加工和废弃物的再利用，既实现农业产业经济价值的增加，又实现农业产业成本的降低，同时还为日益增加的农村剩余劳动力实现农业内部就业创造了条件和提供了机会，进而有效地保护和提高了农民从事农业生产活动的积极性。

2. 持续性

发展生态农业能够有效地防治污染，保护和改善生态环境。将维护生态平衡与经济发展紧密结合起来，不仅能够提高农产品的安全性，还可以提高生态系统的稳定性和持续性，最大限度地满足人们对农产品需求的日益增长，增强农业发展后劲。

3. 多样性

我国地域辽阔，虽然不同地区之间存在自然条件、资源基础的差异，其社会与经济发展水平也存在较大的差异，但是不同地区均有其特定的优势，生态农业可运用多种生态模式、生态工程和丰富多彩的技术类型装备农业生产，将现代科学技术与传统农业精华有效结合，发挥区域优势，实现产业与区域经济的协调发展。

4. 综合性

生态农业以大农业为出发点，按"整体、协调、循环、再生"的原则，充分发挥农业生态系统的整体功能，促使大农业与农村三大产业综合协调发展，以提高综合生产能力。

（四）生态农业产业链的构成

生态农业产业链，又称生态农业体系。由于存在地理条件、环境条件以及区域经济发展的差异，生态农业体系的构成也存在差异。由生态种植业、生态林业、生态渔业、生态牧业及其延伸的生态农产品加工业、农产品贸易与服务业、农产品消费领域之间通过废物交换、循环利用、要素耦合或产业生态链延伸等方式形成的网状分布的相互依存、密切联系、协同作用的生态农业体系被认为是最完整的生态农业产业体系。

二、生态农业的模式

生态农业模式分类方式很多，按照自然地理条件和经济社会状况，可以划分为平原型、山区型、丘陵型、水域型、草原型、庭院型、沿海型及城郊型生态农业。按照主产品或主要产业类型可以划分为综合型和专业型生态农业，其中，综合型又分为农林牧副渔综合发展型、农林牧型、林农牧型、农渔型和农副型等；专业型分为粮食户、蘑菇养殖户、养猪（牛、羊、鸡、鸭）户和养鱼户等。按照生态农业建设的区域规模或者行政级别，可以划分为生态农业市、生态农业县、生态农业乡、生态农业村及生态农业户等。

现就我国常见的生态农业模式进行简要介绍：

（一）立体农业生态模式

20 世纪初，美国哥伦比亚大学的 J. R. smith 教授就将立体农业概括为：立体农业是

"种植业、畜牧业与加工业有机联系的综合经营方式"。该模式是应用生态位原理，利用自然生态系统中各种生物种群的特点，通过合理的组合，多种类、多层次配置农业生物的垂直空间利用模式。这种模式在我国普遍存在，数量较多。按照配置的不同，该模式又可分为立体种植模式、立体养殖模式和立体种养模式三种具体模式。

1. 立体种植模式

立体种植模式是指在同一处栽培两种或两种以上的植物，根据生态位原理，栽培植物应该采取高杆与矮杆、大个体与小个体、深根与浅根、直立生长与葡萄生长、喜阳与耐阴等，这样既可充分利用太阳辐射能和土地资源，又能为农作物营造一个良好的生态系统。其主要形式有：农田立体间套种模式，农林（果、茶）复合模式，林药复合模式等。

2. 立体养殖模式

立体养殖模式是指在同一土地或水面上，农业动物与鱼类分层利用空间的一种饲养方式。这种方式可有效地利用一些有机废弃物，实现资源利用最大化和生态经济效益的不断提升。其主要形式有：分层养鱼模式，上层养鸡、中层养猪模式，水面上养鸡或鸭、水体养鱼模式，鱼塘养鱼、塘基养猪模式等。

3. 立体种养模式

立体种养模式是指在同一土地或水面上的植物、动物、微生物分层利用空间的种养结合方式。这种模式将植物和动物结合起来，既可取得较好的经济效益，又可取得显著的生态效益，其主要形式有：稻田养鱼、稻田养蟹、养鸭模式，果园养鸡鸭模式，茶园养鸭模式，林下养鸡模式以及林蛙鱼结合的模式等。

（二）以沼气为纽带的生态农业模式

以沼气为纽带的生态农业模式是指种养结合，以沼气为纽带，种养比例协调，养殖场清理出来的有机废物进入沼气池，沼气作为能源，用于生活和其他生产，沼液则储存起来，作为有机肥料对种植业进行灌溉。该模式既可节省大量的商品肥料的费用，又可减少燃料的使用成本，经济效益较为可观。同时，沼液作为肥料，可使土壤有机质含量提高，作物的抗病虫能力增强，减少周边水体的污染，生态效益也明显提高。其常见形式有：北方的"四位一体"模式，西北"五配套"模式，禽（畜）—沼—果（林、草）模式以及北京留民营模式等。

1. 北方的"四位一体"模式

"四位一体"模式是指利用太阳能建大棚饲养牲畜和种植蔬菜，利用沼气池对人畜粪便发酵生产沼气来满足生活与照明，将生产沼气产生的沼渣作为种植业所需的肥料，从而形成沼气池、猪禽舍、厕所和日光温室"四位一体"的生态农业模式。这种模式既解决了农村能源供应紧张问题，又使农民卫生和生活环境得到有效的改善，同时还减少以过多投入农药和化肥来促使农作物和蔬菜快速生长的做法，提高了食品的安全性。

2. 西北的"五配套"模式

"五配套"模式是指每户通过建立"沼气池＋果园＋暖圈＋蓄水池＋看营房"配套

设施，形成以土地为基础，以沼气为纽带，实现以农带牧、以牧促沼、以沼促果、果牧结合的配套发展和良性循环体系。其具体作法是：圈下建沼气池，池上搞养殖，除养猪外，圈内上层还放笼养鸡，形成鸡粪喂猪、猪粪池产沼气的立体养殖和多种经营系统。这种模式不但可以净化环境、减少投资、减少病虫害，还可以增收增效，是促进农业可持续发展，提高农民收入的重要模式。

3. 禽（畜）—沼—果（林、草）模式

禽（畜）—沼—果（林、草）模式是为解决畜禽养殖污染问题，探索出来的一种生态农业模式，其具体作法是：户户建沼气池，家家养殖一定数量的猪牛等牲畜，种植一定数量的果树。通过沼气的综合利用，大大降低饲养成本，增加农民收入，同时带来可观的经济效益和生态效益。

4. 北京留民营模式

北京留民营模式是典型的生态农业模式，是中国生态农业第一村，位于北京郊县大兴县，该模式以生态学原理为准则，对产业结构进行了调整，将单一的种植业转换为农、林、牧、副、渔全面发展的产业模式，开发利用新能源和大力植树造林。经过多年的发展，形成了以沼气站为能源转换中心，促进各业良性循环，达到清洁生产，循环利用的生态农业模式。该模式将居住环境和生产环境有机结合起来，使有限的土地资源得到充分利用，同时，通过对太阳能、生物能和农业系统的有机废料的综合利用，不但使生产生活的废弃物得到有效的处理和利用，而且还使土壤结构向良性转换，在农业生产上实现了高产、优质、高效和低耗。

（三）种—养—加结合型生态农业模式

种—养—加结合型生态农业模式是把种植业、养殖业与农产品加工业结合起来，充分利用加工业的副产品，变费为宝，最终达到增加系统产出，提高系统整体效益的目的。这种模式主要有三种基本形式：粮食—酿酒—酒糟喂猪—猪粪肥田模式；豆—豆制品下脚料喂猪—猪粪肥田模式；花生（或油菜籽）—榨油—饼粕喂猪—猪粪肥田模式。

（四）庭院生态农业模式

庭院生态农业模式是继家庭联产承包责任制实施以后迅速发展起来的一种生态农业模式，广大农民利用庭院零星土地、阳台、屋顶进行种植业、养殖业、农产品加工工业的综合经营，合理安排生产和经营，做到宜种则种、宜养则养、宜加则加、宜贮则贮，以获得经济效益、生态效益和社会效益的统一。

（五）贸工农综合经营模式

生态系统通过代谢过程使物质流在系统内循环不息，并通过一定的生物群落与无机环境的结构调节，使得各种成分相互协调，达到良性循环的稳定状态。这种结构和功能统一的原理，用于农村工农业生产布局和生态农业建设，并形成了贸工农综合经营模式。该模式主要形式有：

1. 龙头企业带动型模式

评估企业的综合实力，以实力较强的企业为龙头，围绕一种重点产品的生产、加工、销售，联系有关部门和农户，进行一体化经营。

2. 骨干基地带动型模式

按照"基地化生产，企业化经营"的原则，通过建立各种类型的生态农业基地，兴办专业农场，选择生产技术素质高、经济实力强的农户进行规模生产，统一销售。

3. 优势产业带动型模式

围绕优势产业的发展，成立相应的产品经销服务公司，获取市场信息，指导农民以市场为导向发展生产，并配套相应的社会服务体系，如加工业、运输业等。

4. 专业市场带动型模式

通过建立各种形式的农副产品市场，为农民产销直接见面提供交易场所，达到"建一个市场，活一片经济，富一方群众"的目的。

5. 技术协会带动型模式

围绕某个项目的主要生产，建立民间技术协会，并通过协会向会员提供技术、良种、生产资料、产品销售等服务，把生产、科技和市场紧密地结合起来。

通过各种形式体现的贸工农综合经营模式，有利于延长食物链、生产链和资金链，农林经济得到可持续发展。

三、生态农业发展趋势

从农业生产的现状、农业生产技术的状况及其发展方向来看，生态农业发展呈现四大趋势：

(一) 从"平面式"向"立体式"发展

利用各种农作物在生长过程中的"时间差"和"空间差"进行各种综合技术的组装配套，充分利用土地、光照和动植物资源，形成多功能、多层次、多途径的高产高效优质生产模式。

(二) 从单一农业向综合农业产业发展

以集约化、农业产业园化生产为基础，以建设人与自然相协调的生态环境为长久目标，集农业种植、养殖、环境绿化、商业贸易、观光旅游为一体的综合性农业产业，引致"都市生态农业"的兴起。

(三) 从手工操作简单机械化向电脑自控化数字化方向发展

农业机械化的发展，在减轻体力劳动、提高生产效率方面起到了重大作用。电子计算机的应用使农业机械化装备及其监控系统迅速趋向自动化和智能化。计算机智能化管理系统在农业上的应用，将使农业生产过程更科学、更精确。带有电脑、全球定位系统（GPS）、地理信息系统（GIS）及各种检测仪器和计量仪器的农业机械的使用，将指导人们根据各种变异情况实时地采取相应的农事操作，这些都赋予农业数字化的含义。

(四) 从传统土地利用方式向多元土地利用方式发展

生物技术、新材料、新能源技术、信息技术使农业脱离土地正在成为现实，实现了工厂化，出现了白色农业和蓝色农业，甚至未来将出现太空农业。

案例链接：北京留民营村的休闲农业

一、村庄基本情况

留民营村地处北京大兴东南，北部毗邻亦庄新城，面积 2704 亩。农业人口 780 人，260 户。全村实现社会总产值 2.5 亿元。年接待游客 10 余万人次，旅游经济综合收入 1200 万元。2003 年被评为首批市级"民俗旅游村"，2010 年被评为"北京最美丽的乡村"。见图 4-1。

图 4-1　生态农业第一村（北京留民营）

二、休闲农业产业特色

生态农业建设和沼气清洁能源使用成为留民营特色之一：留民营从 20 世纪 80 年代初期，在北京市环保所的指导下，开始进行生态农业建设，被誉为"中国生态农业第一村"。从而也就为休闲农业的发展创造了优越条件。生态农业以沼气为中心，留民营的沼气事业发展已达 30 年之久。现在的大型沼气站不仅为留民营等 7 条村子 1750 户家庭提供清洁能源，也成为市民参观体验节能减排、发展循环经济的重要场所。从而使市民及游人感受到低碳生活、循环经济发展给留民营带来的深刻变化。见图 4-2。

科普公园是留民营休闲农业第二大特色。科普公园建有科普大道，主要向市民和游人普及传统农业、现代农业、生态农业以及都市型观光农业基本知识；科普展馆则更加形象地向市民和游人展示了农耕文化及留民营生态农业发展历史全貌及发展远景。

"印象留民营文化墙"是留民营休闲农业第三大特色。"印象留民营文化墙"以图文并茂的形式向市民和游人展现了自 20 世纪 70 年代以来，留民营的八个"五年规划"奋斗口号和发展历程。使人们深刻感受到从"多打战备粮，回击帝修反"那个年代直到建设社会主义新农村近 40 年，留民营所发生的翻天覆地变化。

有机食品采摘、捡拾绿色鸡蛋和田园踏青是留民营休闲农业第四大特色。留民营已

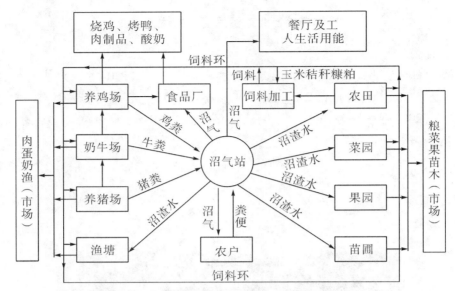

图 4-2　留民营农业生态系统综合利用循环图

有十余年发展有机食品的历史，北京、天津及香港地区的大型超市都有留民营所提供的有机食品和绿色鸡蛋。市民和游人来到留民营更愿参加的活动便是亲手采摘有机种植园中的有机食品、捡拾散养鸡柴鸡蛋和田园踏青。一方面使人亲近自然，感受丰收喜悦；一方面掌握一定的劳动技巧，并且强身健体，使市民和游人流连忘返。

品味"三八席"是留民营休闲农业第五大特色。"三八席"起源于京东南百年前的民间。每逢家中贵客临门，特别是女婿登门拜见，老丈人都要大摆"三八席"（即八凉菜八热炒八蒸碗）招待一番。而如今，市民和游人更是闻香而来，热情好客的村民们同样以"三八席"招待远来的宾客。客人们一方面品尝到可口的民间美食，同时也领略到京南的饮食文化和民俗特色。

"千人饺子宴"是留民营休闲农业的第六大特色。"千人饺子宴"自1980年春节至今，已举办31年。近些年，部分市民也踊跃参与其中，元旦刚过就有市民通过电话、短信以及网上预订等方式报名。通过参加"千人饺子宴"，与村民一样同为座上宾，享受村干部和党团员的周到服务，欣赏艺术家和村内文艺骨干的精彩演出，感受千人大家庭同庆新春佳节的和谐氛围。

三、留民营休闲农业发展思路

休闲农业与生态旅游是留民营重点发展的朝阳产业。要把发展休闲农业作为建设社会主义新农村，实现村容整洁、村风文明、管理民主的重要举措。将通过发展休闲农业带动村民致富，使村民的农业生产收入与经营收入相叠加，在传统增收途径外开拓新渠道；使村民的就业收入与创业收入相叠加，提高资产性收入和资本性收入在农民收入中的比重；使季节性收入和常年性收入相叠加，保障村民收入"四季不断"。依托留民营自身独特的资源条件和区位优势，把发展休闲农业作为发展农业、致富农民的突破点和着力点。通过发展休闲农业，拉长村内的产业链条，带动相关配套产业的发展，以此成为拓展村民就业增收空间、引村民发家致富的重要举措。没有文化的旅游资源是没有生命力的。生态文化方面，正在筹建"留民营生态农业展览馆"，推动生态农业向更高层次发展。通过休闲农业的发展，带动村内基础设施建设，改善生产条件；促进农业标准在休闲农业生产基地的贯彻落实，提升农产品质量安全水平；加强农产品生产基地建设，达到规模经营；实现一、二、三产业融合发展，产、加、销一体化经营；明显改善村内生态环境，实现农业生产的平衡发展、循环发展和可持续发展。把休闲农业发展和生态旅游纳入留民营新农村建设的整体规划。突出生态旅游型、田园风光型、文化特色型等类型的休闲旅游特色建设。

四、留民营发展休闲农业的成效

留民营休闲农业和生态旅游的发展扩大了村域开放程度，更新了村民思想观念，促进了城乡资源和文明的有机交融；村内将发展休闲农业与新农村建设相结合，先后实施"环境整治"、"基础设施建设"、和"绿化美化工程"，实现了村内绿化、美化和亮化。2010 年以"生产美"、"生活美"、"环境美"、"人文美"四项总分第一，摘得"北京最美的乡村"桂冠。从而为发展休闲农业创造了优越条件，为加快推进乡村生态旅游提供了环境资源、人力资源、基础设施支撑。

（资料来源：《北京大兴区长子营镇留民营村》，人民网—旅游频道，2011 年 7 月26 日。网址：http：//travel. people. com. cn/GB/226767/15251859. html）

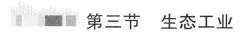

第三节　生态工业

一、生态工业概述

生态工业是生态城市发展中的一个主要内容，也是生态经济学的一个重要内容；是人类在生态环境与经济矛盾激化、传统的工业经济发展模式导致严重环境问题和社会问题情况下应运而生。发展生态工业，即有利于充分有效地利用资源发展工业生产，又有利于减轻污染，实现生态与经济的协调发展。

（一）生态工业的兴起

人类社会的发展进入工业革命以后，劳动生产率得到极大的提高，工业的发展给人类带来巨大物质财富和精神财富的同时，也给环境带来了巨大的灾难，企业生产过程中排放的废水、废气和废渣已经严重威胁着人类生存的环境，虽然人类已经意识到工业污染给自己生存所带来的危机，并已着手进行对生产过程中排放出来的废水、废气和废渣进行治理，由于污染物一经排放，再对其进行治理难度就会加大，而且也可能对环境造成永久性伤害。为此，学术界和企业界开始着手探讨各种减少环境污染的途径，如通过建立生态工业园区、发展循环经济等手段以实现对污染有效治理，生态工业也就应运而生了。

图 4 - 3 鲁北生态工业系统

（二）生态工业的概念

生态工业是指根据工业生态学与生态经济学原理，应用现代科学技术所建立和发展起来的一种多层次、多结构、多功能、变工业排泄物为原料、实现循环生产、集约经营管理的综合工业生产体系。生态工业作为一种新型的工业模式，追求的是生产系统内部的生产原料—中间产物—废弃物—产成品的物质循环，最终实现"资源＋能源＋投资"的最优组合及利用。其具体作法是：在生态工艺系统内各生产过程中，利用物料流、能量流和信息流互相关联，将一个生产过程产生的废物作为另一生产过程的原料加以利用，最终实现各工艺流程环节的有效结合。见图 4 - 3。

（三）生态工业与传统工业的比较

生态工业区别于传统工业的一个重要方面在于：传统工业一般将来源于自然界的原材料经过一次生产过程后，就被当成废弃物排放到环境中，既造成资源枯竭，同时也造成生态过程的阻滞；生态工业则要求在产品的设计时就必须考虑产品使用期结束后的再循环问题，产品的废弃物处置问题同产品设计和加工制造过程一样重要。表 4 - 3 列出了生态工业和传统工业的比较。

表 4 - 3　　　　　　　　　　生态工业与传统工业的比较

类别	传统工业	生态工业
目标	单一利用、产品导向	综合效益、功能导向
结构	链式、刚性	网状、自适应性
规模化趋势	产业单一化、大型化	产业多样化、网络化
系统耦合关系	纵向、部门经济	横向、复合生态经济
功能	产品关系，对产品销售市场负责	产品＋社会服务＋生态服务＋能力建设，对产品生命周期的全过程负责

表4-3(续)

类别	传统工业	生态工业
经济效益	局部效益高、整体效益低	综合效益好、整体效益好
废弃物	向环境排放、负效益	系统内资源化、正效益
调节机制	外部控制、正反馈为主	内部调节、正负反馈平衡
环境保护	末端治理、高投入、无回报	过程控制、低投入、正回报
社会效益	减少就业机会	增加就业机会
行为生态	被动,分工专门化,行为机械化	主动,一专多能,行为人性化
自然生态	厂内生产与厂外环境分离	与厂外相关环境构成复合生态体
稳定性	对外部依赖性高	抗外部干扰能力强
进化策略	更新换代难、代价大	协同进化快、代价小
可持续能力	低	高
决策管理机制	人治,自我调节能力弱	生态控制,自我调节能力强
研发能力	低、封闭性	高、开放性
工业景观	灰色、破碎、反差大	绿化、和谐、生机勃勃

（四）生态工业的特点

生态工业与传统工业相比具有四个特点：

第一，生态工业是工业生产及其资源开发利用由单纯追求利润目标，向追求经济与生态相统一的生态经济目标转变，工业生产经营由外部不经济的生产经营方式向内部经济性与外部经济性相统一的生产经营方式转变。

第二，生态工业在工艺设计上十分重视废物资源化、废物产品化、废热废气能源化，形成多层次闭路循环、无废物无污染的工业体系。

第三，生态工业要求把生态环境保护纳入工业的生产经营决策要素之中，重视研究工业的环境对策，并将现代工业的生产和管理转到严格按照生态经济规律办事的轨道上来，根据生态经济学原理来规划、组织、管理工业区的生产和生活。

第四，生态工业是一种低投入、低消耗、高质量和高效益的生态经济协调发展的工业模式。

二、生态工业的模式

（一）工业生产模式

工业生产可归结为三种模式：传统工业模式、现代工业模式和生态工业模式。

1. 传统工业模式

传统工业模式是指不顾环境的一种生产模式，即"资源—生产—消费—废弃物排放"，在该模式下，除剧毒废料外，其他废弃物均不经过处理直接排放进入环境，由环境充当"无偿清洁工"的功能。这种发展模式最终会导致自然资源的短缺和枯竭，引发严重的环境污染问题，影响人类可持续发展。

2. 现代工业模式

现代工业模式是"先污染后治理"的生产模式，是指工业生产排放物已超过了环境的承受力，这种排放造成严重的工业污染、破坏生态平衡、危及人类健康。为此，各国制定了一系列的政策和措施，规定凡工业有害废弃物未经净化治理，或者处理后没有达到容许排放标准的，不允许排放或必须承担相应的经济责任。但是几十年的运作结果表明，该运作模式是把精力集中在对生产过程中已经产生的污染物进行处理上，所以是一种被动的、消极的处理方式，即使采取了诸多措施来减少和降低环境污染，但温室效应、酸雨现象、臭氧层破坏、土壤退化、水污染以及噪声污染等现象日趋严重。

3. 生态工业模式

生态工业模式是以减量化、再利用、再循环为原则，在企业层面推行清洁生产，在区域层面，建立生态工业园区，在社会层面，提倡生态消费。生态工业模式打破了传统经济发展理论把经济系统与生态系统人为割裂的弊端，要求经济发展以生态规律为基础，同时结合工业生态系统的理论，建立生态共生系统，以求实现资源利用效率最大化和生态化的最高目标。目前国内生态工业主要是通过生态工业园区的建设来实现的。

（二）生态工业园区

生态工业园区是以工业生态学和循环经济理论为指导，着力于园区内生态链和生态网的建设，最大限度地提高资源利用率，从工业源头上将污染物排放量减至最低，实现区域清洁生产。与传统的"设计—生产—使用—废弃"生产方式不同，生态工业园区遵循的是"回收—再利用—设计—生产"的循环经济模式。它仿照自然生态系统物质循环方式，使上游生产过程中产生的废物成为下游生产的原料，不同企业之间形成资源共享和副产品互换的产业组合，达到相互间资源的最优化配置。

生态工业园区模式风格迥异，按照建设基础不同，可分为现有改造型与原始规划型生态工业园区；根据区域位置不同，可分为实体型与虚拟型生态工业园区；依据产业结构不同，可分为联合企业型与综合园区型生态工业园区。

生态工业园区的建设内容丰富，一般包括园区选址、土地使用、景观设计、基础设施建设和共享支持服务等。生态工业园区系统建设框架内容包括企业选择、系统集成和管理集成三个部分。企业选择标准应该是那些对环境友好的企业，或者那些即使有少量污染但是能通过园中的生态工业链进行"自我消化"的企业。避免污染大，并且不能通过生态工业链消除污染的企业进入生态工业园区，以造成对工业园区的损害。系统集成主要是在区域和企业层次上进行，物质、能量和循环与信息的共享是通过具体的集成方式得以实现的。系统集成包括物质集成、能量集成和信息集成三个部分。物质集成是按照园区总体产业规划，确定成员间的上下游关系，同时根据物质供需方的要求，运用各种策略和工具，对物质流动的线路、流量和组成进行调整，完成工业生态链的构建，它包括企业内部的物质转化和交换、企业间的废弃物交换、再生循环等。能量集成就是要实现生态工业园区内能量的有效利用。通过采用节能技术、节能工艺以及再生能源的使用来减少能量的消耗；通过实行按质梯级用能、集中供热和热电联产，优化工程用能结构，达到合理使用能源、避免能源数量上和质量上的损耗；通过建立完善的信息数据库、计算机网络和电子商务系统，并进行有效的集成，充分发挥信息在园区运行、与外界信息交流、管理和长远发展规划中的多种重要作用，以促进园区内物质循环、能量有效利用、环境与生态协调，向更高级的工业生态系统发展。管理集成包括战略管理、政策导向和法律建设等内容，主要是针对各级政府和有关管理机构而言。生态工业建设是一项综合性、整体性的系统工程，它涉及极为广泛的不同层次和多个对象，而且各方面的关系错综复杂地相互交织在一起，因此需要不同层次的管理部门有效地协调组织，从政府、园区、企业三个层次进行生态化管理。政府主要着眼于战略管理、政策导向、法规建设和激励机制；园区管理则侧重于协调生产企业和技术、产品、环境、经济等多个部门的关系，保证物质、能量和信息在区域范围内的最优流动，并对其进行指标考核；企业管理主要推行清洁生产，节能降耗，按照工业链的关系优化原料—产品—废弃物的关系，保证高效、稳定的正常生产经济活动。

三、生态工业的发展趋势

现代工业发展呈现出高科技化、规模化、集群化、生态化的特点。可见，生态工业本身就是现代工业的发展趋势。现代工业在生态化过程中具有以下两大发展趋势：

（一）企业层面实行清洁生产

不断采取改进设计、使用清洁的能源和原料、采用先进的工业技艺与设备、改善管理、综合利用等措施，从源头削减污染，提高资源利用效率，减少或者避免生产、服务和产品使用过程中污染物的产生和排放，以减轻或者消除对人类健康和环境的危害。

（二）区域层面上实行生态工业园区建设

按照生态系统的"食物链"原则组织生产，实现物料的闭合循环和能量的梯级使用。针对当地资源条件，联合类型不一、性质各异的企业组成生态工业园区，上游企业的"三废"可以直接作为下游企业的原料，这样能大大减少污染的产生，提高整个系统对原料和能量的利用效率。

案例链接：建设贵港国家生态工业（制糖）示范园区

一、生态工业雏形

贵港市位于广西壮族自治区东南部，是我国重要的甘蔗生产基地。多年来，贵港以甘蔗种植业为基础，以制糖为先导，带动造纸业和酒精业，形成了以制糖工业为导向的产业经济状况。制糖工业及其辐射带动的产业产值在全市 GDP 中约占 33.8%。此外，贵港市约 30% 的人口从事与制糖工业及其辐射带动的产业相关的活动。一旦贵港市的制糖工业有所波动，必将对贵港市的经济产生根本性影响，并直接影响到 30% 的人口的就业问题。

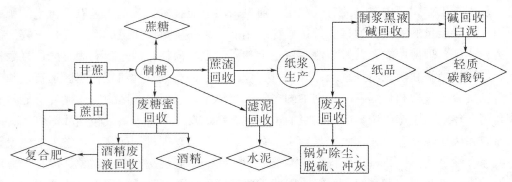

图4-4　广西贵糖集团生态工业园区生产工艺流程图

在贵港市最大的制糖企业——贵糖集团内部，已初步形成了"制糖—蔗渣造纸—高效碱回收"和"制糖—废糖蜜制酒精—酒精废液制甘蔗专用复合肥"两条主要的工业生态链，形成了制糖生态工业的雏形，并初见成效，为实施贵港国家生态工业（制糖）示范园区奠定了基础。

通过各生产单元间形成生态链，可以最大限度地利用资源、最大限度地减少污染，使制糖企业步入良性循环的轨道。这一雏形为贵港市制糖工业摆脱困境明确了前进的方向，也为中国制糖工业的未来发展指出了一条明路。

如果将贵港市的甘蔗制糖的相关企业以生态链为纽带有机地联系、整合起来，贵港市的制糖工业就有可能焕发出新的生机与活力。

二、贵港国家生态工业（制糖）示范园区创建思路

1. 贵港国家生态工业（制糖）示范园区总体框架

贵港国家生态工业（制糖）示范园区总体框架由蔗田系统、制糖系统、酒精系统、造纸系统、热电联产系统、环境综合处理系统等六个系统（或称为单元）优化组成。通过优化组合，各系统间的输入和输出相互衔接，做到资源的最佳配置和废物的有效利用，环境污染可以减少到最低水平，从而形成一个比较完整的工业和种植业相结合的生态系统以及高效、安全、稳定的制糖工业生态园区。

2. 生态工业园区组成单元间的相互关系

在贵港国家生态工业（制糖）示范园区中，各组成单元间存在着输入、输出的相互依赖关系，在很大程度上实现了横向耦合、纵向闭合以及区域整合。贵港国家生态工业（制糖）示范园区通过区域的全面整合以及和区域外界的物流交换，做到最大限度地利用废物作为资源，使资源有效利用最大化；通过清污分流和清水回用做到水资源利用效率最大化；通过热电厂的运行做到能源生产和利用的优化；通过废物利用和环保工程的建设做到环境污染最小化；通过高产高糖甘蔗园的建设保障示范园区系统的安全性，因而符合生态工业园区建设的基本原则和要求。

3. 政策与措施支持

贵港国家生态工业（制糖）示范园区的建设，一方面有可持续发展战略、生态工

业思想的指导，另一方面也有坚实的工程项目基础和各方面的政策措施配套。

三、贵港国家生态工业（制糖）示范园区建设的典型意义

贵港国家生态工业（制糖）示范园区，作为我国第一个生态工业园区，其意义主要表现在三个方面，即对贵港市的经济、环境和社会贡献；对我国甘蔗制糖业增强核心竞争力、摆脱困境的辐射作用；以及对我国工业与环境发展趋势的重要启示。

（资料来源：《建设贵港国家生态工业（制糖）示范园区》，作者刘忠，作者单位：国家清洁生产中心。文章来源：广东省经济和信息化委员会网站，网址：http：//www. gdei. gov. cn/zthg/jsjyxsh/ywdt/200601/t2006/18_ 46993. html）

第四节　生态服务业

一、生态服务业概述

生态服务业是指在充分利用当地生态环境资源的基础上，开发的以提供社会服务、研究开发教育管理以及生态城市建设等为目标的除生态农业、生态工业以外的产业。它是生态循环经济的有机组成部分，主要包括生态旅游、生态物流、生态教育、生态贸易、生态文化建设、生态设计、生态管理等。本书主要介绍生态旅游和生态物流。

二、生态旅游

（一）生态旅游的产生与发展

随着人类生存的环境面临危机以及人们环境保护意识的不断增强，绿色运动及绿色消费席卷全球，生态旅游作为绿色旅游消费，已经迅速普及到全球，特别是在美国、加拿大、澳大利亚以及很多欧洲国家非常流行。同时，世界各国也都根据各自的国情，开展生态旅游，形成各具特色的生态旅游。

近几年，生态旅游作为一种新的旅游形态，在世界各地迅速发展起来，成为当前旅游的热点项目。广大的旅游爱好者置身于自然、真实、完美的旅游情景中，可以陶冶性情、净化心灵。生态旅游是一种高层次、极其敏感的活动，国外游客许多都具有一定的环保意识和知识，而我国由于引入生态旅游概念较晚，推广和相应服务设施建设不足，国内大多数人尚不了解生态旅游的真正意义，可以说大众化的生态旅游活动在中国还远远没有实现。目前国内有一些热爱环保的民间组织如"自然之友"、"绿网"等每年都会有一些自发组织的生态旅游活动，可以说他们是我国生态旅游的试验者和推行者。另外，每年都会有一些国外的环保主义者来中国进行诸如观鸟、攀岩、野生动物考察等生态旅游活动。比如，英国的观鸟协会，他们每年都来我国的某些地区观鸟。可以说，生态旅游的产生是人类认识自然、重新审视自我行为的必然结果，体现了可持续发展的思想。生态旅游是经济发展、社会进步、环境价值提升的综合体现，是以良好生态环境为

基础，以保护环境、陶冶情操为准则的高雅社会经济活动。生态旅游是最值得开展的旅游方式，较传统旅游活动具有更为重要意义在于游览地区的生态环境和当地的民族风俗和传统文化得以完整地保存，不至于因为旅游的开发使得当地人文、地理环境受到破坏。对于游客而言，参与生态旅游，可以让他们在领略世界各地的原始风光和原汁原味的民族风俗、民族文化的同时，又能促使当地的经济迅速发展，并且旅游地原有的一切景色和文化不受丝毫破坏，为他人、为世界保留下这些珍贵的历史印记。贵州梵净山就是一处著名的生态旅游景点，见图4－5。

图4－5　珍奇秀美（贵州梵净山）

生态旅游的提倡，使普通游客开始关心那些生活在边远地区民族的生活环境和生活质量以及他们世代相传的特殊文化；日益恶化的自然环境被大众所瞩目，置身原始自然的美丽风光让人们体会到良好生态环境带来的种种美好感受，为保护环境尽自己所能。

（二）生态旅游的概念与基本特征

1. 生态旅游的概念

"生态旅游"是1983年由世界自然保护联盟生态旅游特别顾问、墨西哥专家豪·谢贝洛斯·拉斯喀瑞（H. Ceballos Lascurain）首先提出，它的含义是不仅指所有观览自然景物的旅行，而且强调被观览的景物不应受到损失，是在持续管理的思想指导下开展的旅游活动。1990年美国世界自然基金会的研究人员伊丽莎白·布将生态旅游定义为：以自然为基础，到受污染少或没有受污染的自然区域去，为实现以学习、研究生态，欣赏、享受自然风光等特定目的所进行的旅游活动。澳大利格里菲斯大学生态旅游国际研究中心拉尔夫·巴克利认为：生态旅游是以自然为基础、可持续的、生态环境保护的和环境教育的旅游。1992年的旅游与环境世界大会把生态旅游定义为：以欣赏和研究自然景观、野生动物以及相应的文化特色为目标，通过为保护区筹集资金，为当地居民创造就业机会，为社会公众提供环境教育等有助于自然、文化保护和可持续发展的旅游方式，是促进保护的旅游。世界银行环境部和生态旅游学会给生态旅游下的定义是："有目的地前往自然地区去了解环境的文化和自然历史，它不会破坏自然，而且它会使当地社区从保护自然资源中得到经济收益。"日本自然保护协会（NACS—J）对生态旅游的定义是："提供爱护环境的设施和环境教育，是旅游参加者得以理解、鉴赏自然地域，从而为地域自然及文化的保护，为地域经济做出贡献"等。

综上所述，"生态旅游"是在生态环境不受破坏为前提下开展的以认识自然、欣赏自然为基础的具有观光、度假、休养、科学考察、探险和科普教育等多重功能，以自然生态景观和人文生态景观为消费客体的一种旅游体验活动。

2. 生态旅游的基本特征

（1）保护性。生态旅游是在传统旅游活动对旅游资源或旅游环境产生负面影响的情况下提出的，其本质是要求旅游者和旅游业约束自己的行为，以实现对旅游资源或旅游环境的保护。其保护性对于旅游者来说，主要是环境意识和自身素质的提高，自觉地保护旅游资源和环境；对于旅游业来说，则体现在旅游资源及旅游产品开发的科学性、可持续性以及经济性，杜绝短期行为，谋求可持续的经济、社会、环境三大效益的协调发展。

（2）多样性。生态旅游的多重功能满足了大众的多样化旅游需求，决定了生态旅游形式的多样性，生态旅游除了传统的观光、度假、娱乐等旅游活动形式外，还有如滑雪、探险、科考、湿地旅游等一系列生态旅游形式。

（3）专业性。为使游客在较短时间内获得回归大自然的精神享受和满足，启发和提高游客热爱和保护大自然的意识，进而自觉地保护旅游资源和环境，必须要求旅游设施、旅游项目、旅游路线、旅游服务的设计和管理均要体现出很强的专业性；同时生态旅游产品应该是高质量、高品位的"精品"，游客追求的是原汁原味的旅游真品，是货真价实的高品位的产品，"精品"能经受时间的考验，不会因为时间的变迁而降低或丧失其价值。这也对产品设计和制作提出了专业要求。

（4）理性化。生态旅游首先是旅游消费意识理性化的产物，在人们生活水平日益提高的同时，人们的生存环境质量却面临下降的威胁。在这样的背景下，保护生态环境的观念迅速在广大游客中普及。旅游者生态环境意识的觉醒，生态旅游消费需求的增加，是生态旅游产生的重要原因。同时，传统旅游业低水平、粗放式的开发方式和经营方式导致了资源退化、旅游产品生命周期缩短等问题，使旅游业的进一步发展受到制约。因此，生态旅游业是旅游产业理性化的产物，其具体表现是旅游消费的理性化、旅游开发的理性化、旅游经营管理的理性化。

（三）生态旅游与传统旅游的区别

生态旅游作为一种全新的旅游模式，与传统旅游模式在指导理论、目标体系、运作方式、解译系统、生态教育、受益对象、发展前景等方面均存在根本的差别（见表4－4）。

表4-4　　　　　　　　　　　　生态旅游与传统旅游的差异

	生态旅游	传统旅游
指导理论	可持续发展理论	资源基础、市场导向理论
目标体系	经济效益和生态效益合理化	经济效益最大化
运作方式	旅游资源本底调查评价与市场分析，旅游环境容量评估，生态旅游产品开发，生态环境动态监管	旅游资源评价，市场分析，旅游资源开发与规划
解译系统	形式多样、功能完善	形式单一、功能受限
生态教育	作用明显	无明显作用
受益对象	社区、旅游者、开发商、政府	旅游者、开发商、政府
发展前景	大势所趋、必然方向	阻力重重、急需转型

（四）生态旅游的类型

世界旅游中发展最快的是生态旅游。在生态旅游实践中，根据生态旅游的发展领域、资源类别以及旅游者的目的划分为不同生态旅游类别。按照生态旅游发展的领域可将生态旅游分为：风景名胜观光旅游、红色旅游、民俗旅游、体育旅游、考察（或探险）旅游、观光农业旅游、湖泊湿地旅游、山（岳）地旅游、草原旅游和森林旅游等；按照生态旅游资源的类型划分，有森林生态旅游、草原生态旅游、湿地生态旅游、乡村生态旅游、沙漠探险生态旅游、海岛生态旅游、山区生态旅游、特殊景区生态旅游等；按照生态旅游者的目的划分，有科学考察生态旅游、文化生态旅游、保健生态旅游、体育生态旅游等。

（五）生态旅游开发的重要性和原则

1. 生态旅游开发的重要性

由生态旅游的概念得知，生态旅游的开发主要是解决和调和自然生态、观光旅游以及地区发展三者间的问题，期望在不破坏自然环境的原则下使游客能够享受多彩多姿的游憩体验，并同时尊重地方文化及照顾当地居民，使我们的观光旅游能够永续发展。然而这三个问题彼此间互相影响且息息相关，也可以说是牵一发动全身，绝对不是偏重在任何一个问题上就可以解决。然而，若解决不当也将带来许多隐忧以及不堪设想的结果，由此可见，生态旅游的开发并非一个口号，而是需要人们共同努力和付诸实行。我们都知道地球只有一个，地球上的所有资源，包括自然资源和自然生态环境也是如此，如果遭到破坏或管理不当也将造成不可复原的后果，最后受害者就是我们自己，因此我们要爱护我们的自然资源，毕竟它们非人类能力可以重造的，而我们却又不能没有它们。而唯有自然资源和生态环境等受到保护，人们才能继续生存下去，否则更别谈观光旅游。因此，推行生态旅游的观念，让旅游和环境保护得以同时进行，这样一举两得且利人利己的观念当然显得特别重要。而人们也应当想办法透过各种管道和方式来推展生态旅游观念，及早让全球的人们都能共同来维护我们所赖以生存的自然环境，而这些管道和方式是可多元且多方并进，并非只靠某些人或部门来推展，而从先行的经验中，也可以看出生态旅游发展的必要性和需求性。

田家驹（2002）就以福山植物园为例，研究生态旅游地区游客环境识觉与行为的关系，研究成果显示：生态旅游地区游客教育程度较高，多数均有生态旅游相关经验，游伴以朋友、同学、同事居多；在旅游动机上以欣赏大自然美景、慕名而来者为主，且多数希望具有专业解说的旅游方式，以及在旅程中学习大自然。陈炳辉（2002）以大雪山森林游乐区为例，研究游客环境态度对生态旅游的影响，研究成果显示：环境教育确实可以启发游客的旅游态度与旅游行为，且可以使人和大自然更加亲近，也可以学习欣赏自然之美和体会大自然的价值；受过生态教育及参加过生态社团的民众，都愿意配合园区的许多规范和限制。可见，生态旅游教育是推展生态旅游观念很重要且必然的途径之一。

2. 生态旅游开发的原则

生态旅游开发应该以达成保育自然生态且确保地方福祉为目标，并应遵守以下原则：

（1）事前规划原则。发展生态旅游前应结合当地自然与人文特色，评估旅游发展可能带来的正、负面影响，事先规划整套区域性的观光及游客管理计划，将可能的负面冲击降至最低。

（2）小规模发展原则。生态旅游开发应以小规模发展为原则，以减低游憩活动可能造成的冲击。除了限制游客人数外，发展生态旅游应以辅助地方原有产业为原则，以避免当地对观光产业的过度依赖。

（3）社区参与、双方互惠互利原则。在生态旅游的规划、执行、管理、监测与评估等四阶段，应尽量邀请当地社区一同参与。在发展当地观光特色前应先征求居民同意，确保与当地居民进行充分沟通并达成共识，以避免触犯地方禁忌。强调负责任的商业行为并与当地社区合作，以确保观光发展的方向符合地方需求同时利于当地自然保育。

（4）社区反馈原则。提供适当的社区回馈机制，提供居民充分诱因，协助他们了解保育地方资源与获取经济利益之正向关联，将有助於地方自发性的保育自然及文化资源。

（5）利益最大化原则。发展生态旅游应为当地社区及自然生态带来长期的环境、社会及经济利益。并确保一定比例的观光收益用于保育及经营管理当地自然生态。同时，发展生态旅游应促进游客、当地居民、政府相关单位、非官方组织、旅游业者以及专家学者间的良性互动。

（6）坚持生态化教育原则。开展生态旅游开发，应提供游客、旅游业者及当地民众适当的教育解说资料，除了介绍当地生态、文化特色外，更可藉此提升大众的环境保护及文化保存意识，同时制定详细规范管理制度以约束游客活动以及各项开发行为。

第四章 生态产业

三、生态物流

（一）生态物流概述

1. 生态物流的产生与发展

物流产业是随着世界经济的发展而迅速发展起来的一个新兴产业，全球经济高速发展促使物流总量不断增加，加速物流产业的迅速发展。但是现代物流活动给人类带来便利的同时，也给人类生存的环境带来了危害，如车辆尾气排放对空气的污染，货物包装带来的废弃物污染，运输和流通加工带来的噪音污染、资源浪费、交通堵塞等。人类在认识其生存环境不断恶化的同时，环境保护意识逐步增强，开始关注和重视环境问题，于是，绿色消费运动在世界各国兴起，消费者也从单纯的关心自身的安全和健康上升到关心地球环境的改善，从单纯的满足消费提高到拒绝接受不利于环境保护的产品、服务及相应的消费方式，进而促进绿色物流的发展。

生态物流又称绿色物流。在国际上，绿色物流作为继绿色制造、绿色消费之后的又一个新的绿色热点，备受关注。在国内，随着加入世界贸易组织以来国际贸易的日益增多，国内企业不仅面临同类国际企业的产品质量竞争，还将面临有关的环境贸易壁垒。国内少数企业及学者已经在绿色生产、绿色包装、绿色流通、绿色物流方面进行了有意义的探索，认为绿色物流是指在运输、储存、包装、装卸、流通加工等物流活动中，采用先进的物流技术、物流设施，最大程度地降低对环境的污染，提高资源的利用率。

2009 年国家发改委发布《物流业调整和振兴规划》，该规划从发展规模、发展水平、基础设施和发展环境四个方面评价了我国物流产业的发展现状，从国际金融危机的影响、经济全球化的加剧、国民经济的快速发展、贯彻落实科学发展观构建和谐社会的要求四个方面分析了物流发展面临的形势，提出了物流发展的目标和任务。2011 年，国家又将物流业确定为"十大产业振兴规划"之一。国家"十二五规划纲要"也明确提出要大力发展现代物流业：加快建立社会化、专业化、信息化的现代物流服务体系；大力发展第三方物流，优先整合和利用现有物流资源，加强物流基础设施的建设和衔接，提高物流效率，降低物流成本。

2. 生态物流的概念

生态物流的概念目前没有统一的定义，常见的定义有：吴（H. J. Wu）和盾（S. Dunn）认为绿色物流就是对环境负责的物流系统，既包括从原料的获取、产品生产、包装、运输、仓储、直至送达最终用户手中的前向物流过程的绿色化，还包括废弃物回收与处置逆向物流。罗德格等认为，绿色物流是与环境相协调的物流系统，是一种环境友好而有效的物流系统。美国逆流物流执行委员会（Reverse Logistics Executive Council，RLEC）在研究报告中对绿色物流的定义是：绿色物流也称"生态物流"，是一种对物流过程产生的生态环境影响进行认识并使其最小化的过程。我国 2001 年出版的《物流术语》中定义：绿色物流就是对环境造成危害的同时，实现对物流环境的净化，使物流资源得到充分的利用。从以上不同定义可这样来总结：凡是以降低物流过程的生态环境影响为目的的一切手段、方法和过程都属于绿色物流的范畴。

综上所述，生态物流是指以减少环境污染、资源消耗为目标，利用先进物流技术和手段去规划和实施运输、仓储、装卸、流通加工、配送、包装等物流活动。它倡导物流操作和管理全程的绿色化。

（二）生态物流的构成

包装、运输、装卸、仓储和流通加工是一般物流的五个最基本的环节，这些也构成了生态物流系统的基本内容。但在这五个环节中，包装、运输、仓储和运输加工对生态环境的影响较大。因此，生态物流系统的功能要素主要由生态包装、生态运输、生态流通加工以及生态仓储四个功能环节组成。

1. 生态包装功能要素

物流包装在消耗大量资源的同时，也产生了大量的废弃物，是影响环境的主要因素之一。生态包装，是指以节约资源、降低废弃物排放为目的的所有包装方式。它包括生态包装设计、包装生产过程的生态化、包装作业过程的生态化、包装废弃物的回收再循环等。

2. 生态运输功能要素

运输是物流系统最基本、最重要的活动，运输成本占了物流总成本的40%～50%，也是影响环境的最主要因素之一。生态运输，则是以节约能源、减少废气排放为特征的运输，生态运输是生态物流的一项重要内容。根据运输环节对生态环境影响的特点，运输生态化的关键原则是降低卡车在道路上的行驶总里程。围绕这一原则的生态运输途径主要有四种：第一，生态运输方式，由于公路运输的能量消耗最高、废气排放最多、运输利用率最低，所以运输方式要结合其他几种相对生态化的运输方式，降低公路运输的比例。第二，环保型运输工具，主要是针对货运汽车，采用节能型的或以清洁燃料为动力的汽车。第三，生态物流网络，即路程最短的、最合理的物流运输网络，以便减少无效运输。第四，生态货运组织形式，即在城市货运体系中，通过组织模式的创新，降低货车出动次数、行驶里程、周转量等。

3. 生态流通加工功能要素

生态流通加工是生产过程的延续，它对生态环境的影响主要表现在：分散进行的流通加工过程能源利用率低，产生的边角料、排放的"三废"污染周边的生态环境等。解决的途径可采用：第一，专业化集中式流通加工，以规模效应提高资源利用率；第二，对流通加工废料进行集中处理，与废弃物物流顺畅对接，降低废弃物污染及废弃物物流过程的污染。

4. 生态仓储功能要素

生态仓储本身会对周围生态环境产生影响，如：保管、操作不当引起货品损坏、变质、甚至危险品泄漏等；仓库选址不合理导致运输次数的增加或者运输的迂回等。生态仓储就是要求仓库布局合理，以减少运输里程、节约运输成本。同时，仓库的选址还应进行相应的生态环境评价，充分考虑仓库建设和运营对所在地的生态环境影响。

第四章 生态产业

（三）生态物流的运行模式

产品从原材料采购开始，经过原材料加工、产品制造、包装、运输和销售，经消费者使用、回收直至最终废弃处理，这一整个过程称为产品的全生命周期。在产品的生命周期内，既有企业之间的物流，也有企业内部的物流。企业之间的物流包括：原料供应商与产品制造商之间的供应物流、制造商与使用者之间的分销物流；在产品生产阶段，物料是按工艺流程的要求在不同车间、不同工位之间流转的，这属于企业内部的生产物流；另外，还有回收物流和废弃物物流。

（1）供应物流主要包括物流需求计划、包装、运输、流通加工、装卸搬运、储存等功能，它是产品生产得以正常进行的前提。

（2）生产物流担负着物料输送、储存、产品生产、组装、产品包装等活动，是产品在其整个生命周期的主体部分。

（3）分销物流指产品从企业到消费者之间的物流工程，包括包装、运输、流通加工、装卸搬运等环节，同时还包括因产品不合格或积压库存而发生的退货物流。

（4）回收物流可以发生在产品生命周期的全阶段，生产阶段的余料、残次品等在企业内部进行回收、处理和再利用；在产品使用阶段的废旧包装材料、维修更换件、淘汰件等的回收处理，则发生在用户、销售商、产品生产商和原料生产商之间。

（5）废弃物物流贯穿于整个产品生命周期的各阶段，一般包括收集、搬运、中间净化处理、最终处置等方式。净化处理是为了实现废弃物对环境损害最小，最终处置主要有掩埋、焚烧、堆放、净化后排放等方式。

（四）企业生态物流系统运行模式

基于产品生命周期的企业生态物流系统运行模式实际上是一个物料循环系统，其中产品制造企业是该系统的主体。其运作过程是：首先，制造商通过对供应商的评估，选择出生态供应商，供应商将由资源、能源和人力资源转化而来的原料或零部件送达生产厂商；接着，厂商经过对产品的生态设计、生态制造、生态包装后，形成最终生态产品；然后生产过程中的边角余料、副产品、残次品等，直接进入内部回收系统，尽量做到维修后再利用，避免废弃物的产生；产品被制造出来后，经过企业的生态分销渠道，交给第三方物流企业进行专业化运输和配送；最后，企业的分销系统规划必须考虑产品退货、产品召回以及报废后的回收和处理要求，并制定相应的运行策略。

四、生态服务业的发展趋势

服务业占国民经济的比重越来越大、就业人数也越来越多，呈现高科技化、信息化、生态化的特点。现代服务业在生态化过程中具有两大发展趋势：

（一）生态服务业的就业结构呈现出高端人力资本化

服务业内部结构升级趋势体现为服务业从劳动密集型转向知识密集型，知识、技术含量高的现代服务业逐渐占据服务业的主导地位。从产业的投入要素看，农业主要受自然资源要素约束，制造业主要受物质资本要素约束，传统服务业主要受劳动力要素约束，而现代服务业从业人员所具有的整体上的高学历、高职称、高薪水特征，说明现代服务业主要受人力资本要素约束。而生态服务业不仅要求从业者懂得经济规律，而且要求了解生态规律，因而对人才提出了比现代服务业更高的要求，使生态服务业的就业结构呈现高端人力资本的特征。

（二）生态服务业与制造业逐步走向融合

现代服务业中，生产性服务业发展迅速，并且服务投入增长速度快于实物投入增长速度。制造业的增长无论采取何种方式，都会遇到能源、原材料以及环境供给的限制，而制造业发展所遇到的能源和原材料"瓶颈"可能被包含金融、物流在内的服务业所打破。因此，现代经济已经出现了现代服务业与制造业走向融合的趋势，制造业服务化趋势与服务业生产性趋势都非常明显。遵循经济规律和生态规律，按照系统的观点，是生态服务业和生态工业的共同要求，两者在共同生态化的过程中逐步走向融合。

复习思考题

1. 何谓生态农业？生态农业的主要模式有哪些？
2. 如何防范生态农业发展中的自然灾害风险和市场风险？
3. 清洁生产的主要内容是什么？怎样实行清洁生产？举例说明。
4. 生态旅游的特征是什么？
5. 生态物流系统的主要内容是什么？

第五章

生态消费

　　消费是人类生存与发展的基本条件，体现着人与自然的基本关系。当今人类面临的生态环境问题与人类的消费观念是直接相关的。《21世纪议程》指出："地球所面临的最严重的问题之一，就是不适当的消费和生产模式，导致环境恶化，贫困加剧和各国的发展失衡。"这就要求人们更加重视消费问题、消费观念问题。消费观是指人们对消费水平、消费方式等问题的总的态度和看法。作为一种观念，它一旦形成又会反作用于社会经济以及生态环境，并对其产生深刻而重大的影响。因此，正确处理好资源、环境和人类需求之间的矛盾，实现人类消费模式转变、建设生态文明已成为当前全人类实现持续发展的必然选择。

生态经济学教程

SHENGTAIJINGJIXUEJIAOCHENG

第一节　消费主义的兴起与发展

"消费主义"是一种以满足人们超过基本生活需要之外的"欲求"为特征的大众消费模式，也是随着这种消费模式全面渗透到社会发展各方面而逐步形成的一种文化态度、价值观念和生活方式，它是伴随现代化尤其是工业化、城市化的不断发展而产生的。消费主义以及它所表现出来的文化现象，首先产生于19世纪末20世纪初的美国，成熟于20世纪六七十年代的西方发达国家。在19世纪末20世纪初之前，美国社会价值观的核心是清教主义，它反对生活上的过分享受，强调通过个人的勤俭致富来拯救灵魂，因而给人们展现的是一种恬静、舒适的生活情景。到了19世纪80年代，工业逐步取代农业成为美国国民财富最主要来源。1884年工业产值首次超过农业产值，占工农业总产值的53.4%，1899年占61.8%。如按GDP计算，这时工业超过农业的2倍。1859年至1914年，美国加工工业的产值增加了18倍。19世纪80年代初，美国工业的发展水平已居世界首位；1890年其制造业产值几乎等于英、法、德三国产值的总和。这场社会经济的大变革推动了消费主义在美国的兴起，近20年来达到高潮。

成熟的资本主义需要促进经济持续增长，当生产达到一定规模之后，人们的消费能力却没有跟上，自然产生了资本主义的主要矛盾：扩大的生产力和相对有限的消费能力。这样看起来，刺激消费甚至是制造消费成了推动经济发展的必然选择。因为美国文化束缚少，同时也拥有高度发达的通信手段，媒体言论自由，这就促使了消费主义的盛行。同时，资本主义增长型发展观对消费主义的兴起起到推波助澜的作用。所谓增长型发展观，反对节约型消费观念，鼓励消费，主张奢侈，认为可以促进经济发展，这个观点很快被接受，并确实成为后来经济发展的强劲动力。美国的维克特·勒博认为，我们庞大而多产的经济要求使消费成为我们的生活方式，要求我们把购买和使用货物变成宗教仪式，要求我们从中寻找我们的精神满足和自我满足。我们需要消费东西，用前所未有的速度烧掉、穿坏、更换或扔掉。我们不是消费者，而是企业和商业经营者在"领导着消费的新潮流"，制造消费、挥霍。

从19世纪下半叶到20世纪初，生产过剩导致的经济危机一次又一次加剧，特别是20世纪30年代的经济危机，把挥霍性浪费提到消费社会中来。凯恩斯主张的国家干预市场和刺激消费的主张成为发达资本主义国家的政策选择，消费主义和享乐主义作为企业和商业借助广告等促销手段而操纵和宣传的意识形态，成为西方发达国家消费生活中的主流价值和规范。"消费主义"简单地说就是把消费作为人生的根本目的和体现人生价值的根本尺度，并把消费更多的物质资料和占有更多的社会财富作为人生成功的标签和幸福的符号，从而在实际生活中采取无所顾忌和毫无节制的消耗物质财富和自然资源，以追求新、奇、特的消费行为来炫耀自己的身份和社会地位，持有"生存即消费"的人生哲学和生存方式。消费主义不仅仅是一种消费观念，而且成为了一种生活方式。

永无止境的贪婪和欲望就是其实质。蒂恩斯认为，消费主义描述了这样一种社会，其中许多人在一定的程度上把获取物品当作生活的目标，而这些物品的获取不是出于人们生活的必需，也不是为了传统的展示需要，而是为了获取他们的某种身份认同。

霍尔克认为，现代消费主义的特点体现在三个方面：第一，欲望的形成超越了"必需"的水平；第二，欲望具有无限性；第三，人们产生了对新产品的无尽渴望。贝尔克认为，消费文化（或消费主义）指的是这样一种文化，其中大部分消费者强烈地渴望（相当一部分人则追求、获取和展示）物品和服务，这些物品和服务则是因其非功用性理由而被看重的，如：地位获取、挑起妒忌和寻求新奇。格罗瑙则认为，现代消费是由对快乐的欲望所引起的，现代消费者本质上是一个享乐主义者。

目前，中国社科院50个案例的调查分析显示，在京津两地关于居民日常消费生活中，具有消费主义倾向的人占77%。超前消费、浪费性消费、炫耀性消费等，成为一些人的价值观念和生活方式。我国的消费方式出现由"生存型"向"奢侈型"的变化。

第二节　消费主义的危害及成因

一、消费主义的危害

当代社会，工业文明高度发达，物质产品极大丰富，由此也助长了消费主义在人类社会中的盛行。炫耀消费、奢侈消费、超前消费、一次性消费等成了这个时代消费主义的突出表现形式。消费主义通过控制人的文化心理结构，无孔不入地进入人的生活，腐蚀着人的精神与灵魂，破坏着人类生存发展的自然根基，造成了人与自然，人与人、人与社会的对立和冲突，导致了人的物质生活与精神生活的分裂。总的来说，消费主义的危害主要体现在人与自然、人与人和人与自身三大对立关系之中。

（一）破坏人与自然的和谐

工业文明在不断满足人们物质需求的同时，也不断强化着人类以自我为中心的人生观和价值观。人类中心主义片面强调人的主体性。在这种价值观支配下的生产观念与消费观念也进一步发生扭曲，认为自然就是一种被征服之物，采取征服的态度使自然满足自己的需要。并凭借自身科学技术的力量，开始大规模无节制地向自然进行索取，极大地忽略了自然本身存在的价值。生产主义与消费主义奴役自然界的态度、无止境索取自然界的做法，破坏了人与自然的和谐共生，阻碍了人类社会的可持续发展。这主要表现在以下两个方面。

1. 不可再生资源日益减少

据统计，整个20世纪，人类消耗了1420亿吨石油、2650亿吨铁、7.6亿吨铝、4.8亿吨铜。占世界人口15%的工业发达国家，消费了世界56%的石油和60%以上的天然气、50%以上的重要矿产资源，全球各国各民族之间出现严重的不平衡。根据世界能源理事会的一项预测表明，按传统的消耗量计算，全球石化类燃料的开采期，石油至多为 50 年，天然气至多为 70 年，储量丰富的煤炭资源也只有 230 年。能源和矿产资源是不可再生资源，短缺现象现在已经突现。在消费主义最为盛行的美国，其人口只占世界人口的 7%，却消耗着世界上 35% 的资源。目前，世界范围内日益加剧的资源和能源危机，就是不可再生资源日益减少的体现。

2. 环境、生态和气候问题日益严重

人们在享受高度发达的物质文明带来的满足感的同时，也尝到了其带来的环境污染的苦果。满足与创造人类需求的物质产品的生产及消费需要大量的资源作为原料投入，如大量石化能源、矿产资源等。大量能源和资源的消耗与转化，导致环境遭到严重污染，主要包括大气污染、水体污染和海洋污染。大气污染造成温室效应、酸雨和臭氧层破坏。大气中二氧化碳含量逐渐上升，每年大约上升 1.8 毫升/升（0.4%）。到目前为止，已经上升近 360 毫升/升。20 世纪 80 年代后期，氟利昂的产量达到 144 万吨，在对其实行控制前，全世界向大气中排放的氟利昂已达 20 000 万吨，它们在大气中的平均寿命达数百年之久。

1952 年 12 月 5 日至 8 日期间，素有"雾都"之称的英国伦敦，突然有许多人患了呼吸系统疾病，并有 4000 多人相继死亡。此后 2 个月内，又有 8000 多人死亡。导致这次大气严重污染事故的直接原因是：大气中尘粒浓度高达 4.46 毫克/立方米，是平时的 10 倍；二氧化硫浓度高达 1.34 毫克/立方米，是平时的 6 倍。再如 20 世纪 50 年代日本三井金属矿业公司在富山平原的神通川上游开设炼锌厂，该厂排入神通川的废水中含有金属镉，这种含镉的水又被用来灌溉农田，使稻米含镉，人们因食用含镉的大米和饮用含镉的水而中毒，全身疼痛，故称"骨痛症"。可见，人与自然之间和谐关系的破坏，带给人类的是灾难。

生产者除了满足消费者基本需求之外，自行"制造需求"。在一定程度上，生产者的获利是以环境恶化、资源匮乏为代价的。获利是可以被立刻感知的，但是对环境与资源带来的不良后果具有渐进性和积累性。这就使得人们不易认识到其严重后果，即使认识到也因为大多是公共产品，所以存在侥幸心理，认为与自己无直接关系。因而要改变消费主义的认识很难。弗洛姆指出，资本主义的生产动机并不是在于社会的利益，也不在于提高劳动社会水平，而仅仅在于投资得到利润，产品是否对顾客有用，这不是资本家关心的东西。

消费主义的盛行加剧了生态危机。联合国环境署在《可持续消费的政策因素》报告中提出："提供服务以及相关的产品以满足人类的基本需求，提高生活质量，同时使自然资源和有毒材料的使用量最少，使服务或产品生命周期中产生的废物和污染物最少，从而不危及后代需求。"美国生态学家布朗先生认为，如果有朝一日中国的每个家庭都拥有一部甚至两部汽车，那么中国每天将需要 8000 万桶石油，而目前世界每日产量才为 7400 万桶。同时，会有更多废气排放到空气中，温室效应严重危害人类。从全球变暖到物种灭绝，消费者应对地球的不幸承担巨大的责任。然而我们的消费却很少受到那些关心地球命运的人们的注意。这些人注意的是环境恶化的其他因素。消费是在全球环境平衡中被忽略的一个量度。为了获得农业的高产，给农产品大量施加农药化肥，给自然环境和人类今后的生活带来严重隐患。我国的自然资源总量是丰富的，但是人均占有量有些还不到世界平均水平的一半，如果再继续过度使用资源，不合理利用，专家预计在40年内不可再生资源会全部用尽。

（二）破坏人与人之间的和谐

工业文明把人类带入了以市场竞争、物的依附和资本支持为特征的社会，这对促进生产力的高速发展起到积极作用，但也带来了自身难以克服的深刻危机。市场的自由竞争把生物界盛行的优胜劣汰、弱肉强食的丛林法则引入人类社会，加剧着贫富之间的两极分化和残酷竞争，以及代际之间的不平等。

首先，马克思主义创始人一直坚持认为，拥有生产和劳动资料，是每个人在劳动中感到幸福、展现潜能的根本条件。在这种条件下，人类活动的自主性"才能得到充分发展，才显示出它的全部力量，才获得适当的典型的表现形式"。剥削制度之所以造成人与人之间的对抗，源于被剥削者丧失了生产资料，不得不依附于剥削者。消费主义对资源、环境、生态和其后的破坏，使人类丧失了许多生产资料，资源短缺所引起的争夺生产资料的斗争，必然导致人与人之间的关系更加紧张。

其次，消费主义并不是在所有人普遍富裕的情况下产生的。由于贫富差距的存在，即使在消费主义横行的地方，人群中也存在着三个消费世界。第一个消费世界的人们的奢侈炫耀与第三个消费世界的人们的俭约羞涩形成强烈对比，夹在中间的第二个消费世界的人们，尽管无温饱之忧，间或也能奢侈一把，潇洒一下，但许多正当欲望却难以满足。经济支付能力的差异必然导致商品消费的差距，这是不争的事实。富裕群体的高消费和炫耀性消费，必然使社会弱势群体产生强烈的失落感，甚至产生对社会的不满、对富人的仇视。结果，穷人会因拥有太少而忧虑重重，富人也会因拥有太多而惴惴不安，社会冲突就在所难免。

再次，消费主义笼罩下的人际关系是"以物的依赖性为基础的人的独立性"的一种表现。物的依赖性使人们把目光投向一切具有交换价值的东西，造成人际关系的物化。消费主义将人的物欲、性欲和权欲与消费联系起来，不仅使一般物品而且连人的身体都成了消费品。消费主义所激发的消费热情，加剧了社会的功利性，加剧了人际关系的物化。在消费的压力下，为了得到更多的经济收入来购买消费品，多数人已经很难有时间和精力，与他人进行推心置腹的沟通。人与人之间真诚、淳朴的交往，越来越难以为继，交往中的物质附加成分越来越多，离开物的中介和支持，人们已找不到其他方式来维护脆弱的人际关系。总之，在消费主义的浸淫下，人与人的联系变成了物与物的联系，物的内容变成了人际关系的主要内容，人们很难摆脱物的束缚，建立起真正有意义的社会关系，人与人之间的感情淡漠已成为必然。

此外，消费主义的弥漫加重了社会财富分配的不合理。消费主义带动了所有人的奢侈消费需求，厂家拼命生产奢侈品来满足需要，忽略了廉价品的生产。根据意大利经济学家帕累托的"二八原理"推知，人群中只有20%的富人，他们却消费了80%的市场份额商品。当然所有商家都不会忽视这20%人群的消费能力，要获得高利润、高回报，自然是多为富人服务。导致资源大量集中在奢侈品生产上，但同时，80%的穷人即使有消费奢侈品的欲望，却没有这个能力，剩下的低档品由于数量有限也使得价格高于价值，给穷人沉重的负担，更加大了贫富差距，影响社会安定和经济可持续发展。

最后，在消费主义的支配下，人们必然只关心自己的消费，强调提高当下生活水平，注重个人欲望的满足。鲍德里亚惟妙惟肖地刻画了在消费主义支配下西方社会围绕"身体"所进行的消费，在经历了一千年的清教传统之后，对它作为身体和性解放符号的"重新发现"。人们给它套上的卫生保健学、营养学、医疗学的光环，时时萦绕心头对青春、美貌、阳刚/阴柔之气的追求，以及附带的护理、饮食制度、健身实践和包裹它的快感神话——今天的一切都证明身体变成了救赎物品，在这一心理和意识形态功能中，它彻底取代了灵魂。为了通过消费来满足自己的欲望，人们以自我为中心，忙于赚钱，忙于购买那些能够提高自己身份的物品，就必然削弱对社会公共事务和他人的关心，也不会有兴趣去考虑什么人口、资源、环境、生态和气候问题，整合个人利益和公共利益变得非常困难。

（三）破坏人自身的身心和谐

消费主义危害人本身：既不利于人的身体健康，也导致人精神境界的降低。一方面，消费主义过度地消耗物质财富不利于人的健康生存。人作为一个生命机体，其基本生存需要是一个相对不变的常数，但由于人均消费的物质财富的数量急剧增加，必然导致人的生活方式与生命机能的冲突，从而引起各种生理疾病。现代社会的许多疾病（特别是所谓的"富裕病"）都与现代人的所谓"生活水平提高"有关。消费者为他的肉类丰富的饮食所支付的代价是心脏病、脑血栓，以及胸腺癌和肠癌的高死亡率。另一方面，消费主义崇尚物质消费，使人陷入了在异化消费中认识不到自己真正需求的境地。消费主义忽视乃至取消人们更多的非物质性（安全的、情感的、尊严的、审美的和自我实现的等等），使人类本质上的多维性被简化为对物质的占有和消费这一单维性。物是人创造的，但在消费社会里，物包围人、困扰人，使人成了消费物品的机器，人被"物化"。片面追求物质消费的结果，必然导致整个社会畸形发展（即高度的物质文明和相对低下的精神状态同时存在），突出表现在人们的幸福感降低、进取心减弱、精神颓废甚至道德堕落。可见，人的需求如果长期停留在物质享受层次上，不但会破坏自然环境，而且最终也将摧毁人类自己。

有学者指出，消费主义实际上是一种"消费异化"，人们为满足生存需求而进行消费的原始动机，逐渐被淡化，取而代之的是追求奢侈消费，超前消费，把消费当作炫耀的资本。这种消费方式，导致了生产者不是为了满足人们实际需要来生产，而是满足被市场制造的"虚假需求"。因此，从某种意义上讲，也造成了"生产异化"，生产盲目性增加，供求脱节更加严重。最终，人们也会因为失去消费的真正意义，或者能够叫做"人的异化"了。当消费主义左右人们的消费观念时，劳动者们要承受更多的信仰缺失和精神压力的加大。因为此时，他们不仅仅是生产的机器，还成为消费的机器。参加生产不只为了满足再生产劳动力的需要，还必须更卖力地加班加点，用努力赚回的钱去满足被刺激起来的消费，尽管这种消费是无益于自身但对资本升值是有益的消费。这对于劳动者来说，无疑是雪上加霜。此外，消费主义倡导的奢侈浪费之风，严重侵蚀着人们的精神生活，按照马斯洛的需要层次理论，当人们的基本生理需求满足之后，自然要求更高层次的精神生活，可是在消费主义的影响下，多数人只能是通过物质消费的方式获得相应的精神刺激，这种精神刺激只能在意识层面上满足对精神追求的欲望，带来的却是精神的极度空虚，人们这种精神状态只会给社会带来不安定因素。

消费主义在中国的危害可能更为巨大，这是由中国的自然资源和生态环境状况决定的。从自然资源的总体水平看，与世界各国相比较，我国资源总量多，但人均占有量少。根据中国科学院国情分析研究小组发布的各国自然资源综合排序结果，我国在144个国家中属第8位，而综合资源负担系数，即我国自然资源所负担人口数量与世界平均值比较，我国的资源负担系数为3，即我国资源负担的人口数为世界平均水平的3倍。我国主要自然资源的人均数量在144个国家中的排序为：土地资源在110位以后、耕地资源在126位以后、草地资源在76位以后、森林资源在107位以后、淡水资源在55位以后、95种矿产潜在资源价值在80位以后。从生态环境状况看，种种原因使得中国的环境承载力在有的地区、有的方面已达到了极限甚至超过了极限。突出表现在：水土流失面积有增无减、沙化面积扩展、内河污染与断流日趋严重、酸雨污染越来越严重、海洋环境尤其是沿岸海域富营养化加重，等等。近几年来，我国频繁发生洪害、沙暴、酸雨、赤潮等，既有"天灾"的因素，也有"人祸"的成分——其中之一就是消费主义。

二、消费主义的成因

（一）经济因素

第二次世界大战后，资本主义国家的经济有了迅速增长，由此使社会财富大量增加。这使许多人都以为，社会财富取之不尽，用之不竭。于是，一种主张人们可以任意占有和消耗财富的消费主义思想便产生出来，并得到社会大众的认同，产生了日益广泛的社会影响。改革开放以来，中国经济建设取得巨大成就。有相当一部分人成为改革的直接受益者，腰包鼓了起来，这成为消费主义在中国流行开来的物质基础。

（二）政策因素

随着凯恩斯主义成为资本主义国家制定经济政策的指导思想和理论依据，鼓励和刺激消费的经济政策就相继出台。有了来自国家政策的鼓励和推动，消费主义就有了更为适宜生存发展的环境和土壤。在我国，为拉动内需，也一度有刺激消费的政策出台。在具体执行过程中，有些政策被误读为消费主义甚至浪费的依据。

（三）市场因素

销售分析家维克特·勒博宣称，我们庞大而多产的经济，要求我们使消费成为我们的生活方式，要求我们把购买和使用货物变成宗教仪式，要求我们从中寻找我们的精神满足和自我满足。我们需要消费东西，用前所未有的速度去烧掉、穿坏、更换或扔掉。许多人对勒博的号召做出了反应——也可以说，是生产商和销售商在为消费主义推波助澜。我们可以以一组数据来说明这个问题。2004 年，我国国内市场手机换机周期是 18 个月，而 2005 年 5 月份的调查显示，该周期已经缩短到 1 年。

（四）西方哲学思想因素

消费主义的滋生蔓延，还与西方哲学思想有密切联系。在西方哲学看来，人是一种真正的"理性动物"，人类的使命就是以其体力和智力了解世界，进而征服和控制世界，成为自然万物的主宰，并使其为人类服务。这种哲学思想，不是把人类与自然的关系看作是一种和睦相处、互助互利的朋友关系，而是看作一种征服与被征服，剥夺与被剥夺的对立关系。表现在消费领域，它主张人类有权无限地占有和挥霍物质财富，以最大限度地满足人们的感官需求。所以，西方哲学思想是消费主义的理论基础。有了这一指导思想，消费主义的产生与发展就顺理成章的了。

（五）社会心理因素

暴富者心态，消费中的身份认同，以及"我花故我在"的大众文化心理，都进一步促进了消费主义的滋生和蔓延。丹尼尔·贝尔指出：资产阶级社会与众不同的特征是，它所要满足的不是需要，而是欲求，欲求超过了生理本能，进入心理层次，因而它是无限的要求。人们为了消费而消费，消费成了存在的理由。这种消费不同于以往之处在于，它不是受生物因素驱动的，也不纯然由经济决定的，而是更带有社会、象征和心理的意味，并且自身成为一种地位和身份的建构手段。

三、消费主义的特征

（一）象征性

在消费主义的情境下，消费的目的不仅是为了实际需要的满足，而更是不断追求被制造出来、被刺激起来的欲望的满足，使人们永无止境地追求高消费。消费主义要求人们不只是把消费看作日常生活的一个必要环节，而是要将其当作人生的根本意义之所在。消费主义试图为现代社会的大众生活提供终极意义，从这个角度上说，消费主义是一种价值观或价值哲学，是一种渗透在当代社会制度、政策和生活时尚之中的价值哲学。在消费主义的影响与支配下，现代人的消费在很大程度上不是为了满足自己的"自然生理需要"，而是为了表现自我价值的需要，从而使得不同人的自我价值实现程度可以通过所消费商品的档次和品牌加以标示。

（二）符号化

就现代消费的特点来看，人们所消费的商品不但具有使用价值而且还具有符号象征意义。它使现代消费由过去对商品的崇拜转向了对商品形象和意义的崇拜，使人们愈来愈注重商品的精神价值和情感意义，并将其看作是自我表达和社会认同的主要形式。向社会各个领域渗透的消费主义日益获得其正当性和合法性，成为一种新的社会统治方式。消费主义往往不直接表现为对现存经济、政治合理性的辩护，而是以一种隐蔽的、非政治化的方式，以普遍的伦理、风尚或习俗的形式将个人发展、即时满足、追逐变化、喜好创新等特定的价值观念合理化为个人日常生活中的自由选择。它在社会的各个领域的渗透具有隐秘性和"非暴力"性。

（三）消费主义具有丰富的文化内涵

作为一种文化现象，消费主义已经渗透到人们的思想意识中，体现于人的消费行为中。杜林指出，在美国，购物已经变成了一种首要的文化活动。美国人平均每周去一次购物中心，这比他们去基督教堂或犹太教堂还要频繁。美国人花在购物上的时间仅次于在看电视上花费的时间。可见，消费主义已成为人们普遍认同和进行的一种主流生活方式。其核心价值观在于以消费符号化为根本特征，把物质欲望的满足等同于人的自我实现的消费价值观和消费行为的统一。

消费主义不是一种社会制度，不能和资本主义划等号。它是市场经济高度发达的产物，也是幸福观日益片面化的产物。市场经济的根本信条是鼓励资源的合理流动和合理配置、不断创造和激发出消费者的现实需求与潜在需求。只有把包含消费者价值主张的产品卖出去，发财的愿望才能实现。在生产力大规模迅速提高的情况下，拼命鼓励消费是市场经济保持繁荣的最优选择。而日益片面的幸福观则认为，幸福就是个人物质欲望的满足，自由就是这种满足不受干扰。在这种心理的驱使下，凡能力所及，人们就难免在购买和消费物质产品时，尽量讲究奢侈，个别暴富者甚至可能会动辄一掷千金。

同凯恩斯主义一样，消费主义之所以在发达资本主义国家大行其道，是因为它符合资本主义预防和克服经济危机的需要。不同的是，凯恩斯主义对经济的干预是政府行为，采用的是"以生产性消费的扩大带动生活性消费的扩大"的策略，直接目标是实现充分就业，维护社会稳定；消费主义对经济的干预主要是市场行为，采用的是"以生活性消费的扩大带动生产性消费扩大"的方法，目标是让奢侈消费、时尚消费、超前消费进入人们的文化心理结构，成为自觉的行动。

■ ■ 第三节　生态消费的内涵及特征

一、生态消费的内涵

当今人类社会面临着人、环境、资源、经济和社会发展失衡的严峻挑战。面对这种挑战，如何以满足当代人消费需要为中心，而又不对后代人满足其消费需要构成威胁和危害，就应该推崇的新的消费方式——生态消费。

生态消费是一种生态化的消费模式，是指既符合物质社会生产力发展水平，又符合生态保护的发展水平，既能满足人的消费需求而又不对生态环境造成危害的绿色化、生态化的消费模式。在一定意义上，生态消费也叫绿色消费。生态消费和绿色消费这两个概念有许多相同之处但也有所不同。绿色消费是一种以"绿色、自然、和谐、健康"

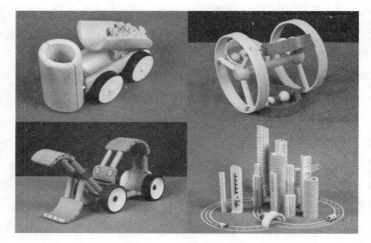

图 5 - 1　生态消费产品

为宗旨的消费，但这种消费更多地考虑如何满足当代人的消费需求，使之更加和谐和健康。而生态消费在强调绿色、自然、环保、健康、生态与和谐消费的同时，更多考虑不危及满足后代人的消费需要。绿色消费是生态消费的内涵所在，与绿色消费相比，生态消费更具前瞻性、全局性和战略性，是站在更高层面、更加遥远的未来来考虑人类当前的消费行为与未来生存状态和生存方式。如使用回收物品制作玩具等，见图 5 - 1。

二、生态消费的特征

（一）适度消费

生态消费必须是适度消费。我们把经过理性选择的、与一定的物质生产和生态生产相适应的消费规模与消费水平所决定的、并能充分保证一定生活质量的消费叫适度消费。适度消费是当代人类应该选择也必须选择的消费模式，唯有这种消费模式才能有利于人类的持续健康发展。

生态消费的"适度"原则可以从人与社会两个层次来考察。在个体层次中，消费者应根据自己的收入水平量入而出。从社会层次上，基于一种宏观的视角，可以通过相关方面来度量，如消费与积累的比例；消费与物价指数对比；消费水平的提高与国民收入增长速度的对比等。倪瑞华在《可持续发展的伦理精神》中对适度消费进行了描述：从资源和环境承载能力上，适度消费要求把资源和生态的边界作为消费上限，个人消费水平应限制在这个边界之内。如果一定社会正常消费标准下限既满足消费者的基本生活需要其上限又没有超过这个边界，那么这个标准就是适度的，相反，尽管一定社会在较高水平上满足了消费者需要，但如果这个较高水平的消费标准超越了这个边界损害了资源和环境承载能力，那么即使个人的消费水平属于这个社会的正常标准，这种消费也不属于适度消费。因此，适度消费中的"适度"不是一个静态的概念，而是历史的、具体的、相对的，其具体水平和内容，是随社会经济的发展而逐步调整的。

（二）可持续性

可持续发展问题是人与自然的关系问题，即经济增长方式问题，而经济增长的出发点和基本动力则是消费。实现经济社会的可持续发展必须转换消费模式。生态消费既具有满足人类不同代际间的消费需求与动能，也能够实现人类的今天需求和明天的需求、现代人的需求和未来人的需求有机地结合在一起。可以说生态消费模式具有跨越时与空的品质，本质上是一种可持续的消费模式。联合国《世界自然资源保护大纲》指出，地球并不是祖先遗留给我们的，而是属于我们的后代。联合国的这一精神给人类一个清晰的认识，即给子孙后代留下一个良好的生存环境是我们必须承担的道德责任。我们每一个人作为消费者不仅在思想，更要在实践上转变过去那种过度的消费方式，摒弃高消费的愿望和行为，减少对消费品的追求狂热，减少对新奇物品的无比迷恋，并节制地使用能量，就可以减轻环境的压力和环境污染的产生。现实生活"需要一种能够创造舒适的、非消费的、对人类可行的、对生物圈又没有危害的，把技术变化和价值观变革相结合的生活方式的导引"。《21 世纪议程》也强调：人类环境不断恶化的主要原因是不可持续发展的生产方式和消费方式，要达到环境质量的改善和可持续发展目标，就要提高生产效率和改变消费模式。这些原则就要求人类在可持续性的范围内确定自己的消耗标准，把资源视为财富，而不是把资源视为获得财富的手段。生态消费所追求的可持续发展目标就是时间、空间的公平，就是为了实现人与自然协同共进。惟其如此，才能实现人类经济和社会的可持续性发展。

（三）全面性

生态消费的全面性是指一种包含人的多方面消费行为的消费模式，或者说这种消费模式能满足人的多方面的需求，如物质功能性需求、精神需求、政治需求、生态需求等。具体来讲，生态消费的全面性表现为人们的需求具有多样性、多角度的特征。从横向看，包括物质消费、精神消费、政治消费、自我消费等；从纵向看，包括低级消费、中级消费、高级消费等。这说明生态消费的全面性是一种综合多种因素考虑各方面需求着眼于人类永续性发展的大消费观。

（四）精神性

生态消费也是一种精神消费，在消费中突出人的精神心理方面的需要，这与传统的高消费所一味追求人的物质方面的满足有明显的区别。人是生态环境和生态系统的组成部分，不能独立于生态系统之外，其繁衍和生存均要受到生态系统的制约，这决定了生态性是人类的基本属性之一，这种基本属性体现在人类对绿色环保产品的消费需求中。生态需求和其他需求一样，都是通过对产品的消费来满足，生态需要是通过对生态产品的消费实现满足，其消费的生态性本质上就是维系人类自身、人与人之间及人与生存环境之间的平衡。生态需要是人类内在的、自发的一种需要，这种需要的持续满足需要人类积极的参与生态消费的活动、维护人与自然的和谐才能实现。

（五）生态理智性

生态消费是一种理智型消费模式，在消费过程中强调满足人的精神需求，节制人类的无限欲望，在消费过程中充分认识到资源耗费的有限性与人类欲望的无限性，主动寻求两者的结合点来支配人类的消费行为。人类的需要不仅包括物质需求、精神需求还包括生态需求。生态需求不能满足，人类的其他需求也将难以为继。因此，人类消费的生态理智性选择模式成为当代及今后人类社会持续发展的必然。人类的生态理智性消费模式存在一个重要的前提假设，即假定人是"生态人"，而非"经济人"。经济人假设下认为人容易受短期利益的驱使而忽视长远利益，以追求自身利益最大化为行为的出发点和归宿，在此种人性假设前提下，往往造成消费中的非理智行为，如及时享乐、选购高能耗的交通工具等，因而往往难以考虑子孙后代的生存利益问题；而"生态人"假设的提出者徐嵩龄先生则认为，当代严峻的环境问题，其实质都是生态问题。生态可解读为生命的存在状态。因此，"生态人"说假设了人们能正确认识人类在生态谱系中的位置和作用，以及在维护自然与人文生态中应该承担的责任和义务，并在社会实践、生活实践、工作实践以及消费实践中能够遵循生态学规律，自觉协调人与自然之间的关系。这就把人的社会责任扩展为对人类社会和整个自然界的全部责任，人类的社会责任内涵又增添了新的内容——生态责任，这不仅在于人是自然生态系统中的成员，更为重要的作为生物界具有较高能力的物种，人应该担负起保护自然生态系统中各种因素和谐发展的责任，这种责任的履行对于自然和人类自身的发展都是十分有益的。这种观点已经成为世界许多国家政府施政的基本理论之一，同时也开始成为生态消费者行为理论的重要构成部分。

▀▀▀ 第四节 生态消费的意义

一、有利于提高人们的生活质量 促进人的身心健康和全面发展

生态环境是人类生存和发展的根基。优美的生态环境使人们充分享受大自然丰厚的赐予并过着幸福生活，提高消费水平和质量，促进人的健康和全面发展；恶劣的工作和生活环境是对人的安全和身体健康的摧残。如果一个国家和地区自然再生能力遭到破坏，必然导致自然再生过程所提供的资源数量减少，质量下降，严重影响着人们的生存和发展。在人类历史上，无论是美索不达米亚平原上的巴比伦文明，还是地中海地区的米诺文明，巴勒斯坦"希望"之乡的相继衰弱和消亡。也不论是 1998 年我国长江流域的特大洪水，还是 2004 年岁末的印度洋海啸灾难，都是生态环境恶化导致的可悲后果。生态恶化不仅使人类付出了巨大的经济代价，而且冲击了人们正常的生活秩序。马克思主义认为，人本身是自然界的产物，是自然的一部分，"人靠自然生活"，同自然共生共长。正如恩格斯所说："我们连同我们的肉、血和头都是属于自然界，存在于自然界。人类要认识到自身和自然界的一体性，人的生存发展离不开自然界，人的精神生活的充实和物质生活的满足皆以自然为基础"。因此，人的消费需求，不仅包括物质消费

需求和精神文化消费需求，还包括生态消费需求。满足人的生态需求，对于人的生存和发展、对于全面满足人的消费需求，具有极为重要的意义。而要实现人的发展的基本要求，就必须保护并培育优美的生态环境，不断提升人的生态消费力，因为只有生态消费力提高了，人的生态观念牢固树立了，才能促进生态环境的改善，满足人们更高的生态需要。而只有更高的生态需要得到满足，才能使人们享受生态之美，促进人的身心健康和全面发展。我国古代先哲论述了优美的生态环境对人的作用。例如，《礼记·礼运》中提出："故圣人作则，必以天地为本，以阴阳为端，以四时为柄，以日星为纪，月以为量"。用现代的话说，就是强调保护生态环境、弘扬生态文化，只有顺天应时方能实现文明昌盛。孔子提出："知者乐水，仁者乐山……知者乐，仁者寿。"在他眼中，善于享受生态文化之乐的人是"智者"、"仁者"，能够快乐长寿。

二、有利于社会经济协调发展，促进社会全面进步

当代社会，生产决定消费，消费引导生产。生产理念、生产方式、生产结构的变化受消费理念，消费行为，消费结构的变化的影响。生态消费可以促进可持续生产方式，二者互为因果，相辅相成。没有生产就没有消费，没有消费也就没有生产。生态消费方式是指健康、科学、文明、享受有度、资源节约型的消费方式。生态消费品的特征是绿色、安全、健康、耐用、可回收、可循环利用，不污染环境。在这种消费体系中，人们不再以奢侈浪费、追求时髦为荣，人们将更多地追求更高层次的非物质的满足。这种高层次的非物质满足的内涵实际上就是人消费方式中对生态的需求。高层次的生态需求实际上是对生态平衡和生态美的渴望，这种渴望越是强烈，就越是能够提升人的生态消费力。生态消费力具有很大的渗透作用，生态消费力的发展，能促进物质消费力、精神消费力的发展。三大消费力的提升，就能促进物质文化、精神文化、生态文化的发展。而节约环保的生态文化渗透于物质文化、精神文化之中，能够极大地促进物质文明、精神文明的发展。因此，提高生态消费力，发展生态文化消费及其产业，有利于提高社会文明水平，构建和谐发展社会，从而促进社会全面进步。

三、有利于促进生态文明的形成

生态文明是对于物质文明，精神文明和政治文明而言的，它是以生态产业为主要特征的文明形态。生态文明要求人们有较高的环保意识，强调可持续发展模式，需要建立更加公正合理的社会制度。以高投入、高能耗、高消费为特征的传统工业文明本身就是生态危机产生的根源。要解决这些危机，人类社会必须寻找一条新的发展道路，改变目前高消耗、高污染的生产方式，形成新型的生态产业，改变不平等分配消费关系，形成理性的公平消费关系；改变物质性的无限膨胀、人的物质欲望过度的消费生活方式。这就是由工业文明向生态文明转型。马克思主义认为，生产消费观念影响人的消费行为，在美国、德国、意大利和荷兰分别有77%、82%、94%、67%消费者购买商品时考虑环境问题。我国生态消费虽然起步晚，但随着环境保护宣传深入人心，消费者购买环保

消费品的人越来越多，预示着生态消费从利己型商品向公益型绿色商品推广的趋势，生态消费层次正处在以食品等基本生活资料为主的起步阶段，消费者选择生态消费的动机有的是从整体利益考虑，为了保护自身安全和健康；有的从承担社会责任角度考虑，旨在保护生态环境。因此，生态消费理念必然会影响到生产领域，为了满足消费者的生态需求，企业必须改变传统的"高投入—低产出—高污染"的生产模式，生产可回收的不污染、省能源的产品，使得有害人体健康和破坏生态环境的产品逐渐退出市场，减少资源消耗和环境污染，推动资源优化配置，以利于建立和谐统一发展的生态文明观念。

案例链接：中国奢侈品消费全球第一的隐忧

据世界奢侈品协会 2012 年 1 月 11 日最新公布的中国十年官方报告显示，截至 2011 年 12 月底，中国奢侈品市场年消费总额已经达到 126 亿美元（不包括私人飞机、游艇与豪华车），占据全球份额的 28%，中国已经成为全球占有率最大的奢侈品消费国家。

中国加入 WTO 十年，奢侈品消费市场发展巨大，各国奢侈品企业进驻中国持续扩张，被全球关注。而随着目前人民币升值趋势，欧元贬值现象，中国消费者在国际市场的购买力增强。世界奢侈品协会预计，自 2011 年圣诞节开始至 2012 年中国春节期间，中国人在海外的奢侈品消费总额达到 57 亿美元，创历史新高，中国人将以国外庞大的消费力促使中国成为全球最具购买力的奢侈品消费国家。

中国加入 WTO 这十年来，世界各国奢侈品牌在中国走过了一个又一个辉煌的时期，在中国消费者记忆里，从曾经的"皮尔卡丹"到今天的"路易威登"，形形色色的奢侈品牌在历史的舞台上逐次登场，走过了一个又一个奢华时代。

（资料来源：《中国奢侈品消费全球第一的隐忧》，2012 年 1 月 16 日，来源：半月谈，网址：http：//finamce. chinanews. com/cj/2012/01 - 16/3606425. shtml）

第五节 生态消费模式及其构建

一、生态消费模式

（一）消费模式

经济学将以消费主权和消费者利益的实现为中心的消费决策体系、消费调节体系、消费方式、消费结构和消费者组织的总和归结为消费模式。可见，消费模式是一个十分宽泛的概念。

对于消费模式的理解，国内的学者有不同的认识，主要有以下几种观点：

第一种观点认为：消费格局就是消费模式，《中国人口的可持续发展》对消费模式是这样概括的："消费观念是指政府、家庭、个人在利用资源、产品和服务进行消费时所持的态度和观念，由这种态度和观念所形成的消费格局，就是消费模式。合理的消费模式推进可持续发展，反之，则构成不可持续的发展。"

第二种观点认为：所谓消费模式，是指一定时期消费的主要特征，包括消费内容、消费结构、消费方式、消费趋势以及消费其他方面的主要特征。

第三种观点认为：所谓消费模式，就是消费收入、消费水平、消费结构和消费方式的总和。

第四种观点认为：消费模式就是消费体制，消费模式是消费体制中最重要最根本的部分，是消费体制的骨架、基本规定性和主要原则。

第五种观点认为：消费模式是指在一定的生产力发展水平和特定生产关系，以及与其相适应的上层建筑的作用和制约下形成的人们消费活动的基本规范。

第六种观点认为：消费模式是指在一定生产力和生产关系下人们的消费行为的程式、规范和质的规定性。

我们认为第六种观点较好地表达了消费模式的内涵，具体体现在：第一，此内涵综合地反映了消费领域的主要经济关系和消费活动的基本内容；第二，反映了消费领域的内在规律性及消费行为的发展趋势和引导方向；第三，体现出国家在消费活动过程中的重要性，我们认为消费模式的内涵应该把国家对消费的基本政策和方针包含在内。

（二）生态消费模式的内涵

结合前面对生态消费的分析，我们认为生态消费模式可以概括为：以可持续发展为目的，遵循生态系统演化规律而形成的特定的消费内容、水平、结构、方式和规范的消费系统。在理解生态消费模式内涵时必须把握以下几点：

第一，倡导合理的、可持续性的消费行为。生态消费模式应该反映人们消费行为的正确方向，以有利于逐步引导消费，促成人们围绕可持续发展的目标而进行消费行为选择。

第二，揭示消费领域的内在规律，促进生态、经济、社会的良性循环。因为生态消费模式通过反映消费的发展方向和趋势，使人们的消费活动尽可能遵循消费领域、生态系统的客观规律，正确处理消费与资源、环境、经济、社会各方面的关系，从而促进经济、社会、生态系统的良性循环和协调发展。

第三，体现出消费领域的主要规范，反映国家的消费政策。生态消费模式建立的消费规范，有利于建立科学、文明、健康的生活方式。

第四，体现发展原则。生态消费模式倡导的消费行为是一种既符合可持续发展目标又符合人类全面发展的消费行为。

（三）生态消费模式的基本内容

综合上述观点，根据本书对生态消费模式的界定，生态消费模式的基本内容是：

1. 适度的消费规模

消费规模指人均消费产品和服务的数量，它在决定社会总消费量上有与人口数量同等重要的地位。人类消费与动物消费的一个根本差别在于：动物基本只有食物需求，而人类不仅有食物需求，还有非食物需求。人类的非食物需求固然可以促使人类自身的体力智力得到发展，但由于非食物需求不受人类生理条件限制，可以无限制地提高和增加，这就必然对资源的消耗形成巨大的压力。因而，从生态消费的角度就必须对消费的规模进行控制，以一种自觉调控、规模适度的消费模式取代目前盲目发展、无限膨胀的消费模式。适度的消费规模是生态消费模式的内容之一。

生态消费模式所要求的"适度"，主要包括三个方面：

（1）指消费数量要适应生产力发展水平。生产决定消费，在生产量既定的前提下，消费必然受当时生产水平的制约，从而消费规模必须同消费品的生产相适应。消费量不能明显超出消费品的生产水平以及当时的经济技术发展水平。因为在资源的硬约束下，现行的生产规模是既定的，它不可能随着当时消费规模的任意膨胀而扩大，否则，必然导致超前消费，同时消费量也不能明显低于消费品的生产量。这是因为生产不仅受资源或供给的约束，而且还受需求的约束。假如消费规模过小，或者出现生产过剩，都会造成资源的浪费。

（2）以满足人类生存、发展的需要为基准，"度"的界限应划定在满足生活需要范围之内而不是过度的欲求，避免浪费性的消费。

（3）以自然生态正常演化为限度，与现有的自然资源条件相适应，把消费规模控制在地球承载能力所允许的范围内，不突破生态平衡所要求质的极限。这种限度首先要求不破坏地球上的基本生态过程和生命维持系统，保护生物及其遗传因素的多样性，从而保证自然资源和生态系统的持续利用，维护基本生态过程，保持生物圈稳定机制，保持生态系统的整体平衡。同时，这种限度还要求消费的增长速度以不超出生态潜力的增长为限。英国著名经济学家舒马赫指出："人的需要无穷尽，而无穷尽只能在精神王国里实现，在物质王国里永远不能实现。"在使用资源的同时，不断对资源的消耗予以补偿，维持资源使用和保护之间的平衡，防止生态潜力的丧失。

2. 合理的消费结构

消费结构是指消费者对不同的消费资料的消费所构成的比例和组合关系。消费结构不合理主要表现在：享受型、攀比型、形式化的消费在消费结构中所占比重过大，而有利于自然生态演化规律和社会成员身心健康和全面发展的生态消费品消费和精神文化消费，在整个消费结构中所占比例仍然过小。

生态消费所强调的合理的结构是：

（1）在整个消费结构中增大低资源消耗型消费的比例。要以服务业、旅游业、精神文化和保健体育等为主要消费内容和层次的消费所占比重逐渐提高，而以资源为原材料的物质消费所占比重逐步下降。不同的消费内容，对资源和环境的影响力也不同。以精神消费为主的消费方式不仅能表现消费结构层次的提升，反映消费者的精神状态、科学文化素质以及整个社会风貌的变化，而且体现出以生态效率为准则，减量利用各种生态资源的实质内涵，逐步形成以资源使用和废物产出达到最少化的消费品和服务为主体的低资源消耗的消费结构。

（2）在物质消费中逐步降低非必需品的消费，增大高技术含量消费比例，即提高电信、网络、信息、咨询和管理等服务消费的比重。引导人类消费结构由生存型向发展型、质量型的转变，促进以高技术含量的消费品消费为主导的消费平台很快形成。这既标志着消费结构由低层次向高层次演进，也体现着消费水平的进一步提高。从而可以真正建立起一个低消耗、少污染、高质量、高技术含量的生活消费体系，把对环境和社会有害的消费控制在最低限度，使整体消费水平与经济、社会的发展相适应，消费结构趋于平衡及合理。

3. 公平的消费原则

生态消费模式是遵循经济系统和生态系统规律而形成的一种规范的消费模式，所以生态消费模式所强调的公平原则不仅仅是人与人之间的公平，还包括人与自然之间的公平。从生态系统角度看，各种自然资源是归属于生态系统的，生态系统中的每一个组成体都有均等的资源享受权利。生态环境、自然资源是生态系统中所有生物共存的物质基础。公平消费不仅要求同代人之间消费要公平，每个人有权享有对环境资源生存与发展的消费权，无权浪费超越本人需要的生态环境资源。消费差距过大不但从社会学角度上说是不可持续的，因为它往往导致社会不稳定，从经济学角度上说也是不可持续的，因为它会导致整个社会效率降低；而且从生态经济角度上说也是不可持续的，因为实践早已证明，"贫困是最大的污染者"。同时生态消费也要求当代人在享有资源环境时，应该自觉地担当起在不同代人之间进行合理分配与消费资源环境的责任，当代人无权剥夺后代人平等享有环境资源的消费权利。公平消费还应该体现在人与自然之间的平等公平，由于自然界的其他生物具有不以人的意志为转移的权利和价值，地球上的所有生物，包括人和动植物，都享有能够持续生存发展的权利。所以，人类在消费时不能以剥夺其他生物的生存为代价。

4. 科学、文明的消费行为

消费行为是消费者实际消费商品的过程，包括商品的购买行为和使用过程。随着人们富裕程度的增加和生活水准的提高，不合理的消费模式引起的负效应，将给社会的持续发展造成隐患。生态学家奈斯曾指出："我们对当今社会能否满足诸如爱、安全和接近自然的权力这样一些人类的基本需求提出疑问，在提出这种疑问的时候，也就是对我们社会的基本职能提出了质疑。"物质生活标准应该急剧下降，而生活质量，在满足人深层的精神方面，应该保持或增加。生态消费模式就是要逐步消除传统消费中的纵欲无度以及由此带来的人类精神世界的空虚、生态平衡的破坏以及环境的污染，大力开展、推行情趣高雅、文明的消费活动；同时还要用科学知识来指导、规范消费，使人的吃、穿、住、行既满足科学、健康和幸福的要求，又满足节约能源和保护环境的需求，使人们在消费中增进体质、智力与心理性格的全面发展，实现物质资料再生产和劳动力再生产与自然资源和生态环境相协调的可持续发展。这种消费行为完全符合生态学提出的格言："手段简单，目的丰富。"科学、文明的消费行为不仅符合自然的本性，符合保护生态的要求，同时也符合人的本性，符合人的需要，有助于可持续目标的实现。

5. 共同富裕的消费目标

生态消费模式追求的是贫富差距的最小化。当然这并不等于完全平均消费，而是每个人根据其收入水平、消费偏好等所产生的适度消费都能得到基本满足，既可避免因富裕而引起的豪华、奢侈性的过度消费行为，又可防止因贫困所导致的消费不足现象，从而实现在创造更多的社会总福利时减少资源消耗，同时促进人类的全面进步，从根本上保证消费的可持续性。生态消费模式应该建立在效率优先和兼顾公平的分配制度基础上，鼓励一部分人和地区通过诚实劳动先富起来，通过一定的经济手段缩小贫富之间的差距，面向公众提供相对公平的商品和服务，有利于合理地开发利用资源和保护环境，有利于广大社会成员的全面发展。所以，生态消费模式应该把消除贫困和建立社会保障制度作为实现可持续发展的重要方案。

6. 梯形的消费需求

与梯型消费相对应的是雷同消费。雷同化的生活方式造成人们的消费需求无弹性，当新产品刚刚问世时，由于性能新颖但价格偏高而无人问津，形成市场无需求的表面现象，使新产品发展缓慢。而一旦大家认识到该产品的性能并具有购物能力时，趋众心理又驱使众人不顾个人经济条件和实际需要争相购买该产品，市场上的这种抢购风使厂家误认为市场存在巨大的购买潜力，于是就纷纷投产上马，大批量生产，其实居民消费已呈饱和状态，只能导致产品积压，造成极大的浪费。同时，由于消费对象集中于某些产品，使得本来稀缺性资源面临更加严重的压力，是不利于资源持续利用的。生态消费模式体现出来的梯形消费需求就是引导不同消费者根据自己收入高低，自己消费需求的不同，分层次地形成不同的消费行为，即使是同一收入档次的消费者也要根据自己的爱好，采取符合个性的消费行为，充分体现出生态消费模式强调的满足人类的基本需求，而不是无止境的消费欲望，从而缓解人类的消费对自然资源的压力。

（四）生态消费模式与传统消费模式的比较

从以上对生态消费模式内涵和特征的基本分析，可以看出生态消费模式与以往的传统消费模式的不同。

1. 中心不同

传统消费模式是以满足人的需求为中心的，不论这种需求是否合理、适度，是否超越生态系统的承载力。在传统消费观念下，人类为了满足自己不断膨胀的私欲，疯狂的掠夺自然，破坏生态环境。同时还把人类消费后的废弃物质抛弃到大自然中，使生态环境遭到严重的破坏。生态消费模式则是以满足人类的基本需求为中心，以保护生态平衡为宗旨。在生态消费的观念下，人类在开发和利用自然资源时，对自己的行为自觉地加以约束和限制，与生态系统中的其他生物和平共处，互补共养，维持生态平衡。

2. 着眼点不同

传统消费模式着眼点是眼前的代内公平，这种公平是以国家甚至群体为单位的。在这种公平观念下，由于经济发展水平的差异，人们生活水平的不同，人与人之间、国与国之间常常是不公平的。不仅如此，当代人为了满足自己的眼前需要，大量的消耗有限的自然资源，造成了代际间的不公平，也剥夺了生态系统中其他生物生存的权利。生态消费模式的公平消费既包括人际消费公平，也包括国际消费公平，既有代内消费公平，也有代际消费公平，同时还强调人与其他生物之间的公平。虽然这些公平不是在短时间内能实现的，但却是眼前利益与长远利益、局部利益与整体利益的统一，是生态消费的基本准则。

3. 目标不同

传统消费模式追求奢华，倡导多消费、高消费和超前消费，从而造成大量的浪费。在传统消费观念和消费模式下，消费水平的高低成为人们身份与地位的象征。生态消费模式则崇尚自然、纯朴、适度，主张满足人的基本需求，倡导在现有的社会生产力水平下，在合理充分地利用现有资源的基础上，使人们的需要得到最大限度的满足。

4. 前提条件不同

传统消费模式是在资源过度消耗，利用率较低的前提下进行的。而生态消费模式是在大量开发生态技术，充分利用资源、合理利用资源的条件下进行的，是一种综合考虑环境影响、资源效率、消费者权利的消费模式。

5. 结果不同

传统消费模式已经带来了资源短缺、生态破坏、环境污染、生物多样性锐减的恶果。生态消费模式则把生态平衡和环境保护放在首位，遵循生态经济规律，在消费过程中实现"生态—经济—社会"的协调发展。

二、生态消费模式影响因子分析

从社会经济的角度来看，不同国家，或者同一国家的不同时期，不同民族、不同地区，其消费模式都有不同之处，那是什么因素决定了它们的不同？也就是说其影响因素有哪些？这是在思考怎样变革消费模式、实现可持续发展的必要前提。

影响消费模式的因子有很多，有生产方式的决定作用，还有上层建筑、地理条件、风俗习惯、民族传统对消费模式的影响。从可持续性角度分析，联合国环境署曾经组织专家进行研究，认为科学技术、价值观念和制度因素对消费模式有十分重要的影响。我们从生态消费模式的角度认为影响生态消费模式的因子主要包括：

（一）人口因子

为了研究的方便并不至于引起读者理解的困难，在概念上我们主要研究生态消费的狭义概念，即以研究人类的生态消费为主，所以人口问题应该是研究生态消费影响因子的一个重要内容。从理论上分析，人类对地球的影响既取决于人口的多少，也取决于人均使用或消费能源的多少。即使人口总量得到控制，但如果消费模式没有可持续性，则总的消费结果是不可持续的；另一方面，即使消费模式是可持续的，但由于人口总量的过度增长，其最后的消费结构仍是不可持续的。在人口因子的分析中我们主要分析人口数量与素质对生态消费模式形成的影响。

1. 人口数量

人类消费是否具有可持续性，从整体上说取决于社会总消费。社会总消费取决于两个因素，人口数量和消费水平。社会消费总量增长取决于人口数量增长或者是消费水平提高，或者是两者都提高。人口数量的增长和消费水平的提高是以生态系统的承载力为限度的，当人口增长超过生态系统的承载力时，就会因生活资料、资源缺乏，对生态环境构成压力。可持续发展源于环境保护，同时可持续发展的最终目的是人的发展。人类通过消费直接或间接地与自然界有着这样或那样的联系。因此，许多学者提出人的活动对环境影响的公式，保罗·埃里希和约翰·霍尔郡在1972年提出了环境影响方程：

环境影响（Impact）＝人口（Population）×人均富裕程度（Affluence）×由谋求富裕水平的技术所造成的环境影响（Technology）

人口数量、经济发展水平、技术是影响环境的三个重要因素。根据这个公式，可以得出这样的结论：在其他条件不变的情况下，环境负效应或遭受到破坏的程度与人口数量成正比。损害方程为：

损害＝人口×人均经济活动×每次经济活动所使用的资源×每种资源的利用对环境的压力及每种压力的危害

这里的损害是指降低了当代人和后代人的寿命和生活质量，它可能来源于环境状况自短期变化和环境资本的长期衰减。上述公式显然表明人口与环境损害呈正变化关系。

通过对上述两个环境影响公式的简单分析，可以看出，人口总量的过度增长，对环境损害和污染会不断增大。设想，在人口不断增长的情况下，当代人为了满足自身消费的需求，就不得不剥夺其他生物的生存权利以及后代人消费的权利，这样会对生态和社会造成灾难性的影响，是完全与生态消费模式背道而驰的。因此，实施生态消费模式的过程中，人类还必须自觉地控制人口数量的过度增长，从消费的源头解决人类的消费行为给自然界带来的压力。

2. 人口素质

人口素质是指某一区域所有人的身体素质、科学文化素质和心理精神素质的总和。身体素质主要指健康的体魄、较高的智商以及抵抗疾病和自然灾害的能力；科学文化素质指科学技术与劳动力的技能水平；心理精神素质主要指人们的公德性、进取性和奉献精神。国外研究早就揭示，年轻、受过良好教育的人群比其他人群更关心环境。人口素质高，往往就意味着他们受教育水平越高，人们的消费层次越高，从而他们的资源节约意识与环保意识就越强。文化程度越高，对环境问题的严重程度认识越深，危机感就越强；反之文化程度越低，则对环境问题越不敏感，越是感觉不到环境恶化的状况。表5-1说明，人口的素质，不仅直接影响到社会经济的可持续发展，也直接影响到人们的生产与消费行为，直接影响到保护资源与保护环境。提高人口素质的最主要途径就是加强教育，所以，在实施生态消费模式的过程中要充分发挥教育的作用，特别是要全方位的推行生态环保知识和生态消费知识的宣传，促使人们形成自觉的生态消费意识，进而促使人们的消费行为发生转变。

表 5 - 1　　　　　　　　不同文化程度妇女对环境状况的看法　　　　　　单位：%

	很严重	不严重	根本没有问题	非常好	说不清
小学以下	45.0	29.7	10.8	5.4	9.1
中学毕业	60.9	25.3	5.5	3.0	5.3
大专及以上	74.1	20.4	1.8	1.0	2.7

资料来源：张世秋，胡敏，胡守丽，许士玉. 中国小城市妇女的环境意识与消费选择［J］. 中国软科学，2000（5）.

（二）自然资源因子

自然资源是经济活动赖以存在和发展所必需的物质源泉，也是维持人类生存的基本要素。自然资源数量和质量的增加和减少，主要从两个方面影响消费模式：一方面，自然资源通过供给关系与消费模式产生联系。人类的生存与发展依赖于消费资料的供应，消费资料（包括劳务）的供给深刻地影响着消费结构，进而影响消费模式的演进，而消费资料的生产又受自然资源供应的直接约束，即自然资源供给—消费资料—消费结构—消费模式。另一方面，自然资源通过稀缺性来影响消费模式。市场经济条件下，在消费过程中，当消费者货币收入固定不变时，消费公式可以表示为 $P1Q1 + P2Q2 + P3Q3 + \cdots + PnQn = Y$。其中，$P$ 代表价格，Q 代表商品，$1，2，3，\cdots n$ 代表不同类商品，Y 代表消费者的收入。从上式可以看出，当某种资源稀缺性由于消耗或破坏而得以增强时，其价格上扬，以该资源为生产资料的物品或劳务的价格也必然会上涨，就会产生收入效应和替代效应，无论收入效应还是替代效应的出现都会改变消费结构，从而影响消费模式。面对资源稀缺性的限制，生态消费模式的结构应该是降低以自然资源为原材料的消费品所占的比重，加大以精神消费为主的消费内容的比重，这种消费结构的变化既需要政府提供条件，也需要政府的全面引导。

（三）生产力与生产关系因子

生产力是人类社会发展和进步最直接、最活跃的推动力，因此，具体的消费模式是建立在生产力发展水平和生产关系的成熟状态基础之上的。从历史发展的角度看，生产力的发展水平是决定消费模式的根本因素。生产、分配、交换、消费四者之中，生产是处于支配地位的要素，它决定着其他环节。因此，生产的总量和结构决定着消费的总量和结构。现代社会的消费模式不同于原始社会、奴隶社会和封建社会时期的消费模式，从根本上说是由于生产力水平不同引起的。由于生产关系直接决定着分配关系，从而决定消费。在不同的生产关系下，人们获得的收入性质、方式、多寡不同，因而消费方式、消费内容都有所不同，也就形成了不同的消费模式。由于生产力与生产关系的落后导致了大量贫困地区、贫困人口的存在，这是全球消费模式由不可持续向可持续方向发展的主要障碍。贫困导致了人们对生态环境和资源的毁灭性、掠夺性的使用和开发，生态环境的恶化和资源的枯竭往往又导致进一步贫穷化，形成一种恶性循环。许多贫困地区陷入这种恶性循环之中，是很难实现消费模式向生态化的方向转变的。由此可以看出，实施生态消费模式需要生产力的发展和生产关系的进步，这是实施生态消费模式的客观条件，经济的可持续发展是生态消费模式的基础。

（四）科学技术因子

在社会实践中我们看到，科技进步是一把"双刃剑"，在推动经济发展的同时带来了环境污染，但科技也提供给人类保护与治理环境的技术手段。在人们充分认识到科学技术的双重性后，人类可以利用科学技术，实现科学技术生态化，这样就能更好地维护生态平衡和生态环境，使科技进步成为生态消费需求的推动力。

科学技术对生态消费模式的影响表现在：

（1）促进生态消费技术的现代化，以信息技术为核心的高新技术使人们的消费手段全面现代化，人们利用科学技术可以不断扩大人类劳动的对象和内容，从而解决人类面临的资源和能源日益短缺的问题，通过寻找和开发新的资源和能源，不断改变现有资源和能源的结构；利用科学技术，将能源和物质投入减少到最低限度，同时使生产过程中产生的副产品可以重新加以利用。

（2）先进的科学技术可以代换对自然资源的消耗，有利于维护生态消费模式的正常运行。随着技术和知识对自然资源及物质资本的替代，人类生存环境即自然生态系统受到的压力将大大减轻。不仅如此，由于在生产过程中使用的自然资源的减少，生产过程中排放的废弃物也将大大减少，自然生态系统净化或消除这些废弃物的压力大大减轻。清洁生产技术的推行，也将进一步减少生产过程对环境的破坏。

（3）促进生态消费的社会组织方式的现代化，即消费的社会化程度大幅提高，消费社会化程度和生产社会化程度达到同步发展。科学技术的发展，给人们生活方式、消费方式带来了很大变化。特别是在知识经济条件下，高科技迅猛发展并不断渗透于消费领域，人们有了更广阔、更丰富的生活空间，极大地改变了人们的消费方式、相互交往的方式，出现了新的"消费方式革命"，即由消费的非生态化发展向生态化发展转变，从而促使生态消费模式更加成熟。

（五）制度因子

在现代市场经济社会，制度是约束各种经济活动使之规范有序经营的基础，均衡的制度使公众得到最多的利益和自由选择的空间，有效的制度能给予公众更好的激励。因此，可以说制度提供了人类相互影响的框架，构建了人、社会、经济、生态之间的行为、秩序的合作和竞争关系。制度具有减少人类社会活动成本的作用，凡能使制度供给主体获得超过预期成本的收益，一项制度就会被创新。制度创新的一个重要内容是改变了传统的人与自然的关系和人与人之间关系的认识，为可持续发展创造基本前提条件。政府和企业通过制度创新，有意识、有计划地对消费者进行引导，使消费模式有利于可持续生产、可持续发展的实现。

其中价格机制是引导生态化的消费模式以及消费者和生产者行为的重要因素。从环境和生态的角度说，我们知道消费所付出的环境代价和资源代价有多大。以前的生产和消费，基本上忽略了自然资源的价值，只考虑劳动力的成本、生产工具的成本、能源的成本，因此对自然资源的攫取和利用就没有节制。特别是由于某些自然资源的价格偏低，不能真实地反映出自然资源的价值和使用价值，更是忽略了生态系统提供的服务，导致了人们对自然资源过度开采以及生产和消费的不可持续性。这就要求价格制度必须进行改革，理顺价格体系，使价格更真实更有效地反映出自然资源和生态环境的使用价值和生态价值。自然资源和生态环境的价格制定得合理，既有利于保护生态环境，又有利于促使消费者和生产者积极主动地推动生态消费模式的实施。

法律制度的作用首先在于保护和鼓励守法公民，并引导他们采取正确的行为；其次在于规定违法行为的范围。法律制度是保护资源、环境，促进可持续生产和消费模式的最有力手段，同时也是具有长期稳定生命力的国家制度，可以通过立法，规定大气、水质、噪声、固体废物、有毒化学品和土地、渔业、生物多样性等一系列环境保护和安全生产、文明生产和健康消费的法律政策，强制消费模式向生态化方向转变。

（六）消费观念与消费行为因子

消费作为一种人的活动和社会经济现象，同时具备自然属性和社会属性，既要受生产水平的制约，又要受消费观念和消费文化的影响。消费观念是消费者的消费价值观，它是消费群体对消费对象整体化的价值取向或评价，消费观念反映着消费者对消费的基本态度和看法。在人们的消费过程中，消费观念可以起决定性的作用，消费观念可以引导消费者进行消费选择，从而决定消费行为。

消费行为是消费者实际消费产品的过程，包括商品的购买和使用过程。消费行为作为社会再生产的重要环节，对社会再生产的作用，决定了我们不能不从经济增长的角度来分析人们的消费行为。不同的消费主体因需求、生活方式、收入水平等方面的差异，其消费行为也有所不同，但无论怎样的消费行为都会产生社会效应，它关系到因个人消费行为而消耗的资源是不是使社会资源供应更紧张，从而造成资源的不合理利用，或个人的消费行为所形成的废弃物是不是对环境容量形成了更大的压力，这就要求人们的观念发生变化，不仅仅从自身的目标来考虑消费，而且从社会的可持续发展、经济的可持续发展、生态的可持续发展的角度来衡量自己的消费行为。消费者的消费行为是否关注消费的结果对生态系统的影响从根本上决定了生态消费的实现程度。

此外，消费行为对消费还会产生很大的间接作用——引导生产者如何进行生产。市场经济是以需求为导向型经济，"一切需要的最终调节者是消费者的需要"。这样，企业要实现自身盈利的目标，必须以自身生产的产品满足消费者需要为前提，所以消费者的消费行为必然会引导、迫使企业进行社会可持续的新型的生态生产消费。

长期以来，人们一直把消费看作是个人的事，采取什么样的消费方式，很少从社会的角度，从对生态环境造成的影响角度来考虑自己的消费行为。其实，对人们的消费活动不仅要将其置于社会再生产过程中考察，也要将其置于整个社会生活过程中分析。人们的文化价值观、生活方式、消费心理、民族习惯、收入状况及一个社会的文化传统对生态消费需求的形成有着广泛、巨大的影响。在消费实践活动中，这六个影响因子是相互交织、共同发挥作用的。如果上述六个因子是同向发挥合力作用，则会促进生态消费模式的形成和发展；反之，则会阻碍生态消费的实现。

三、生态消费模式的构建

（一）构建生态消费模式的准则

通过前面对生态消费模式影响因子的分析，我们看到，生态消费模式的建立及运行会受到一系列因素的影响，因此，生态消费模式的设计必须在坚持共同性的前提下考虑特殊性。

（1）生态消费模式应该满足人的健康成长和全面发展的客观要求，体现正确的世界观、消费观，体现人们的各种消费需要不断得到满足。

（2）生态消费模式是经济和社会生活合理发展的重要表现，它应该适应经济社会的发展，并促进经济社会的发展。如果生态消费模式超越和过度落后于经济的发展，这种所谓的生态消费模式就是不合理的。

（3）生态消费模式应该体现社会进步的客观要求。生态消费模式必须反映合理的社会生活规范，反映合理的社会公共生活准则，反映文明、健康的消费风气。生态消费模式，不仅体现人们生存需要得到较好的满足，而且体现人们的享受需要、发展需要不断得到满足，体现消费文明和社会进步。

（4）在生态消费模式中必须体现自然资源的合理利用和节约、消费资料的合理利用和节约，以及生态环境的保护和改善。

（二）我国生态消费基本模式的构建

我国有 13 亿人口，有很大的潜在消费市场，如何引导如此庞大的消费大军进行消费，是摆在我们面前的一道难题。由于我国人口基数大，人均经济水平和人均资源拥有量并不高；同时，我国居民的消费取向不够合理，消费结构比较单一，消费方式在某些方面也出现了过度消费的趋势，如铺张浪费、生活奢侈、修建占地较多的豪华别墅等。因此，必须改变我国目前的消费现状，从以下几个方面来构建我国的生态消费模式。

1. 反对消费主义，树立生态消费观

反对消费主义，树立生态消费观是构建生态消费模式的思想基础。消费主义是现代社会经济发展的产物，是指人们毫无节制、毫无顾忌地消耗物质财富和自然资源，并把追求名牌产品和高档消费作为自己的最高目的。这是一种不顾社会发展现实条件和生态平衡而盲目追求高消费的一种消费观，持有这种消费观的人越多，对地球资源索取就越多，就越容易加剧环境污染和生态破坏，就越容易形成拜金主义。在全球环境问题日益严重的情况下，必须坚决反对消费主义，自觉抵制消费主义带来的影响，实行生态消费。

由于受到消费主义的影响，再加上企业、营销者对发达国家过度消费模式有意识的渲染和鼓励，我国近年来部分高收入群体的铺张浪费、购买高档奢侈却无多少使用价值的商品的消费行为随处可见。生态消费模式的建立首先有赖于消费者生态消费意识的提高，因此必须加强对消费者进行生态消费观的教育，让消费者认识到消费水平、消费质量的提高不仅依赖于消费的产品和服务的数量和质量，还依赖于消费环境的好坏；同时政府和各大媒体要加强环保宣传力度，引导人们树立环境保护、生态平衡、节约资源的观念，帮助我们认识消费主义对人类生存环境的危害性，懂得生态消费的含义以及生态消费对人类生存的重要意义。只有这样，才会使人们尽早树立起生态消费意识，自觉地建立生态消费模式。

2. 牢固树立人口意识

牢固树立人口意识，以适度的人口规模为构建生态消费模式的前提。生态消费是人的消费，人类对环境的影响取决于人口的多少，也取决于人均使用或消费资源的方式。一方面，在人口总量得到有效控制的条件下，如果没有生态消费模式，其结果也是非生态消费；另一方面，即使消费模式改变了，但人口总量得不到控制，仍然不可能实现生态消费。因此，生态消费受到人口数量的制约。世界各国特别是发展中国家更应该将控制人口增长作为基本政策，因为控制人口增长是实现生态消费的核心。

1949 年我国有 5.4 亿人，1981 年增加到 10 亿人，2001 年增加到 12.76 亿人，2012 年则增加到 13.70 亿人。人口不断增加给中国的环境和资源带来了巨大的压力。从资源总量来看，中国资源较为丰富，但从人均拥有的资源进行分析，中国人均占有水平都低于世界平均水平，资源稀缺程度日益严重。因此，我们必须树立牢固的人口意识，形成适度的人口规模。适度的人口规模包括人口数量和人口质量，人口数量的控制并不是指人口增长率为零最好，而是根据我国的资源承载力来实施计划生育政策，适当控制人口数量的增长。

3. 经济的可持续发展是构建生态消费模式的后盾

经济的可持续发展是人和人所依存的社会实现可持续发展的基础。适度的消费规模、合理的消费结构、科学、文明的消费方式都取决于经济发展所带来的有效供给。生态消费品大多数采用了较为高新的技术和材料制成，并且还包括生态生产成本，而且成本和生产工艺及市场开拓费用相对高昂，具有较高的附加值，所以价格要比同类的普通消费品高，消费者在购买时必须支付高于普通商品的"生态溢价"。因此，必须发展经济，提高消费者对生态消费的承受能力，才能推动生态消费发展。同时，只有经济发展到一定的水平之后，社会才有剩余的资本进行环境治理和保护。而且，较高的收入又使人们愿意增加对清除污染和节约能源的投入。因此，发展生态消费，首先要发展经济。保持经济可持续发展对于我们这样一个发展中国家是极其重要的。

4. 提高科学技术的开发和利用是构建生态消费模式的技术支撑

当代科技的全面进步，不仅在调整产业结构和生产方式、营销方式的转变上发挥着越来越重要的作用，而且亦影响着人们的价值观和思维方式的转变、道德观念的更新，以及教育和文化事业的发展。这些都深刻地影响着消费模式的变革，成为生态消费模式形成的推动力量。在今天全球已经进入生态经济时代，企业面对的竞争不仅局限于产品质量、价格、服务、促销等方面，而更多的是绿色形象、生态环境保护等方面的竞争。

要在竞争中取胜，企业就必须改"高投入、高污染、高产出"的不可持续经济发展模式为"低投入、低污染、高产出"的生态生产模式。我国的企业更需要加强生态技术的研究开发，开展生态技术的创新，提高生态技术的应用能力，为清洁生产提供技术上的保证，用高科技培育生态产业，并开发质高价廉的生态产品，要培育主导生态产品，并促进生态产品的系列化，提高生态产品的科技含量。

5. 加强政府的宏观管理是构建生态消费模式的保障条件

虽然我国所建立的社会主义市场经济是法制经济，但是建立生态消费模式仍然需要政府通过法律、制度和体系进行调节和引导。我国政府于 1994 年 3 月制定了《中国 21 世纪议程》，这是实施生态消费的指导性文件。同时，还必须加强环境法、生产法、消费法、消费制度建设，加强产业政策、资源使用政策尤其是与环境资源保护有关的政策的制订与执行，并注意将各项法律法规、消费政策广泛协调配合起来，只有这样才能保证可生态消费的顺利实现。针对目前我国在生产领域尚不完善的生态立法现状，应尽快适时加以完善，如在项目审批、市场准入、税收、信贷等政策上对生态消费品的生产进行必要的倾斜，增强对生产生态消费品的激励。此外，国际标准化组织为了加强全球环境管理，制定了 ISO14000 环境管理系列标准。它是一整套新的、国际性的环境管理标准，包括环境管理体系、环境审计、环境标志、环境行为评价、产品寿命周期等几个方面。这套标准是以消费行为为根本动力的，而不是以政策行为为动力的，因而从本质上体现了生态消费思想。对这些国际公认的标准、制度应积极遵守和认证，并结合这些国际标准制定我国的环境标准和管理法规，在规范和引导企业从事生态生产的过程中推动生态消费模式的形成。

6. 加强消费环境建设是构建生态消费模式的重要外在条件

消费环境是影响消费的一大因素。良好的消费环境有利于降低生态消费的寻求、购物等成本，有利于减少生态消费风险，因而有利于构建生态消费模式。

首先，必须加强市场管理，整顿市场秩序，严厉打击各种不法行为，净化市场，对那些非法使用生态产品标志以及冒用绿色包装的假冒"生态产品"，除没收其非法物品外，还应依法予以惩处，加大执法力度，从根本上保障消费者能够选购到生态消费品和顺利地实现生态消费，以保护消费者权益，保护市场经济秩序。

其次，建立生态消费品的质量检测和评估机制，实施产品生命周期评估，通过详细评价产品生命周期内的能源需求、原材料利用和企业生产的污染排放，促使企业将环境管理融入整个产品生命周期。要完善生态产品的质量检测制度，加强质量管理和保证体系建设，通过严格的质量检测来保证生态消费品的质量。

最后，要培育良好的生态环境。良好的生态环境是生态消费的基础，没有良好的生态环境，生态消费就不能生根。十六大把"生态环境得到改善"作为建设小康社会的基本奋斗目标之一，不仅要治理已污染的环境，还要培育良好的生态环境。要采取有效的措施建立生态化的农村环境和城市环境，要提高森林覆盖率，从源头上培育良好的水、土和空气。要在良好的生态环境中发展生态产业，发展生态消费。

案例链接：奢侈品消费的"中国特色"

当整个社会逐步进入富裕和繁荣的阶段时，当社会上的财富不仅仅是满足生存时，奢华的生活方式以及奢侈品的流行几乎是不可避免的。但是奢侈品消费在中国之所以引起很多人忧思的重要原因之一是奢侈品消费遭遇"中国特色"。

首先，我国的奢侈品消费出现"扎堆儿"现象。国际上奢侈品的种类一般分为六个方面。第一，文化艺术市场中的各种昂贵的艺术品；第二，属于交通运输工具的奢侈品，诸如汽车、帆船等；第三，属于个人装扮的奢侈品，主要指高级时装和服饰、香水、皮包和手表之类；第四，休闲旅游方面，诸如豪华游轮海上巡游和高级旅馆等；第五，居住方面的奢侈品，诸如各种昂贵的居室配备用品等；第六，奢侈的饮食，诸如昂贵的酒类、调味品等。对于中国人来说，奢侈品大部分还集中在服饰、香水、手表等个人用品上，而在欧美国家，房屋、汽车、合家旅游才是大家向往的奢侈品。对于其他种类奢侈品的消费，我国还处于起步阶段。

其次，我国的奢侈品消费呈现出一种"未富先奢"的特点。世界上奢侈品消费的平均水平是用自己财富的 4% 左右去购买，而在中国，用 40% 甚至更多的比例去实现"梦想"的情况屡见不鲜，甚至这些群体构成支撑奢侈品消费的重要组成部分。这个群体通过努力攒钱的方式来实现其购买奢侈品的梦想。他们经常在奢侈品打折时消费，而且热衷于买一些顶级品牌的小配件，比如领带、皮鞋、皮包等，从而暗示自己也是顶级消费阶层中的一员。

再次，我国奢侈品消费呈现出一种"年轻化"的趋势。奢侈品的消费必须建立在雄厚的经济财富之上，从社会的财富占有规律来说，社会主要财富应该集中在 40 岁到 60 岁的中老年人手中，他们才是奢侈品消费的主体。但是在中国消费者组成结构上，73% 的中国奢侈品消费者不满 45 岁，45% 的奢侈品消费者年龄在 18 岁至 34 岁之间。这个比例，在日本和英国分别为 37% 和 28%。

最后，我国的奢侈品消费还展现出一种"礼品化"的倾向。奢侈品能够满足人们对生活品质的追求甚至是个人身份和地位的体现。但是在我国，出现了购买奢侈品的人和使用奢侈品的人相分离的奇特现象，也使得奢侈品腐败成为奢侈品消费浪潮中难以忽视的现象。美国《纽约时报》的文章指出，为行贿官员所购买的奢侈品总额几乎占了整个奢侈品消费的一半。西方的奢侈品厂商对此亦是心知肚明，登喜路中国区总裁瑟里加尔说："登喜路一直是广受中国商人和政府官员喜爱的品牌。"早在 2004 年德国人斯蒂芬把 90 副 LOTOS 眼镜带到北京王府井试图展开在中国的销售时，他就坚持认为，在中国市场中，政府官员将是一个潜力巨大的市场。

（资料来源：《中国奢侈品消费全球第一的隐忧》，2012 年 1 月 16 日，来源：半月谈。网址：http://finance.chinanews.com/cj/2012/01-16/3606425.shtml）

第五章

生态消费

复习思考题

1. 什么是生态消费？生态消费的特征是什么？
2. 简述影响生态消费模式构建的因素。
3. 简述生态消费模式与传统消费模式的区别与联系。
4. 试论生态消费在生态经济城市建设中的意义。

第六章

生态城市建设

随着经济社会的发展，中国经济已经驶入了城市化的快车道。城市化率从 1978 年的 17.4% 增长 2011 年末的 51.27% ，城镇人口达到 6.9 亿。人们在享受城市便利的同时，也加剧了资源浪费、生活拥挤、交通堵塞、环境污染等城市问题的出现。为了解决这些城市问题，人类一直在努力探索，"生态城市"理论应运而生。贵阳的筑城广场即是一个低碳生态广场。

筑城广场（贵阳低碳生态广场）

生态城市建设的实践逐步成为全球城市研究的热点，很多世界著名的城市先后开展了这方面实践。它们的共同特点是一般都有明确的生态建设目标和指标原则，都比较重视公众参与，市民的环保意识相对较强。例如，美国的西雅图和伯克利、日本的东京、千叶城和北九州、印度的班加罗尔、加拿大的温哥华、英国的曼彻斯特、德国的德累斯顿和海德堡等城市，我国的中新天津生态城、曹妃甸国际生态城等城市。

虽然生态城市已经成为世界城市建设的重要方向，但真正的生态建设仍处于起步阶段，具有长期性、艰巨性和复杂性等特点。生态城市理论在城市建设目标、效果和方法手段上均不同于传统的城市建设理念。在目标上，从传统规划的单一社会经济发展目标过渡到生态经济的综合发展目标；在效果上，从追求单一的经济效益过渡到生态、经济和社会三大效益的综合最优；在方法手段上，从传统规划的少数几个学科过渡到以系统工程思想为指导的多学科交叉的综合。

第一节　生态城市概述

一、生态城市简述

1971 年，联合国教科文组织在第 16 届会议上，提出了"关于人类聚居地的生态综合研究"（MAB 第 11 项计划），首次提出了"生态城市"的概念，明确提出要从生态学的角度用综合生态方法来研究城市，在世界范围内推动了生态学理论的广泛应用和生态城市、生态社区、生态村落的规划建设与研究。从而人类城市建设进入"生态城市"建设的新阶段。"生态城市"的概念应运而生，其英文为 Eco‑polis，或 Eco‑city，Ecological city。它的提出是基于人类生态文明的觉醒和对传统工业化与工业城市的反思，标志着人类社会进入了一个崭新的发展阶段。生态城市已超越传统意义上的"城市"概念，超越了单纯环境保护与建设的范畴，它融合了经济、社会和文化生态等方面的内容，强调实现社会—经济—自然复合共生系统的全面持续发展，其真正目标是创造人与自然系统的整体和谐。

生态城市是一个经济发达、社会繁荣、生态保护三者保持高度和谐，技术与自然达到充分融合，城乡环境清洁、优美、舒适，能最大限度地发挥人的创造力与生产力，并有利于提高城市文明程度的稳定、协调、持续发展的人工复合生态系统。它是人类社会发展到一定阶段的产物，也是现代文明在发达城市中的象征。建设生态城市是人类共同的愿望，其目的就是让人的创造力和各种有利于推动社会发展的潜能充分释放出来，在一个高度文明的环境里造就一代超过一代的生产力。在达到这个目的过程中，保持经济发展、社会进度和生态保护的高度和谐是基础。只有在这个基础上，城市的经济目标、社会目标和生态环境目标才能达到统一，技术与自然才有可能充分整合。各种资源的配置和利用才会最有效，进而促进经济、社会与生态三者效益的同步增长，使城市环境更加清洁、舒适，景观更加适宜优美。

二、生态城市的定义和内涵

（一）生态城市的定义

关于生态城市概念的认识，在不同时期，不同学者与机构着不同的见解。尽管生态城市已经成为社会的热点，世界各国的许多城市都提出了建设生态城市的目标。但到目前为止，世界上还没有一个真正意义上的生态城市。这是因为，各国学者对生态城市有不同的理解，关于生态城市至今仍然没有一个公认的定义和清晰的概念。

苏联生态学家亚尼茨基认为，生态城市是一种理想城市模式，其中技术与自然充分整合，人的创造力和生产力得到最大限度的发挥，而居民的身心健康和环境质量得到最大限度的保护，物质、能量、信息高效利用，生态良性循环。

美国生态学家理查德·雷吉斯特提出，生态城市追求人类和自然的健康与活力。他认为生态城市，即生态健康的城市，是紧凑、充满活力、节能并与自然和谐共居的聚居地。

澳大利亚学者唐顿提出：生态城市就是人类内部、人类与自然之间实现生态上平衡的城市，它包括道德和人们对城市进行生态修复的一系列计划。

在我国，马世骏院士提出了城市社会—经济—自然复合生态系统理论以指导城市建设，并倡导进行了大量生态城镇—生态村的建设和研究。王如松等也提出建设生态城市需满足三个标准：人类生态学的满意原则、经济生态学的高效原则、自然生态学的和谐原则。中国城市规划专家黄光宇提出：生态城市是根据生态学相关原理，综合社会、经济、自然复合生态系统，并应用生态工程、社会工程、系统工程等现代科学与技术手段建设而成的，社会、经济、自然可持续发展，居民满意，经济高效，生态良性循环的人类居住区。这些研究成果极大地推动了国内生态城市理论的发展。

随着生态文明的发展与演进，生态城市的内涵也不断得到充实与完善。

许多人认为"生态城市"就是绿化得非常好的城市，这实际上是一种狭义的误解。现代的生态城市概念与以前的"田园城市"、"山水城市"、"园林城市"、"绿色城市"等概念有根本的区别，不再是单纯注重城市绿化环境优美，而是更趋向于城市全面、内在的生态化，包括自然生态、社会生态、经济生态和历史文化生态的协调共发展。

关于生态城市，目前国内相对权威的，并载入中国大百科全书和教科书的定义是：按生态学原理建立起来的社会、经济、自然协调发展，物质、能量、信息高效利用，生态良性循环的人类聚居地。而实际上，生态城市的定义并不是孤立的、一成不变的，它是随着社会和科技的发展而不断完善更新的。就目前来说，可以大致将"生态城市"定义为一个社会和谐进步、经济高效运行、生态良性循环的城市。具体来说，生态城市应该是一个社会经济和生态环境协调发展、各个领域基本符合可持续发展要求的行政区域，是在一个市域范围内，以可持续发展战略和环境保护基本国策统筹经济建设和社会发展全局，转变经济增长方式，提高环境质量，同时遵循经济增长、社会发展和自然生

第六章 生态城市建设

态等三大规律的文明城市。

（二）生态城市的内涵

生态城市的内涵随着社会和科学技术的不断发展而更新，且不断充实和完善，生态城市的形成是一种渐进、有序的系统发育和功能完善过程。由于生态平衡是一个动态的平衡，因此生态城市的进展也是一个动态的过程，生态城市并无固定模式可言。它是一定程度上人类克服"城市病"、从灰色工业文明转向绿色生态文明的创新。生态城市为高消耗、低产出、重污染的传统城市建设模式造成的经济社会和人口、资源、环境等一系列严重问题提供了科学的解决出路。当前阶段，生态融入了历史、自然、社会、经济、政治、文化、人居等因素，并且还在不断融会贯通。生态城市的本质是要实现城市社会、经济、环境系统的共赢。它是一个囊括了自然价值和人文价值的复合概念，在空间上是一个开放的区域，体现了一种不断包容的生态观。

从内涵上讲，生态城市是一个包括自然环境和人文价值的总和性概念。它不只涉及城市的自然生态系统，即不是狭义的环境保护，而是一个以人为主导、以自然环境系统为依托、以资源流动为命脉的经济、社会、环境协调统一的复合系统。其内涵不仅仅是清洁的环境和体面的外表，其更重要的意义在于其社会的和谐，在于其对人性的尊重，在于具有维护社会机制，在于人民的安居乐业。以人为本是生态城市的基本要求，宜人居住是生态城市的基本性质和目标，社会和谐是生态城市的主要特征，甚至可以说社会和谐是生态城市自然生态良性运转、乃至整个城市生态系统良性运转的基础。和谐是生态城市的目的和根本所在，即生态城市不仅要保护自然，而且要满足人类自身的进化、发展的需求。生态城市中的市民既具有充分的享有城市环境和资源的权力，也具有积极主动参与城市建设与管理的义务。

生态城市建设的本质，应该是城市经济、社会、环境系统的生态化。它包括两项基本内容：一是推进真正具有生态化特征的城市生态环境建设；二是对现有的城市经济社会模式实行生态化改造。从生态学的观点看，生态城市是根据当地的自然条件、社会经济发展水平，按照生态学的原则，运用系统工程方法去改变生产和消费方式、决策和管理方法，建立起来的一种社会、经济、自然协调发展，物质、能源、信息高效利用，生态良性循环的人类聚居地。从经济学的观点看，生态城市的建设要使传统的资源高消耗、产出低效率、污染高排放的城市经济生态化，包括产业活动生态化和消费方式生态化等，最终使城市发展转向遵循生态学原理、城市物流良性循环、城市系统中没有浪费和污染的循环型城市。

生态城市建设的深层含义是尊重和维护大自然的多样性，为生物的多样性创造良好的繁衍生息的环境。每个城市所处的地理环境都有其不同于其他地区的生态要素和生态条件，要充分利用各地的差异性来创造有特色的生态环境。合理的城市生态建设应与自然融合，保障城市可持续发展。

我们认为，生态城市作为现代城市发展过程中得出的理念，表达了人类创造美好人居环境的愿望。生态城市是目标、状态，同时也是过程。作为一种目标，就像共产主义一样，是要在人类不断的努力下达到的最终目标和状态。作为过程，生态城市不是遥不可及的空中楼阁，而是一个渐进的过程。随着人类社会和科技的发展，生态城市设定的目标也会越来越高。但在某一个社会发展阶段，生态城市是可实现的，是具有可操作性的。

生态城市建设的目的不仅仅是为城市人提供一个良好的生活工作环境，还要通过这一过程使城市的经济、社会系统在环境承载力允许的范围之内，在一定的可接受的市民生活质量前提下得到持久发展，最终促进城市整体的持续发展。

三、生态城市的特征

为了确切理解生态城市的内涵，可将生态城市的基本特征归纳为以下几点：

（一）整体和谐共生

生态城市理论将城市看作一个"经济—社会—自然"复合系统，因此要强调系统的整体和谐与统一。具体指三个方面的和谐：即经济、社会与环境的和谐发展；人与自然的和谐共处；人际关系的和谐相处。在经济、社会发展的过程中，要同时注意自然环境的承载能力，体现为产业选择对环境的亲和性和人口聚集对自然的非压迫性。在人与自然和谐共生方面，人回归自然、贴近自然，自然融入城市，体现为巧妙地利用当地的山、河、湖等自然景观，努力实现城市规划、建设与自然地理条件的有机结合。在人际交往方面，要体现社区邻居关系，回归纯朴而轻松的生活态度。因为在伴随着工业化的城市化过程中，人们更多地强调了经济发展的重要性，这种发展过程，不仅给城市环境带来了极大的破坏，也带来了许多诸如贫富两极分化、高犯罪率等社会问题，因此，人际关系变得淡薄，高楼大厦和钢筋水泥阻隔了人们交流的通道，封闭了人们的社会性情感。生态城市的宗旨正是要改变这种状况，营造满足人类自身进化所需求的这种空气清新、环境优美、人居悠闲的自然、文化氛围。

（二）经济高效运转

生态城市建设的首要问题是改变那种高能耗、高消费、末端治理式的生产与消费理念及"资源—生产—消费—废弃"的生产与消费模式。要利用产业生态学理论，从生产和消费模式做起，以系统创新的方法，努力实现产业转型，通过物质和能量的多层次分级利用，废弃物再循环、再利用等手段，向循环经济模式过渡，以提高资源的利用率并减少环境污染，实现外部"生态成本"的内部化，从而达到经济的高效率运行并减少人类生产与生活对自然环境的胁迫程度。

（三）生存区域依赖

生态城市的形成和发展要依赖于城市生命支持系统的承载能力和活力，而城市生命支持系统必然是一个区域范围。因此，这个特性有以下三个方面的含义：一是指生态城市本身不同于传统意义上的城市，而是一种城乡结合的城市，是一种"区域城市"；二是指生态城市必须带入区域之中，才能得到更宽裕的生命支持系统，以实现其生态化；三是指更广泛的区域概念，即"地球村"概念。这是因为人类的生产与生活活动不仅影响小范围的区域，而且影响到全球气候改变、资源枯竭等更大范围的生态环境改变问题。因此，生态城市建设也要全人类的合作，珍惜地球、爱护资源、保护环境。

（四）发展持续稳定

生态城市要以可持续发展思想为指导，合理配置资源。在人口发展方面，既不能为了部分人的生存条件改善而太严格地控制城市人口的增长，也不能为了实现城市化而盲目地扩大人口数量；在经济发展和资源利用方面，要不因眼前的利益而用"掠夺"的方式促进城市暂时的"繁荣"，要保证其长期健康、协调、稳定地发展。

（五）环境优美宜人

生态城市的人居环境应该体现在三个方面：一是从感官上讲，大气污染、水污染、固体排放物污染、噪音污染等污染物对人的影响很小，让人感觉神清气爽；二是从视觉上讲，绿地、树木、山、水、建筑物等自然与人工景观布局合理，让人感觉天人合一，回归自然；三是城市交通以公共交通为主。交通条件方便快捷而不失多样性，火车、汽车、自行车、人行道、绿色生命走廊（专供人们休闲散步的步行街）规划有致，适应不同生活节奏人们的需求。

四、生态城市建设的意义

生态城市已超越传统意义上的"城市"概念，它不仅仅是出于保护环境、防止污染的目的，不仅仅单纯追求自然环境的优美，即狭隘的环境观念，它还融合了社会、经济、技术和文化生态等方面的内容，强调在人—自然系统整体协调的基础上考虑人类空间和经济活动的模式，发挥社会、经济、自然复合生态系统的自我平衡功能，以满足人们的物质和精神需求，实现自身的发展，即社会—经济—自然复合共生系统的全面持续发展，体现的是一种广义的整体的生态观。因此，对生态城市来说，创造美好的生态环境固不可少，但不是根本目的，其真正目标是创造人—自然系统的整体和谐。当前，在我国快速推进城市化之际，加强生态城市建设具有重要的意义。

（一）社会主义新时代呼唤生态城市的建立

20世纪70年代末实行改革开放以来，我国的城市化进程已经进入了快速发展时期。但是我国城市化起步晚、发展快的特点不可避免造成城市体系发展与城市数量扩增相矛盾、城市人口质量和数量的矛盾、城市的经济发展与城市的生态环境的矛盾、城市的发展模式与城市资源承载力的矛盾等。为了解决这一系列矛盾，建立以人为本的生态城市，是一个必然的选择。

（二）生态城市建设可以推动社会的可持续发展

生态城市建设是以建设全面的小康社会为目标的。通过生态城市的建立，一方面可以优化我们现行的行政管理体制，真正做到以政府为主导、总体规划、统一驱动，形成一种理想的组织形式；另一方面，以可持续发展为主线，大力发展循环经济，不断地优化、发展和提升现有城市的功能和结构，推动社会的可持续发展。

（三）生态城市建设促进经济结构的优化

目前，随着城市化不断的推进，城市的产业结构、产品结构、经济结构和空间分布的不合理已成为我国亟需解决的问题。通过生态城市的建立可以采取合适的生态措施对经济结构等进行生态调整，建立一种生态环保型经济效益良好的全新发展模式。

（四）生态城市建设促进资源的可持续开发利用

资源包括土地资源、水资源、森林资源、气候资源、生物资源和空间资源等等。生态城市的建立，可以避免资源的过度开发，致使生态环境和资源受到严重的破坏。再遵循生态优先，可持续发展的理念，公众参与和市场运作相结合，使得资源之间保持一种动态平衡，形成一种良好的生态发展格局。

（五）生态城市的建设是生态文明实现的保障

党的十六大提出，在加强物质文明、政治文明和精神文明的同时，要推动整个社会走上生产发展、生活富裕、生态良好的文明发展道路。党十七大首次将"生态文明"写进党的报告，将生态文明建设上升为国家意志。因此生态文明的实现对人民来讲具有重要的意义，建立生态文明能最大程度地实现人与自然的和谐相处。而生态城市的建立是生态文明实现的重要措施，也是生态文明实现的重要保障。

第二节　生态城市建设的评价方法

一、生态城市建设评价方法概述

生态城市作为城市发展的一种理想目标，是一个持续改进不断发展和完善的过程。生态城市目标实现的标准是要实现社会文明、经济高效和自然和谐，最终实现社会、经济和自然三个子系统的和谐。如何评价其和谐程度，是生态城市建设过程中的核心问题之一。

生态城市从概念到实际的操作，经历的时间很短，但究竟如何评价一个城市是否达到了生态城市的标准，各国学者进行了积极的探索。目前对生态城市的评价有多种不同的方法。如生态足迹法（Foot print method）、生命周期评价法（Life cycle assessment）、模糊数学法（Fuzzy method）、径向基函数神经网络模型（RBFNN - Radial Basis Function Neutral Network）、单指标评价体系（Individual indicator assessment）和综合指标评价模型（Integrated assessment models）等，这些方法各有优缺点，在实践过程中需要结合不同城市的情况进行具体应用，这里对其中比较常用的方法进行简要介绍。

二、常用的评价方法简介

1. 生态足迹法

在评价城市可持续发展的过程中，对可持续发展因子指标选取和权重的确定存在不同的侧重点，因而评价结果也很难进行定量的比较。即使是用同一种方法对同一对象进行分析，不同的人也会得出不同的结果，这一现象严重限制了人类对城市可持续发展现状的了解。近年来发展迅速的生态足迹（或称生态空间占用）模型不仅能够满足上述要求，并且计算结果直观明了，具有区域可比性，因此很快得到了有关国际机构、政府部门和研究机构的认可，成为国际可持续发展度量中的一个重要方法。

国际上关于生态足迹的研究可以追溯到 20 世纪 70 年代，奥德姆（Odum E. P.）讨论了在能量意义上被一个城市所要求的额外的"影子面积"，詹桑（Jasson A. M.）等分析了波罗的海哥特兰岛海岸渔业所要求的海湾生态系统面积。在此基础之上，加拿大生态经济学家威廉·瑞思（Rees W. E.）于 1992 年提出生态足迹概念，之后在沃克雷吉（Wackernagel M.）的协助下将其完善和发展为生态足迹模型。

生态足迹指能够持续地向一定人口提供他们所消耗的所有资源和消纳他们所产生的所有废物的土地和水体的总面积。关于生态足迹的概念，威廉·瑞思将其形象地比喻为"一只负载着人类与人类所创造的城市、工厂……的巨脚踏在地球上留下的脚印"，这一形象化的概念既反映了人类对地球环境的影响，也包含了可持续发展机制。这就是，当地球所能提供的土地面积容不下这只巨脚时，其上的城市、工厂、人类文明就会失衡；如果这只巨脚始终得不到一块允许其发展的立足之地，那么它所承载的人类文明将最终坠落、崩毁。

生态足迹理论是建立在能值分析、生命周期评估、全球资源动态模型、世界生态系统的净初级生产力计算等理论的研究基础上，它用一种生态学的方法将人类活动影响表达为各种生态空间的面积，进而判断人类的发展是否处于生态承载力的范围内。

2. 生命周期评价法

生命周期评价（life cycle assessment，LCA）起源于 20 世纪 60 年代化学工程中应用的"物质—能量流平衡方法"，原本是用来计算工艺过程中材料用量的方法，后被应用到产品整个生命周期——从原料提取、制造、运输与分发、使用、循环回收直至废弃的整个过程，即"从摇篮到坟墓"的环境影响评价。LCA 作为正式术语是由国际环境毒理学会（SETAC）在 1990 年提出，并给出了 LCA 的定义和规范。其后，国际标准化组织（ISO）组织了大量的研究工作，对 LCA 方法进行了标准化。

1993 年以后，SETAC 给出的 LCA 的定义是：通过确定和量化相关的能源、物质消耗、废弃物排放，来评价某一产品、过程或事件的环境负荷，并定量给出由于使用这些能源和材料对环境造成的影响；通过分析这些影响，寻找改善环境的机会；评价过程应包括该产品、过程或事件的寿命全程分析，包括从原材料的提取与加工制造、运输分发、使用维持、循环回收，直至最终废弃在内的整个寿命循环过程。

1997 年 ISO 在 ISO14040 中对 LCA 及其相关概念进一步解释为：LCA 是对产品系统在整个生命周期中的（能量和物质的）输入输出和潜在的环境影响的汇编和评价。这里的产品系统是指具有特定功能的、与物质和能量相关的操作过程单元的集合，在 LCA 标准中，"产品"既可以是指（一般制造业的）产品系统，也可以指（服务业提供的）

服务系统；生命周期是指产品系统中连续的和相互联系的阶段，它从原材料的获得或者自然资源的生产一直到最终产品的废弃为止。

从 SETAC 和 ISO 的阐述中可以看，在 LCA 的发展过程中，其定义不断地得到完善。目前 LCA 评价已从单个产品的评价发展成为系统评价，然而单个产品的评价是系统评价的基础。

生命周期评价是评估一个产品或是整体活动的、贯穿其整个生命的环境后果的一种工具。在许多国家这是一种更加环保的良性的产品和生产工艺的趋势。一个完整的生命周期评价包括四个有机组成部分：目的与范围的确定、清单分析、影响评价和生命周期解释。三个独立但是相互关联的生命周期评价包括能量和资源的利用和向空气、水和土地的环境排放的识别和量化，技术质量和数量的特征和环境影响分析的后果的评价，减少环境负担的机会的评估和实施。一些生命周期评价发起者已经定义了范围和目标定义或是启动步骤，可以为有目的地使用分析结果服务。生命周期清单既可用在组织的内部，又可外部应用，需要适用性更高的标准。生命周期清单分析可以应用在工艺分析、材料选择、产品评估、产品比较和政策制定方面。

3. 模糊综合评判法

生态城市是社会—经济—自然复合生态系统，生态城市的发展水平不仅与自然环境的发展有关，而且与整个城市的经济和社会活动相联系。由于影响生态城市发展的要素错综复杂，系统内各要素作用的性质、方式和程度互不相同，且各要素既相互联系又相互制约，以不同的组合特点对生态城市的发展产生影响。所以只靠定性分析不足以准确、完整地反映客观实际。因此应采用多层次模糊综合判定方法对生态城市进行评价，即在模糊评判的基础上再进行模糊综合评判。

模糊综合评判法（fuzzy comprehensive evaluation，FCE）是一种应用非常广泛而又十分有效的模糊数学方法，是对多种因素影响的事物或现象进行综合评价的方法。自 FCE 被提出以来，其数学模型已从初始模型扩展为多层次模型和多算子模型。模糊综合评判法已经在一些城市的生态建设中得到应用，并取得了很好的效果。

4. 分指数评价和综合评价

目前，在我国应用研究得比较多的是单项和综合指标评价的方法。当前我国正研究评价指标的规范化问题。

城市生态系统作为自然和人类生态系统发展到一定阶段创建的物质和精神系统，是城市空间范围内的居民与水、空气、土地等自然资源环境要素和人工建造的经济、社会和环境各级组织相互作用而形成的统一体，属人工生态系统。因此，自然生态系统只有在其承载能力范围内才能持续地正常运作；而人工生态系统是使持续的经济增长、社会进步能与自然生态系统保持和谐。生态城市指标体系的设置应能反映这两大系统的变化及其相互协调性。

人类为满足自身发展的需求而开展的一系列经济活动和社会活动，与自然生态系统保持着不断的能流和物流的输入输出，自然生态系统以各种形式响应着这种输入输出以维持系统本身的效益最大化。每个系统都在力求改善自己的效益，而作为一个可持续发展的生态城市来说，应朝向同时改善和维持人和生态系统效益的方向发展，以保持一种欣欣向荣的动态平衡。以人与自然的和谐为本是生态城市实现可持续发展需要遵循的一个重要原则，人作为城市生态系统中社会活动的主体，需求是多层次的，虽然满足人的生存需求和发展需求是最基本的，但是保持与改善自然生态系统的效益，也是维持城市可持续性的必要条件。因此，生态城市的建设过程就是在不断改善两大系统利益的同时寻求最佳平衡点，保证两大系统的发展与和谐是生态城市建设的出发点。所以，人类发展系统和自然生态系统效益的一致，也是城市可持续发展的目的。

生态城市的可持续发展是自然生态系统、人类发展系统与可持续发展支持系统三者保持高度和谐的过程，为了全面评价整个城市生态系统的发展状况，可以将指标采用多指标综合评价的方法进行评价，这就需要首先把指标体系中包含的所有量纲不同的统计指标无量纲化，转化为各个指标的相对评价值，然后通过加权综合层层叠加得到系统层指标的评价分指数，最后将其以一定的规则进行综合，得到对生态城市建设的总体评价。

▮▮▮ 第三节　生态城市的评价指标体系

一、生态城市评价指标体系的构建原理

我国已经进入工业化、信息化、城市化三化叠加的发展阶段。在这一时期，城市作为国民经济发展的重要载体，将在未来经济社会发展中所肩负的责任和功能将更加重要。如果还按照传统工业文明下的城市发展模式轨迹运行，城市所面临的人口、资源、环境之间的矛盾将不断加剧，呈愈演愈烈之势。正是在这种情况下，生态城市的理论应运而生，相关实践也随之在全国展开。

关于生态城市评价指标体系的研究，是生态城市理论研究中不可回避的一个基础性问题。一方面，生态城市从理论走向实践，面临一个将抽象的内涵具体化的问题；另一方面，在生态城市构建过程中，人们需要对建设成果进行度量以便纠偏。城市评价指标体系研究对生态城市建设实践的重要性不言而喻。

国内将生态城市指标体系分为两大类：一类是从城市作为一个复合生态系统角度出发，通过对城市所涵盖的各个子系统的分析，将生态城市综合评价进行指标分解。最基础的分解方式是将指标体系分为经济生态指标、社会生态指标和自然生态指标等三大指标。但多数学者会在自己对生态城市复合系统的理解基础上，进行进一步划分。一类是以宋永昌、王祥荣等为代表，基于对城市生态系统的分析，从城市生态系统的结构、功能和协调度等三方面建立生态城市指标体系。

这两类体系各自的特点在于：前者可以通过比较生态城市经济、社会、自然等子系

统的发展状况，找出城市发展的优势劣势，以便今后工作中有所侧重。后者则将城市生态系统看作一个整体，通过分析其结构、功能、协调度而建立，依据它可以很快诊断出整个城市生态系统发展中存在的障碍，并从生态学角度找出促使其良性循环发展的对策。

二、生态城市评价指标体系的设计原则

在生态城市评价指标体系研究中，应遵循以下设计原则：

第一，科学性和可操作性原则。所谓科学性，即生态城市评价指标体系在设计时应注意理论上的完备、科学和正确；指标概念应明确，权重系数的确定、数据的选取、计算等要以科学理论为依托；指标体系的建立要在科学分析的基础上，能够客观反映生态城市的本质特征，能较好地度量生态城市建设主要目标的实现程度。可操作性原则也称为实用性原则，即考虑资料或数据的可获得性、可比性；指标的含义尽量简单明了并易于被公众理解和接受，尽量不采用深奥的专业术语。

第二，定量与定性相结合原则。生态城市是一个复合的生态系统，对它的评价要尽可能的量化，但是对于目前认识水平下难以量化且意义重大的指标，可以用定性指标来描述。

第三，主成分性原则。即鉴于生态城市内涵之丰富，从众多变量中依据其重要性和对生态城市系统行为的贡献率的大小，筛选出数目足够少却能表征生态城市系统本质的最主要成分变量。这一原则的意义在于对整个指标体系的规模进行控制。

第四，动态性和静态性相结合原则。动态性和静态性相结合原则也称为时空耦合原则，是指评价指标体系不但要反映生态城市某一时点上的水平，还应包含反映生态城市发展演变趋势的指标；指标体系既要从时间序列又要从空间序列来评价和判断生态城市的建设水平；指标体系应随着城市建设水平和实际的变化而变化。

第五，可比性与针对性原则。可比性原则指所建立的指标体系要能用于对不同城市之间的横向比较和同一城市不同时段的纵向比较；针对性原则也称因地制宜原则，即针对特定城市，应根据其具体条件和发展前景来制定适应其自身特点的指标体系。

三、生态城市评价指标体系的构架

无论以哪种构建原理为基础，当前绝大多数生态城市评价指标体系研究所建立的体系构架均包含三个层次，其中一级指标是对生态城市综合评价目标的分解，二级指标是对相应的一级指标的描述，三级指标是评价指标体系的基础数据层。当前，不同评价指标体系间的规模相差极大，其三级指标数量从 20 个到 100 多个不等。各评价指标体系的主要差异在于对一级指标和二级指标的选取设计上。因此在这里对生态城市评价指标体系的构架主要着眼于从其一二级指标设计进行考察。

当前生态城市评价指标体系构架主要为以下几种：

第一，将生态城市的结构、功能和协调度作为描述生态城市系统的三个一级指标，

其各自下辖的二级指标为：生态城市的结构包括人口结构、基础设施、城市环境、城市绿化，城市功能指标包括物质还原、资源配置、生产效率，城市社会协调度指标包括社会保障、城市文明、可持续发展。

第二，将经济生态、社会生态、自然生态作为描述生态城市系统的三个一级指标，其各自下辖的二级指标为：经济生态指标包括经济实力、经济结构、经济效益，社会生态指标包括人口指标、生活质量、基础设施、科技教育、社会保障，自然生态指标包括城市绿化、环境质量、环境治理。

第三，自然状况、经济状况、社会状况作为描述生态城市系统的三个一级指标，其各自下辖的二级指标为：自然状况指标包括资源条件、生态环境，经济状况指标包括经济总体水平、城乡经济、发展能力，社会状况指标包括社会进步、科技教育、人口与城乡建设、政策与管理水平。

第四，将自然生态可持续发展指标、经济生态可持续发展指标、社会生态可持续发展指标作为描述生态城市系统的三个一级指标，其各自下辖的二级指标为：自然生态可持续发展指标包括生态建设、环境质量、污染控制、环境治理，经济生态可持续发展指标包括经济发展、经济结构、资源保护与持续利用，社会生态可持续发展指标包括人口发展、基础设施、生态质量、科技教育、信息水平。

第五，将社会生态子系统、经济生态子系统、基础设施子系统、自然生态子系统作为描述生态城市系统的四个一级指标，其各自下辖的二级指标为：社会生态指标主要包括人口状况、资源配置、社会保障，经济生态指标主要包括经济效益、经济水平、经济结构，基础设施生态指标主要包括交通系统、通讯系统、供排水系统、能源动力系统、防灾系统，自然生态指标主要包括城市绿化、环境质量、环境治理。

第六，将环境、资源、经济、社会作为描述生态城市系统的四个一级指标，其各自下辖的二级指标为：生态环境指标主要包括环境质量、环境状况和趋势、污染控制，资源指标包括资源质量、资源潜力、资源利用效率，经济发展指标包括经济总量、经济结构、国民经济比例及经济效益，社会发展指标包括社会基本状况、生活水平、文教体卫。

第七，将资源支持系统、环境支持系统、经济支持系统、社会支持系统四个一级指标作为描述生态城市系统的三个一级指标，其各自下辖的二级指标为：资源支持指标包括科技水平、城市设施、城市资源，环境支持指标包括环境污染、环境治理、生态建设，经济支持指标包括经济规模、产业结构、经济推动力、经济效益，社会支持指标包括生活质量、社会安全、人口数量。

第八，将资源支持、经济支持、社会支持、环境支持、体制和管理系统五个一级指标作为描述生态城市系统的三个一级指标，其各自下辖的二级指标为：资源支持系统指标包括科技资源、科技水平、人力资源、教育水平、城市基础设施、自然资源、城市土地资源，经济支持系统指标包括经济水平、经济结构、经济运行效率、资源利用效率、经济推动力、经济竞争力，社会支持系统指标包括社会公平、健康保健、城市化、信息获得能力、住房、安全、生活质量，环境支持系统指标包括大气环境、地表水、固体废物、噪音、景观资源，体制和管理系统指标包括战略实施、综合决策、环境管理、科技投入、财政能力、公众参与。

第九，将活力、组织结构、恢复力、生态系统服务功能、人类健康状况五个一级指标作为描述生态城市系统的三个一级指标，其各自下辖的二级指标为：活力指标包括经济生产能力、水耗效率、能耗效率，组织结构指标包括经济结构、社会结构、自然结构，恢复力指标包括环境废物处理能力、物质循环利用效率、城市环保投资指数，生态系统服务功能指标包括环境质量状况、生活便利程度，人类健康状况指标包括人群健康、文化水平。

四、生态城市评价指标体系的数据处理

（一）数据的标准化

生态城市评价体系的各指标的单位不同，为了使指标之间能够应用数学方法进行综合分析，就需要对数据进行处理，使其在仍然能够反映真实情况的条件下完成各数据之间单位的统一，即将数据进行标准化，或者无量纲化处理。目前，数据的标准化处理方法有多种。绝大多数研究所使用的无量纲化处理方法是，将原始数值与某一固定值进行对比，从而获得一个与该固定指标对应的无量纲值。这种方法需要找到某项指标对应的最大值和最小值，并依据一定的计算公式进行运算。该方法存在的不足主要表现在：某项指标的最大值和最小值难以寻找和界定，多是相关学者的主观判断或是研究对象的最大和最小值，而研究对象的最大、最小值又是不断变化的，因此通过该方法获得的标准化结果准确性有待探讨。

（二）指标权重的确定

由于各个指标对生态城市评价所体现的方面不是完全平均的，这就需要对指标进行分级，从而引入权重的概念，从而使评价体系更为客观合理。指标权重的准确与否在很大程度上影响综合评价的准确性和科学性。已有文献的数学模型中对权重的确定提出了多种方法。

（1）采用变异系数法取定权重，该方法需要通过计算出多个年份各指标的综合值，因此依赖于历史数据的获得，若某一指标的历史数据不完整，则通过该方法计算的权重准确性较差。

（2）采用层次分析法确定各指标的权重，该方法按照对各指标的相对重要性通过专家咨询、判断矩阵的构建以及相关计算得到二级指标的权重，而对一级指标的权重则采用平均分配的方法。

（3）运用信息论中的熵技术对运用层次分析法确定的权重系数进行修正，再采用专家群民主决策的赋权方法确定指标的权重系数。该方法减少了因反复的判断和复杂的计算所带来的麻烦。

（4）采用相对可变权重法，其方法是将一级指标的权重之和定为一恒定值，其权

重可在一定范围内调整，将二级指标的固定权重与其对应的一级指标的可变权重相乘获得二级指标的实际权重。

五、生态城市评价指标体系研究中存在的问题

（1）目前的研究强调指标的普适性和城市间的可比较性。其筛选的指标大都基于统计部门和地方政府部门的统计数据，无法反映城市间相异的特征性要素的状态水平。指标的选取和定值缺乏地域特色，刚性有余柔性不足，未能设计不同的指标体系用于评估和指导不同地区生态城市的实践，体现生态城市的地域性和多样性。这对于我国这样一个不同区域间社会经济与自然环境差异均十分巨大的国家来说，显然是急需改进的。

（2）评价指标体系缺乏动态性。尽管研究者认识到了生态城市建设的动态性要求，但是基于生态城市建设实践的不断反馈而变动的评价指标体系的系列研究还未见到。对这一不足如果在未来研究中不加以弥补，评价指标体系研究对生态城市的指导作用将大打折扣。

（3）当前指标体系未能很好地反映出环境、经济和社会三者之间的有机联系，比如生态系统结构和功能特征与人类社会经济活动之间的联系；指标体系中对不确定性的考虑较为粗略，即未能体现出指标种类、阈值以及确定权重等过程中的弹性范围和"时空性"。

六、中国生态城市评价指标体系

目前全球已有许多城市正在按生态城市目标进行规划与建设，我国也正成为世界上建设生态城市最为积极和主动的国家之一。本部分采用中国城市科学研究会的最新研究成果来论述我国生态城市评价指标体系的建构。

该指标体系针对生态城市建设发展过程中的概念混乱、目标不清晰等问题，旨在建立一套设计合理、操作性强的评价指标体系，使生态城市建设过程可量测、可监督，让城市管理决策部门明晰生态城市建设的方向，定期掌握城市发展状态和不足之处，为城市的规划、建设和管理决策提供参考。指标选取之际充分参考中国各部委和著名国际组织制定的各类指标体系，采用德尔菲意见征询、专家小组讨论、案例城市调研等多种方法，确定生态城市评价指标体系。通过综合研究，确定资源节约、环境友好、经济持续、社会和谐、创新引领 5 个目标层，水资源、能源等 28 个专题，36 个定量指标，9 个定性评价指标的指标体系。

（一）指标体系确定方法与原则

1. 指标选取步骤

借鉴国际上通用的指标体系制定方法和研究框架，通过以下五个步骤来完成生态城市指标体系的制定。具体步骤包括：

（1）确定生态城市发展目标。广泛参考国内外相关机构组织和已建或在建生态城市提出的发展目标与战略，借鉴国内外科研机构和学者的研究成果，总结提炼，明确生

态城市的内涵和发展目标。

（2）确定指标体系分类框架。根据生态城市发展目标，借鉴国际通用的相关评价指标体系的分类框架，参考我国各部委和当前在建生态城市确定的指标体系分类框架，通过多轮专家研讨，确定生态城市评价指标体系的分类框架。

（3）确定指标选取标准。根据生态城市建设发展要求，借鉴国内外权威指标体系选取标准，结合我国实际国情，提出生态城市评价指标体系的指标遴选标准。

（4）确定潜在的指标库。以生态城市指标分类框架为指导，通过广泛查阅联合国、世界银行、欧盟、亚洲开发银行等国际权威组织，住房城乡建设部、环境保护部等国家部门和诸多生态城市实践确定的指标体系，综合比选确定本指标体系初选指标库。

（5）遴选指标。根据指标选取标准，综合利用专家评分、专家小组讨论、德尔菲法意见征询、案例城市实地调研等方法，遴选确定最终指标。

2. 指标选取原则

指标的甄选需要综合考虑对生态城市的指导性、可获取性等原则，提出科学、合理、实用的指标体系。通过借鉴国内外指标体系确定的原则，根据本指标体系构建目标，主要从以下七个方面考虑指标的选取原则：

（1）科学性原则。指标要有明确的科学定义与计算方法，可以明确地用定量监测或者定性评价来计算。

（2）时效性原则。指标应该能够按年度获取，以定期地反映城市发展状况。

（3）决策相关原则。指标应该能够反映城市在某一个方面的情况，明确该指标的好坏与生态城市的关系，最好直接与政府制订政策相关联。

（4）易于获取原则。指标应该能够容易获取或者容易计算得到，尽量选取纳入政府监测范围的指标和获取成本较低的指标。

（5）简明性原则。指标应该简单明了，显而易见。

（6）普适性原则。适用于不同地理区域、性质、类型和规模的城市，避免由于地理区位、城市规模和发展水平等因素导致的指标自身差异。

（7）敏感性原则。指标变化能明显反映该指标指示的要素是变好还是变坏，要有较好的区分度。

（二）指标选取过程

1. 指标搜集

在设计我国生态城市评价指标体系时，一方面要与国际接轨，要被国际社会广泛认可，另一方面要符合我国行政体制和统计制度。因此，在本研究初步确定的指标基础上，充分借鉴国内外已经被广泛认可和实施的指标体系，扩大指标选取范围。通过广泛搜集相关资料和综合比选，共确定联合国可持续发展指标等13个国外指标库和中国人居环境奖等11个国内指标库作为指标选取参考（表6-1）。

表 6-1　　　　　　　　生态城市指标选取参考国内外指标体系

类型	编号	指标体系名称	指标制定机构
国外参考指标库	1	联合国可持续发展指标（2007 年版）	联合国
	2	千年发展目标指标	联合国
	3	OCED 环境指标	联合国
	4	联合国 21 世纪议程可持续发展指标	联合国
	5	世界卫生组织 1999 年健康城市指标	世界卫生组织
	6	世界卫生组织 1996 年健康城市指标	世界卫生组织
	7	全球城市指标	全球城市指数
	8	亚洲开发银行城市指标	亚洲开发银行
	9	欧洲绿色城市指数	经济学人
	10	原子能机构可持续发展能源指标	原子能机构等
	11	联合国人居署人居议程指标	联合国人居署
	12	社会发展指标	世界银行
	13	环境与可持续发展指标	世界银行
国内参考指标库	1	生态县、生态市、生态省建设指标	环境保护部
	2	环保模范城市	环境保护部
	3	国家生态园林城市标准（暂行）	住房和城乡建设部
	4	循环经济评价指标	国家发改委、环境保护部、国家统计局
	5	全国绿化模范城市指标	全国绿化委员会
	6	宜居城市科学评价标准	住房和城乡建设部
	7	中国人居环境奖评价指标	住房和城乡建设部
	8	中科院可持续城市指标体系	中国科学院
	9	曹妃甸国际生态城指标体系	唐山市
	10	天津中新生态城市指标体系	天津市
	11	廊坊万庄生态城指标体系	廊坊市

　　2. 评价指标框架确定

　　一个良好的分类框架是确定科学合理指标体系的前提。当前较为普遍的指标体系分类框架为基于特定发展目标、领域和专题进行设置的专题型指标体系框架，如联合国可持续发展委员会制定的"可持续发展指标体系"等。这类分类框架的优点是覆盖面宽，描述性、灵活性、通用性较强，易于比较等。本研究采用专题性指标体系框架，按照生态城市发展的目标、关键领域和重点问题进行组织，构建生态城市评价指标体系分类框架。经过对国内外各指标体系分类框架的综合比较分析，结合多轮专家研讨建议，确定生态城市评价指标体系分为资源、环境、经济、社会和创新五个目标层，每个目标层下设置不同的专题，专题下面设置一系列的指标来表征各专题状况（见图6-1）。

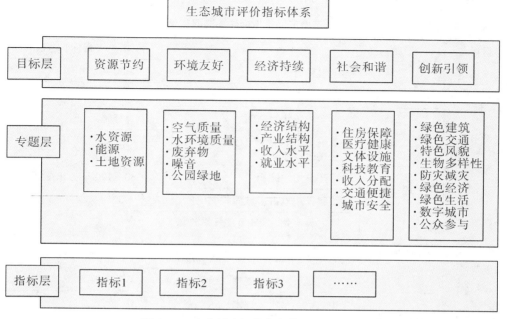

图6-1　生态城市评价指标体系分类框架

3. 指标初选

指标初选过程主要包括：

（1）指标提名。在确定的各专题下，列举国内外指标库中反映本专题的指标，并进行同类合并、剔出明显不符合中国国情和统计制度的指标，优选出一定数量的备选指标。指标选择过程尽量参考国家层面已经进行年度考核和评估的指标。

（2）指标精选。在初选出的指标之中，由研究人员对每项指标进行单独评分，根据每个指标的科学性、可比性、决策相关性、易于获取、简明性、普适性、敏感性等特征进行详细评估。

（3）确定初选指标。在研究人员指标精选基础上，邀请从事生态城市研究的著名专家，分小组专题讨论，确定初选指标。

4. 专家问卷调查

为使本指标体系具有广泛的社会参与度，指标选取过程通常需要通过广泛邀请国内从事生态城市研究、规划、建设、管理等方面的专家和社会公众进行指标的选取意见征询，确定指标初选成果。

（三）指标选取结果

本研究充分结合专家小组讨论、网络意见征询活动和深圳市、武汉市案例研究结果，经过多轮讨论，去除数据计算有重复、基本反映同一问题的指标，最终确定资源节约、环境友好、经济持续、社会和谐、创新引领 5 个目标层，水资源、能源等 28 个专题，36 个定量指标，9 个定性评价指标的生态城市评价指标体系。表 6-2 列出了确定的指标体系和初步确定的指标参考值。

表 6-2 生态城市评价指标体系选取结果

目标	专题	选取指标	指标参考值
资源节约	水资源	再生水利用率	≥30%
		工业用水重复利用率	≥90%
	能源	可再生能源使用比例	≥15%
		国家机关办公建筑、大型公共建筑单位建筑面积能耗	<90kW·h/（平方米·年）
	土地资源	人均建设用地面积	80~120 平方米/人
		城镇建设用地占市域面积的比例	≤30%
环境友好	空气质量	可吸入颗粒物（PM10）日平均浓度达二级标准天数	≥347 天
		二氧化硫日平均浓度达二级标准天数	≥347 天
		二氧化氮日平均浓度达二级标准天数	≥347 天
	水环境质量	集中式饮用水水源地水质达标率	100%
		城市水环境功能区水质达标率	100%
	垃圾处理	生活垃圾资源化利用率	≥70%
		工业固体废物综合利用率	≥95%
	噪声	环境噪声达标区覆盖率	≥95%
	公园绿地	建成区绿化覆盖率	≥40%
		公园绿地 500 米服务半径覆盖率	≥80%
经济持续	经济发展	单位国内生产总值主要工业污染物排放强度	化学需氧量（COD）<4.0 千克/万元；二氧化硫（SO2）<5.0 千克/万元
		单位国内生产总值能源消耗	≤0.83 吨标准煤/万元
		单位国内生产总值取水量	≤70 立方米/万元
	产业结构	第三产业增加值占国内生产总值比重	≥55%
	收入水平	恩格尔系数	≤30%
	就业水平	城镇登记失业率	≤3.2%

表6-2（续）

目标	专题	选取指标	指标参考值
社会和谐	住房保障	住房保障率	≥90%
		住房价格收入比	3~6
	医疗水平	千人拥有执业医师数量	≥2.8名
		每千名老年人拥有养老床位数	≥30张
	文体设施	人均公共图书馆藏书量	≥2.3册/人
		人均公共体育设施用地面积	≥1.5平方米/人
	科技教育	财政性教育经费支出占国内生产总值比例	≥4%
		R&D经费支出占国内生产总值的百分比	≥2%
	收入分配	城乡居民收入比	<2.2
		基尼系数	≤0.38
	交通便捷	公共交通分担率	≥50%
		平均通勤时间	≤30分钟
	城市安全	每万人口刑事案件立案数	≤10件
		人均固定避难场所面积	≥3平方米/人
创新引领	绿色建筑	1. 制定绿色建筑发展规则；2. 获得国家绿色建筑认证的建筑个数；3. 绿色建筑占当年竣工建筑比例	
	绿色交通	1. 设定自行车专用道；2. 进行以公共交通为导向的开发模式；3. 新能源汽车利用比例	
	特色风貌	1. 制定生物多样性保护规划；2. 本地植物指数；3. 保护河流生态廊道，河流生物多样性丰富；	
	防灾减灾	1. 进行适应性的城市规划和建设，充分避让可能发生的洪水、泥石流等自然灾害；2. 前瞻性的制定气候变化可能带来的海平面上升、极端气候条件下的灾害应对方案；3. 城市建筑满足地震设防等级要求，制定应急避难场所等专项规划	
	绿色经济	1. 主要农产品中有机绿色产品的比重；2. 战略性新兴产业增加值占国内生产总值的比重；3. 循环经济增加值占国内生产总值的比重	
	绿色生活	1. 城市开展广泛的绿色生活方式宣传工作；2. 居民对绿色生活理念的认可；3. 居民绿色生活普遍程度；4. 城市生活垃圾分类回收处理水平	
	数字城市	1. 无线网络覆盖区域；2. 智能化城市数字管理平台构建	
	公众参与	制定建立完善公众参与制度，并得到有效实施	

第六章

生态城市建设

案例链接：曹妃甸生态城：生态指标体系的落实与深化

　　曹妃甸生态城的建设，有一套指标体系，涉及整个城市，包括交通、能源、建设的方方面面。(见图 6-2)

图 6-2　曹妃甸国际生态城

　　第一个就是生态城指标体系概况。生态城指标体系包括七个方面，主要涵盖城市、建筑、交通、能源、废物、水、景观，一共是 141 项指标。曹妃甸生态城指标体系特点是紧密跟规划方案相结合。

　　城市总规通常有一个概念性规划，通过概念性规划数据直接反推出指标，再根据指标削减，反过来调整概念性规划，最后再由概念性规划做出城市总规。当规划部门按照城市总规进行城市建设的时候，最后能让很多细化的指标得到了具体落实。

　　城市功能系统包括住宅、公共空间、公共场所等等，住宅包括城市人口密度、总居住面积、人均文化建筑房屋面积、人均公共建筑面积。这里含有两个指标，一种是定量指标，定量指标就是可以给他一些具体数值，还有一些是定性的指标。对指标进行分类，首先分为几个部门，第一个分为管理类指标和规划类指标。规划类指标是由规划局或者建设局操控，而管理类指标是由市政府其他局办负责。

　　曹妃甸生态城是从无到有，所以每个指标都有一个近中远期，所以按系统街区和区块划分，系统街区在做总规的时候就确定了，通过控规确定一些指标，确定一些数值，把街区层面进行落实。

　　生态城的曹妃甸街区工程技术中心，不仅负责生态城，还负责曹妃甸工业区建设，由工程中心每年对落实情况进行汇总、分析，形成一个生态城年度指标考核报告和年度实施考核指标，通过这个指标反馈对原有指标进行修订。

作了控规以后，后面就是具体实施和实践。规划好做，实施是最难的部分。与开发商交流，跟企业的校核和运行，生态城指标体系一直在不断完善中，根据实际情况进行调整，对于大家集中反映的问题进行修正，还对一些指标进行了细化和补充。

（资料来源于腾讯网·光明论坛，2011 年 11 月 21 日）

第四节　生态城市规划、建设与管理

一、生态城市规划的内涵

生态城市规划是根据生态学的原理，综合研究城市生态系统中人与住所的关系，并应用社会工程、系统工程、生态工程、环境工程等现代科学与技术手段，协调现代城市中经济系统与生物系统的关系，保护与合理利用一切自然资源与能源，提高资源的再生和综合利用水平，提高人类对城市生态系统的自我调节、修复、维持和发展的能力，达到既能满足人类生存、享受和持续发展的需要，又能保护人类自身生存环境的目的。

生态城市规划与城市生态规划具有根本的区别，实际上，生态城市规划可以看作是复合生态系统观念在各层次的城市规划中的体现，而不仅仅是一个城市生态系统的规划。

生态城市规划与传统城市规划的区别，在于它强调以可持续发展为指导，以人与自然相和谐为价值取向，应用各种现代科学技术手段，分析利用自然环境、社会、文化、经济等各种信息，去模拟设计和调控系统内的各种生态关系，从而提出人与自然和谐发展的调控对策。生态城市的规划设计把人与自然看作一个整体，以自然生态优先的原则来协调人与自然的关系，促使系统向更有序、稳定、协调的方向发展，最终目的是引导城市实现人、自然、城市的和谐共存，持续发展。

二、生态城市规划的原则、程序与主要内容

（一）生态城市规划的原则

生态城市建设旨在促进城市的可持续发展，生态城市规划的五项总体原则：生态保护战略，包括自然保护、动植物及资源保护和污染防治；生态基础设施，即自然景观和腹地对城市的持久支持能力、居民的生活标准、文化历史的保护、将自然融入城市。具体来说，可以从下面包括以下几个原则：

1. 城市生态位最优化原则

生态位是指物种在群落中，在空间和营养关系方面所占的地位。城市生态位是一个城市提供给人们的或可被人们利用的各种生态因子和生态关系的集合。它不仅反映了一

个城市的现状对于人类各种经济活动的适宜程度，而且也反映了一个城市的性质、功能、地位、作用及其人口、资源、环境的优劣势，从而决定它在人们心目中的吸引力和离心力。城市生态位是决定城市竞争力的根本因素。

城市生态位的最优化可以从宏观和微观两方面来解读，从宏观层面而言，城市生态位是表现了整个城市的经济、文化等事业的发展情况，以及人们物质、精神等生活水平的变化情况；从微观层面而言，城市生态位在提供优良的生态方面对每个城市居民都应是公平的。虽然城市提供给居民的居住空间，从空间角度来看存在差异，但生态位大体是相当的。

2. 生物多样性原则

大量事实证明，生物群落与环境之间保持动态平衡稳定状态的能力，同生态系统的物种、结构的多样性、复杂性呈正相关关系。也就是说，生态系统结构越多样、复杂，其抗干扰的能力则越强，因而也越容易保持其动态平衡的稳定状态。城市生物多样性，是指城市范围内除人类以外的各种活的生物体，在有规律地生长在一起的前提下，所体现出来的基因、物种和生态系统的分异程度。城市生物多样性与城市自然生态环境系统的结构、功能直接联系，与大气环境、水环境、岩土环境共同构成了城市居民赖以生存的生态环境基础，是生物与环境间、生态环境与人类间的复杂关系的体现。城市生态环境是指特定区域内的人口、资源、环境通过复杂的相生相克关系建立起来的人类聚居地。

由于与自然界的生物生存的环境有较大的差异，城市生物多样性也表现出自身的特点。在经济价值、丰富度、地球物质循环与能量代谢等方面，城市生物多样性虽然与自然界生物多样性无法相比，但由于城市生物多样性是在一个相对狭小的面积上，近距离为城市人口服务，因而它是非常重要的。

3. 城市的成长性原则

城市的发展是一个动态的过程，而城市规划也是随着城市的发展而变化的，城市规划要为城市的未来留下足够的发展空间。成长性是生态系统的基本特征，一切自然群落和人工群落都遵循群落生长或演替的规律运行。人们在利用自然资源时，也必须遵循这一规律，否则就会导致"生态逆退"。将成长性原则运用于城市规划，就是将一个城市的文脉、历史、文化、建筑、邻里和社区的物质形式当作一种生命形式、生命体系来对待，人们要根据它的"生命"历史和生存状态来维护它、保护它、发展它和更新它。

4. 生态承载力原则

城市生态承载力原则是指从生态学角度来看，城市发展以及城市人群赖以生存的生态系统所能承受的人类活动强度是有限的，即城市存在着生态极限。城市发展有一定的规模，自然生态环境是限定城市发展规划的最主要因素。在城市规划中，坚持城市生态承载力原则，应做到以下几个方面：

（1）在城市规划过程中，要科学地估算城市生态系统的承载能力，并运用技术、经济、社会、生活等手段来、提高这种能力。

（2）要调整控制城市人口的总数、密度与构成。这是一个城市生态经济发展的重要指标。

（3）要考虑城市的产业种类、数量结构与布局。这些指标对生态环境资源的开发与利用、污染的产生与净化，都具有十分重要的影响。

（4）要考虑环境的自净能力和人工净化能力，它们直接关系着城市的生存质量与发展规模。增加兴建城市生态森林广场来取代大型硬底广场及广场，通过立体绿化来增加、提高对空气污染的自净能力。适当兴建污水处理厂对水污染的人工净化能力。

（5）要考虑城市生态系统中资源的再利用问题。通过对系统中人文要素的合理布局，达到资源循环利用的目的；通过规划建设生态型建筑，增加人文要素与自然要素的融合性、相互增益性，从而提高城市生态的承载力。

5. 复合生态原则

生态城市的社会、经济、自然各子系统是相互联系、相互依存、不可分割的，共同构成有机整体。规划设计必须将三者有机结合起来，三者兼顾、综合考量，不偏废任一方面，使整体效益最高。规划设计要利用三方面的互补性，协调相互之间的冲突和矛盾，努力在三者间寻求平衡。这一原则是规划的难点和重点，规划既要利于自然，又要造福于人类，也不能只考虑短期的经济效益，而忽视人的实际生活需要和可能对生存的长远影响，社会、经济生态目标要提到同等重要的地位来考虑，但在某些规划问题上，生态环境问题比短期的经济利益更要得到优先考虑，因为经济决策可以根据实际情况进行修改调整，但造成的社会、环境后果却不容易改变，会持续很长的时间。

以上这些原则是普遍性的，但生态城市是地区性的，地区的特殊性又受自然地理和社会文化两方面的影响，因此，这些原则的具体应用需要与空间、时间和人（社会）的结合，在不同的实际情况中灵活应用。

（二）生态城市规划的程序

生态城市规划一般遵循七个步骤，即：确定规划目标——资源数据清单和分析——区域适宜度分析——方案选择——规划方案实施——规划执行——方案评价。生态城市规划不仅限于土地利用和资源管理，而且应根据城市社会、经济、自然等方面的信息，从宏观、综合的角度，研究区域或城市的生态建设或在对城市复合生态系统中社会、经济、自然的广泛调查基础上，结合专家咨询意见，应用城市生态学、系统分析和城市规划原理相结合的方法而进行。

在生态城市规划的实际操作过程中，各个城市根据自己的情况不同，可能在规划程序上有差别。但主要的操作程序相同，就是首先了解城市的目前状况，然后根据生态城市建设的目标进行各专项规划。

（三）生态城市规划的主要内容

1. 城市生命支持系统

城市生态的生存与发展取决于其生命支持系统的活力，包括区域生态基础设施（光、热、水、气候、土壤、生物等）的承载力、生态服务功能的强弱、物质代谢链的闭合与滞竭程度，以及景观生态的时、空、量等的整合性。其重点在于以下几点：

第一，水资源利用规划。市区：开发各种节水技术，节约用水；雨污水分流，建设储蓄雨水的设施，路面采用不含锌的材料，下水道口采取隔油措施等，并通过湿地等进行自然净化。郊区：保护农田灌溉水；控制农业面源污染，禽畜牧场污染，在饮用水源地退耕还林；集中居民用地以更有效地建设、利用水处理设施。

第二，土地利用规划。合理的土地利用规划是维护城市生态系统平衡、保持其健康发展的保证。城市建设用地的扩张是造成地球生态能力损失的重要原因之一。这种生态能力的损失不仅仅体现在直接的土地生物生产量上，更为严重的是由此引发的连锁反应。由于土壤活性丧失导致的生态系统物质循环阻断，不仅使得世界上大多数城市垃圾围城，更严重的是某些物质无法回归自然本位，造成地球环境的总体灾变。城市生态系统的有机整体一体性要求各个子系统必须相互协调，任何局部的失调都有可能造成整个系统崩溃。科学合理的土地利用规划是生态城市规划的重要组成。

第三，能源规划。节约能源，建筑笔充分利用阳光，开发密封性能好的材料，使用节能电器等；开发能源和再生能源，充分利用太阳能、风能、水能、生物制气。能源利用的最终方式是电和氢气，使污染达到最小。

第四，交通规划。发展电车和氢气车，使用电力或清洁燃料；市中心和居民区限制燃油汽车通过，保留特种车辆的紧急通道。通过集中城市化、提高货运费用、发展耐用物品来减少交通需求；提高交通用地的效率；发展船运和铁路运输等。

第五，生态绿地系统规划。打破城郊界限，扩大城市生态系统的范围，努力增加绿化量，提高城市绿地率、覆盖率和人均绿地面积，调控好公共绿地均匀度，充分考虑绿地系统规划对城市生态环境和绿地游憩的影响；通过合理布局绿地以减少汽车尾气、烟尘环境污染；考虑生物多样性的保护，为生物栖境和迁移通道预留空间。

2. 空间发展战略规划

良好的空间发展战略规划是生态城市规划的基础内容。许多现代城市出现交通、大气污染、功能团混乱等问题的主要原因就是在城市规划时就没有良好的空间发展布局规划，许多城市出现了摊大饼现象。生态城市建设中要解决这些问题，就必须从战略高度认识到空间布局规划的重要性。

3. 生态产业规划

生态产业通过两个或两个以上的生产体系之间的系统耦合，使物质、能量能多级利用、高效产出，资源、环境能系统开发、持续利用。生态产业注重改变生产工艺，合理选择生产模式。循环生产模式能使生产过程中向环境排放的物质减少到最低程度，实现资源、能源的综合利用。

生态产业规划通过生态产业将区域国土规划、城乡建设规划、生态环境规划和社会经济规划融为一体，促进城乡结合、工农结合、环境保护和经济建设结合；为企业提供具体产品和工艺的生态评价、生态设计、生态工程与生态管理的方法。

4. 生态人居环境规划

城市的表现形式体现为社区的格局、形态，人作为复合生态系统的主体，其日常活动对城市生态系统的好坏起着重要作用。因此，生态城市规划中强调社区建设，创造和谐、优美的人居环境。

第一，生态建筑方面。开发各种节水、节能生态建筑技术，建筑设计中开发利用太阳能，采用自然通风，使用无污染材料，增加居住环境的健康性和舒适性；减少建筑对自然环境的不利影响，广泛利用屋顶、墙面、广场等立体植被，增加城市氧气产生量；区内广场、道路采用生态化的"绿色道路"，如用带孔隙的地砖铺地，孔隙内种植绿草，增加地面透水性，降低地表径流。

第二，生态景观方面。强调历史文化的延续，突出多样性的人文景观。充分发扬利用当地的自然、文化潜力，以满足居民的生活需要；建设健康和多样化的人类生活环境。

第三，生态社区方面。社区作为生态城市管理体系主体构成最重要的部分，在生态城市规划中也是重要的组成部分。生态社区规划时要充分考虑到社区的发展和环境的承载能力。

三、生态城市的建设

生态城市建设是基于城市及其周围地区生态系统承载能力的走向、可持续发展的一种自适应过程，必须通过政府引导、科技催化、企业兴办和社会参与，促进生态卫生、生态安全、生态产业、生态景观和生态文化等不同层面的进化式发展，实现环境、经济和人的协调发展。建设以适宜于人类生活的生态城市首先必须运用生态学原理，全面系统地理解城市环境、经济、政治、社会和文化间复杂的相互作用关系，运用生态工程技术设计城市、乡镇和村庄，以促进居民身心健康、提高生活质量、保护其赖以生存的生态系统。生态城市旨在采用整体论的系统方法，促进综合性的行政管理，建设一类高效的生态产业、人们的需求和愿望得到满足、和谐的生态文化和功能整合的生态景观，实现自然、农业和人居环境的有机结合。

建设生态城市包含以下五个层面：

第一，生态安全。向所有居民提供洁净的空气、安全可靠的水、食物、住房和就业机会，以及市政服务设施和减灾防灾措施的保障。

第二，生态卫生。通过高效率低成本的生态工程手段，对粪便、污水和垃圾进行处理和再生利用。

第三，生态产业。促进产业的生态转型，强化资源的再利用、产品生命周期设计、可更新能源的开发、生态高效的运输，在保护资源和环境的同时，满足居民的生活需求。

第四，生态景观。通过对人工生产、开放空间，如公园、广场、街道桥梁等连接点和自然要素、水路和城市轮廓线的事例，在节约能源、资源，减少交通事故和空气污染

第六章 生态城市建设

的前提下，为所有居民提供便利的城市交通。同时，防止水环境恶化，减少热岛效应和对全球环境恶化的影响。

第五，生态文化。帮助人们认识其在与自然关系中所处的位置和应负的环境责任，尊重地方文化，诱导人们的消费行为，改变传统的消费方式，增强自我调节的能力，以维持城市生态系统的高质量运行。

四、生态城市的管理

在生态城市的建设过程中，对生态城市的整个建设进行全过程系统管理是非常关键的。生态城市管理同生态城市规划、生态城市建设同等重要。生态城市管理是指把生态城市视为一个复合系统，运用系统科学的理论和方法，控制和实施对生态城市的全面管理。生态城市管理由生态城市管理目标、管理主体、管理对象、管理方法等组成，是一个涉及面广、多目标、多层次、多变量的综合性系统。生态城市管理必须超越传统城市管理的旧模式，对城市管理的思想、方法、手段等进行变革，建立适应生态城市运行的新的管理体系。

生态城市的建设和管理是一个系统工程，涉及城市建设和管理的方方面面。政府作为城市的管理者，需要有管理理论的指导。现代管理理论随着社会的"工业化"发展而来，理论发展丰富充实。对于西方的优秀管理理论，我们应采取"拿来主义"方式，取其精华，去其糟粕，了解其产生的背景，结合中国的特殊情况，创建出具有中国特色的现代管理理论。

（一）生态城市管理目标

1. 经济目标——效率增长

一个真正意义上的生态城市，从经济角度来说，要有合理的产业结构、产业布局、适当的经济增长速度；更重要的是，要有节约资源和能源的生态方式，要有低投入、高产出、低污染、高循环、高效运行的生产系统和控制系统；尤其强调的是资源和能源的有效利用和系统过程的高效运行，以最大限度用最少的投入获得最大的产出和效率。

2. 社会目标——公平富裕

建立生态城市管理体系的社会目标就是达到公平富裕，在保证城市系统经济健康发展的同时，不能使贫富差距扩大，严格控制基尼系数；提高居民的生活质量，不断降低恩格尔系数。

3. 自然目标——生态良性循环

生态目标是要达到生态良性循环。也就是说，在城市系统内部保持物质、能源的循环流动，从外界输入的能量流、物流、信息流以保持抵消系统运行中的熵增为限；减少不可利用的废弃物的产生，提倡生态化生产和消费，变末端治理为前端治理。总而言之，要保持生态城市本身的发展是理性的、自觉的，符合社会利益的。

（二）生态城市管理原则

生态城市社会、经济及形态等方面的网状结构，决定了其管理必定打破传统条块分割的情况，加强横向联系，建立起网络组织管理结构，实现网络式管理。为了进行科学管理，必须制定相应的管理原则和方法，以确保生态城市充分发挥各种功能，满足人民物质和生活的多种需要，实现城市的可持续发展。生态城市管理原则，就是管理在对生态城市进行管理时所必须遵守的行为准则与规范。尽管每个城市在实现生态化的进程中各自的条件、实现的目标、发展模式不一，但总体来说必须共同遵守以下一些基本原则。

1. 最大限度满足公众需要的原则

这是城市建设的根本目的。这里所谓的最大限度，是指在当前经济条件尤其是当前生产力条件下能够满足公众需要的最大限度。为城市居民创造合理、美好的生活和工作环境，是每一个城市发展中应追求的目标。要处理好发展与资源环境承载力的关系，促进人与自然和谐发展。在满足人们日益增长的物质文化需求的同时，一定要符合生态城市建设进程中的不同情况，既注意市民生活质量的提高，又不诱导居民超前消费、盲目消费，减少生态环境的破坏。

2. 统一规划、统一投资、统一建设、统一管理的原则

生态城市是一个完整的系统，各子系统只有在城市管理者和决策者的统一规划指导下，各行各业之间才能合理布局，合理投资建设。历史已经证明，计划经济时期条块分割的管理体制，割断了城市各部门之间的有机联系，各自为政，造成重复建设。同时，只考虑局部合理，而违背了城市的本质就是社会化的原理，阻碍了城市和现代化发展。日益加快的现代化步伐使我国城市管理体制处于新旧两种体制转换时期，生态城市管理必须要从过去的分割局面转到统一规划、投资、建设及管理的轨道上来。

3. 追求综合效益原则

即指经济效益、社会效益和环境效益三者统一相互促进的原则。坚持追求综合效益原则就是要从城市总体战略目标出发，对经济活动、社会活动、环境条件做全面的综合的规划管理，以使生态社会效益、经济效益、环境效益得到协调发展。高度的社会化生产没有相互配套的基础设施不行，高标准的基础设施没有高质量的空间环境也不行。在生态城市建设与管理中，一定要兼顾三方的利益，取得最佳综合效益。考核城市效益的指标也不应是单纯从经济上做投入产出分析，而应是深层次、系统化、多向度的目标体系，促使城市的经济建设、文化建设、环境保护协调发展。

4. 实行因市制宜的原则

不同的城市自然条件与发展方向不同，其功能也不一样。不同特征的城市，在生态城市规划、建设及管理中都应区别对待，而不能脱离实际，实施教条式管理。

5. 整体性原则

要从生态城市系统的整体着眼，把握生态城市的整体特性一类构建生态城市管理系统。要在管理系统各子系统之间构建支配与从属、策动与响应、决策与执行、控制与反馈、催化与被催化等一系列不对称关系，并科学地划定这些关系比例，使之综合运用，主动协调生态城市系统各要素与系统及要素之间的相互关系，统筹兼顾，做到局部服从

整体，整体效益最优。

6. 动态性原则

生态城市是一个非平衡的、动态的发展系统，必须要从系统外不断输入负熵流，才能维持它的相对的稳定状态。构建生态城市管理系统要充分研究并掌握生态城市的运动规律，生态城市管理系统既要适应生态城市的发展，又要调节、控制和引导生态城市的发展，保证生态城市在发展中不断地根据外界条件进行相应的优化调整。

7. 开放式原则

世界上任何有机系统都是耗散结构，要与外界不断交流物质、能量和信息才能维持其生命。生态城市管理系统同生态城市一样是一个开放性的系统，要保持自身的活力就要对外开放，为负熵流的引入创造通畅的渠道。

案例链接：国外生态城市建设经典案例

从 20 世纪 70 年代生态城市的概念提出至今，世界各国对生态城市的理论进行了不断地探索和实践。目前，美国、巴西、新西兰、澳大利亚、南非以及欧盟的一些国家都已经成功地进行了生态城市建设。这些生态城市，从土地利用模式、交通运输方式、社区管理模式、城市空间绿化等方面，为世界其他国家的生态城市建设提供了范例，研究这些生态城市的规划和管理经验，无疑会对我国的生态城市建设产生积极的指导意义。

巴西：库里蒂巴

巴西库里蒂巴是南美国家巴西东南部的一个大城市，为巴西第 7 大城市，环境优美，在 1990 年被联合国命名为"巴西生态之都"、"城市生态规划样板"。该市以可持续发展的城市规划受到世界的赞誉，尤其是公共交通发展受到国际公共交通联合会的推崇，世界银行和世界卫生组织也给予库里蒂巴极高的评价。该市的废物回收和循环使用措施以及能源节约措施也分别得到联合国环境署和国际节约能源机构的嘉奖。

美国：伯克利

国际生态城市运动的创始人、美国生态学家理查德·雷吉斯特于 1975 年创建了"城市生态学研究会"，随后他领导该组织在美国西海岸的伯克利开展了一系列的生态城市建设活动，在其影响下美国政府非常重视发展生态农业和建设生态工业园，这有力地促进了城市可持续发展，伯克利也因此被认为是全球"生态城市"建设的样板。

根据理查德·雷吉斯特的观点，生态城市应该是三维的、一体化的复合模式，而不是平面的、随意的。同生态系统一样，城市应该是紧凑的，是为人类而设计的，而不是为汽车设计的，而且在建设生态城市中，应该大幅度减少对自然的"边缘破坏"，从而防止城市蔓延，使城市回归自然。

澳大利亚：阿德莱德

"影子规划"是在理查德·雷吉斯特思想的基础上提出的。1992 年，他在阿德莱德参加第二次生态城市会议的时候，惊奇地发现澳大利亚政府的部长和内阁被称为"影子部长"和"影子内阁"，于是提出了"影子规划"的设想。"影子规划"向我们展示了在具有非常清楚的城市生态规划和发展框架情况下，应该如何创建生态城市。

阿德莱德就是"影子规划"一个成功的实践案例，它的时间跨度为300年，从1836年早期的欧洲移民来到澳大利亚，到2136年的生态城市建成，描述了300年来澳大利亚阿德莱德地区的变化过程。整个"影子规划"由六个板块组成。

瑞典：马尔默

马尔默是瑞典第三大城市，很早就是一个工业和贸易城市，但是由于受到了高科技产业的冲击，旧有工业面临关停并转，使得整个马尔默面临城市转型。基于马尔默市政府和瑞典政府对"生态可持续发展和未来福利社会"的共同认识，他们希望通过改造，使马尔默西部滨海地区成为世界领先的可持续发展地区。1996年，由马尔默、瑞典、欧盟等有关公共和私营机构一起组织了一次欧洲建筑博览会，通过地区规划、建筑、社区管理等进行持续发展的超前尝试，这个项目称为B001，也被称为"明日之城"，该项目2001年获欧盟的"推广可再生能源奖"。

日本：北九州

日本北九州市从20世纪90年代开始以减少垃圾、实现循环型社会为主要内容的生态城市建设，提出了"从某种产业产生的废弃物为别的产业所利用，地区整体的废弃物排放为零"的生态城市建设构想，其具体规划包括：环境产业的建设（建设包括家电、废玻璃、废塑料等回收再利用的综合环境产业区）、环境新技术的开发（建设以开发环境新技术、并对所开发的技术进行实践研究为主的研究中心）、社会综合开发（建设以培养环境政策、环境技术方面的人才为中心的基础研究及教育基地）。

市民积极参与，政府鼓励引导，是北九州生态建设的经验之一。为了提高市民的环保意识，北九州开展了各种层次的宣传活动，例如，政府组织开展的汽车"无空转活动"，制作宣传标志，控制汽车尾气排放；家庭自发的"家庭记账本"活动，将家庭生活费用与二氧化硫的削减联系起来；开展了美化环境为主题的"清洁城市活动"等。

新加坡

一提到"花园城市"，人们最先反映在脑海中的就是新加坡。新加坡之所以能够成为世界瞩目的"花园城市"，与人们对自然的关爱和人与自然的和谐共处、追求天人合一的观念是分不开的。"园林城市"和"花园城市"的本质应是"天人合一"，而非人为第一位，无限制地向自然索取。人类社会的繁荣发展应同自然界物种的繁衍进化协调进行，最终创造一个人与自然相和谐的城市。新加坡人深深地感到，城市化高度发达的新加坡留给自然的空间越来越少，因此更要珍视自然，让他们的后代能够看到真正的动植物活体而不仅仅是标本。

新加坡城市规划中专门有一章"绿色和蓝色规划"，相当于我国的城市绿地系统规划。该规划为确保在城市化进程飞速发展的条件下，新加坡仍拥有绿色和清洁的环境，充分利用水体和绿地提高新加坡人的生活质量。在规划和建设中特别注意到建设更多的公园和开放空间；将各主要公园用绿色廊道相连；重视保护自然环境；充分利用海岸线并使岛内的水系适合休闲的需求。在这个蓬勃发展的城市，是植物创造了凉爽的环境，弱化了钢筋混凝构架和玻璃幕墙僵硬的线条，增加了城市的色彩，新加坡城市建设的目标就是让人们在走出办公室、家或学校时，感到自己身处于一个花园式的城市之中。

（资料来源：《国外生态城市建设经典案例》，中国环保网，2008 年 10 月 30 日，网址：http：//www.chinaenvironment.com/view/wiewnews.aspx？k＝20081030104023406）

复习思考题

1. 何谓生态城市？建设生态城市有什么意义？
2. 简述生态城市的评价方法。
3. 生态城市管理应遵循的原则是什么？
4. 简述生态城市规划的程序及主要内容。
5. 结合实际，论述我国生态城市评价指标体系。

第七章

欠发达地区的生态经济建设

我国欠发达地区面积广，人口多，自然条件复杂，自然资源和生物多样、丰富，为我国经济发展提供宝贵的资源和生态支撑。如今，欠发达地区的生态环境不断恶化，环境形势相当严峻，生态经济建设尤为重要。所以，我们要以实现欠发达地区经济的可持续发展为根本途径，解决人与自然之间的矛盾、经济发展与环境保护之间的矛盾，积极探索欠发达地区的生态经济建设方式。

第一节　欠发达地区生态经济建设的意义

一、确保农业的可持续发展

欠发达地区生态经济建设是确保农业可持续发展的重要保障。我国政府已经认识到农业可持续发展的重要性，并已经明确指出，农业与农村的可持续发展是中国社会经济全面可持续发展的根本保证和优先领域。由于在地理、生态和政治、经济环境等方面的特殊性，欠发达地区农业的可持续发展也具有特殊性。正确分析欠发达地区农业的资源现状，合理开发利用农业资源，确保农业的可持续发展，具有十分重大的现实意义和深远的历史意义。在生态环境日益恶化的情况下，只有改变传统农业的发展方式，用生态农业替代传统农业，欠发达地区农业的可持续发展才能有效实施。

马克思在《资本论》中指出："在自然肥力相同的各块土地上，同样的自然肥力能被利用到什么程度，一方面取决于农业化学的发展，另一方面取决于农业机械的发展。这就是说，肥力虽然是土地的客观属性，但从经济学方面说，总是同农业化学和农业机械的现有发展水平有关系，因而也随着这种发展水平的变化而变化。——从耕种的发展过程来说——可以由比较肥沃的土地转到比较不肥沃的土地，同样也可以采取相反的做法。"马克思的这一论述指出了发展农业的主要制约因素——土地肥力的重要性和可逆性，说明农业的可持续发展必须建立在对广义土地资源的合理利用上，这是确保土地得以永续利用的关键。只有土地资源具有持续的生产力，人类赖以生存的基本生活资料得以永续供给，人类社会才能实现可持续发展。

二、维系国家生态安全大局

欠发达地区生态经济建设对维系国家生态安全大局具有重要的战略意义。欠发达地区多处于我国西部，西部是我国很多大江大河的发源地，比如长江、黄河等，因此西部生态环境的好坏，不仅关系到西部本身经济社会的可持续发展，而且会影响到这些流域的生态安全和经济安全，其生态建设对确保流域中下游地区的国土安全、人民生命财产安全和经济发展意义重大。长期以来，由于资源开发利用不当，导致西部地区的森林面积锐减、草地植被破坏，水土流失、沙化严重，对中下游地区的生态造成了恶劣影响。因此，加强欠发达地区生态环境治理与保护，在欠发达地区进行生态经济建设对维系全国生态安全大局具有重要的战略意义。

三、推进和谐社会的建设

欠发达地区生态经济建设是实现我国经济生态发展目标和构建和谐社会的重要保证。我国一半以上的贫困人口居住在欠发达地区，欠发达地区发展经济的原动力又主要来自农业，由于土地的边际效用递减，传统农业发展到今天已经不能满足欠发达地区人们的生产生活需要了，如果欠发达地区的经济不发展，会影响整个国家经济发展的大局。为改变欠发达地区落后的经济，必然从建设生态经济着手，建立生态农业，从而带动欠发达地区的经济建设，从根本上实现欠发达地区农业和农村经济的可持续发展。只有欠发达地区的生态经济快速发展起来，我国生态经济发展的战略才具备可靠的物质基础，也只有通过生态经济的建设，欠发达地区和中东部地区的差距才会逐渐缩小，才有利于构建和谐社会。

第二节　欠发达地区生态经济建设的现状

一、产业结构层次低

产业结构，亦称国民经济的部门结构，是指国民经济各产业部门之间以及各产业部门内部的构成，社会生产的产业结构（部门结构）是在一般分工和特殊分工的基础上产生和发展起来的。从宏观来讲，产业结构主要研究生产资料和生活资料两大部类之间的关系，从微观来讲，产业结构主要是研究农业、轻工业、重工业、建筑业、服务业等部门之间的关系，以及各产业部门的内部关系。

现代产业结构理论认为，经济发展与产业结构变迁是相互联系相互影响的。产业结构的优化升级依赖于经济的发展，同时产业结构的优化又可以推动经济的快速发展。与发达地区相比，欠发达地区产业发展的差距主要在于：产业结构层次低；产业优化升级速度偏慢；创新能力不足；产品附加值偏低。产业结构层次低下制约着欠发达地区生态经济的发展。下面具体针对一、二、三产业的内部结构进行分析。

（一）第一产业

我国欠发达地区具有农业人口多、人口增长快、受教育程度低和生产生活方式落后等特征，对农业生态造成了严重破坏。主要体现在以下两个方面：

1. 人口增长对生态环境的破坏

人口增长过快，导致资源环境与人口比例严重失调，加剧了对生态环境的破坏。欠发达地区由于交通不便，与外界交流较少，人们的观念还比较保守，很多地方还固守传统的"人丁兴旺"、"多子多福"、"人多好办事"观念，因此，从总体上看，欠发达地区人口增长速度高于全国人口增长的平均水平。过快的人口增长增加了对粮食的需求，为增加粮食产量，必然导致开荒种地、毁林造田的行为，这种行为破坏了农业生态环境，然而欠发达由于生态环境脆弱，对于人类活动非常敏感，自身抵御和恢复能力差，不合理的开发行为使欠发达地区陷入了"越垦越荒，越穷越垦"的恶性循环之中，影响欠发达地区的生态经济建设。

2. 农业生产效率低下

欠发达区经济发展落后，农民收入和财政收入收普遍较低，没有多余资金投入到农业科研、基础设施等公共服务建设，生产技术水平不高，很多地区都存在着粗放式的农业灌溉、过度放牧等传统的农业生产活动，农业生产率低，影响农业循环发展与农业规模经济的发挥。

（二）第二产业

欠发达地区技术密集型产业比重偏低，高能耗、重污染的资源密集型产业所占的比重较大。主要表现在以下三个方面：

1. 欠发达地区承接产业转移的企业往往层次比较低

随着经济发展，要素成本上升，发达地区往往会选择发展新兴产业，向欠发达地区转移高污染高消耗的产业来调整产业结构。而欠发达地区由于经济发展落后，科研投入不足，新兴产业的发展缺乏必要的科技与经济支撑，需要通过承接产业转移来发展工业经济。因此，产业转移加大了对欠发达地区资源的消耗与环境的污染。

2. 欠发达地区对资源的开发和利用往往不合理

欠发达地区环保意识相对薄弱，在承接的产业转移过程中，往往会以牺牲环境为代价来换取短期的经济增长。因此，如果欠发达地区在此过程中缺乏理性分析，只注重承接的规模与国内生产总值增速，一味地开采和消耗资源，而不注重科学合理的规划与产业布局，一味地排放污染物，而不注重技术处理与环境保护，其结果必然导致欠发达地区资源的耗竭与环境的恶化，使本来就脆弱的生态环境持续恶化，最终使资源难以循环利用，经济难以持续发展。

3. 欠发达地区往往忽视对生态环境的建设

欠发达地区的地方政府由于受利益驱动，往往忽视生态环境的建设，忽视由于环境污染和生态破坏对经济建设所造成的不利影响。中央政府和地方政府之间存在着利益博弈，中央提倡建设生态经济，但是建设生态经济的有效实施必须依靠地方政府，由于目前我国干部政绩考核标准尚未从根本上得到转变，很多地方政府，尤其是欠发达地区的地方政府以追求国内生产总值增速作为主要政绩来抓，当经济增长与环境保护之间发生矛盾时，地方政府往往更倾向于保护经济增长，而放任高污染企业的发展，致使当地的生态环境不断恶化。

（三）第三产业

对于欠发达地区而言，在中央和地方政府的大力支持和鼓励下第三产业有了较大的发展，但是从整体上看，第三产业所占比重依然偏低，发展严重滞后，在第三产业内部，餐饮、旅游、商业零售等传统服务业所占比重大，信息咨询、现代金融、现代物流服务等现代服务业所占比重小。过去人们认为，发展第三产业所需资源消耗低，对环境污染少，大力发展第三产业能有效缓解目前经济增长过程中产生的资源环境瓶颈，然而这只是相对于第三产业内部的某些行业而言，从整体上看，随着社会经济结构的变化，传统服务业的污染问题已成为继工业污染之后又一环境污染来源。服务业与人们的生产生活息息相关，渗透到衣食住行的各个方面，比如过度旅游会对自然生态、人文景观造成损害，饭店使用的一次性餐具会造成白色污染等，服务业的服务过程通常会伴随着资源、能源的消耗和噪音、电磁辐射等污染的产生。服务业的污染与第一、二产业对环境的显性破坏不同，服务业的污染往往又不是服务本身所造成的，因而较为隐蔽，不易察觉，但是对环境的破坏又是客观存在的。因此，对于传统服务业占第三产业绝大多数的欠发达地区而言，需要按照生态经济的发展要求从各个方面对第三产业进行改造，提升传统服务业。

二、产业集聚度低

产业集聚是指某一产业的企业大量集聚于某一特定的地理区域内，通过共享基础设施、技术集中开发，形成稳定且具有竞争力的集合体。产业集聚是产业演化过程中出现的一种地缘现象，是工业化发展到一定阶段的必然产物，产业集聚能够产生规模收益和正的外部经济，能够对一定区域内科技、知识、资金、信息等生产要素进行有效集聚，易于推进集聚区内资源利用最大化、废物产生和排放最小化、无害化，从而促进生态经济的建设。欠发达地区由于工业化和城市化发展的滞后，产业集聚度比较低，不利于生态经济的建设。主要表现在以下两个方面：

1. 产业集聚度低不利于企业间技术交流合作

从技术创新角度看，如果集聚区内的企业都能够共享和交流相关专业技术，集中力量开发、利用建设生态经济的核心技术，可以使技术创新能力得到大幅度的提高。从技术扩散角度看，产业集聚效应可以强化技术的扩散效应，因为技术扩散效应与扩散的空间距离呈现正相关关系，空间距离越近越有利于技术的推广与普及，并且可以通过技术的扩散带动周围企业的发展进步。

2. 产业集聚度低不利于生态经济建设

如上下游产业链上的企业之间可以对资源能源进行梯级利用，降低企业间废物交换利用的相关费用，从而降低企业的生产成本。而且，欠发达地区企业规模偏小，如果每个企业都购买污染物处理设备，不仅费用高昂，也是非理性的，如果在一定空间上聚集，就可以共享设备和基础设施等，为企业进行清洁生产提供便利。

三、再生资源产业发展不足

再生资源是由废旧物资转化而来，主要是指社会生产和消费过程中产生的可以利用的各种废旧物，其中包括企事业单位生产和建设中产生的金属和非金属的废料、废液，报废的各种设备和运输工具，城乡居民和企事业出售或丢弃的各种废品和旧物。再生资源由于具有再生性质，也通常被人们称为二次利用废物或是二次资源。有资料显示，目前世界上主要发达国家每年再生资源回收价值达 2500 亿美元左右，世界钢产量的45%、铜产量的 62%、铝产量的 22%、铅产量的 40%、锌产量的 30%、纸制品产量的35%都来自于再生资源的回收利用，因此，再生资源产业不仅节约资源，而且有广阔的发展空间和市场前景。从生产成本来讲，再生资源具有以下特点：再生产资源的生产成本包括废旧物资的收购价格；废旧原料的回收收集、分类整理和长途运输中产生大量的成本；加工成本，其中包括再生设备购置费、安装费、防止二次污染设备费以及每年的企业生产运行费等。

按照规模经济的理论，当规模经济产生时，企业生产某种商品的成本会随着数量的增加而降低。就欠发达地区目前的情况来看，再生资源企业规模普遍较小，还没有实现规模效益，生产成本高，欠发达地区资源再利用和再生技术发展滞后，使得回收资源的利用成本更高。所有这些因素导致再生资源的成本过高，甚至高过了初次利用资源的价格，因而再生资源在价格上并不具有优势，在产品品质上也未必具有优势，事实上，利用再生资源所生产的产品的质量比不上利用初次资源生产的产品的质量，客观上也导致了再生资源产业发展的不足。

随着欠发达地区工业经济的发展，城镇化水平的提高和地区人口的膨胀，资源的消耗速度越来越快，再加上欠发达地区的生产力水平比较低，经济仍处于粗放型增长阶段，因此单位国内生产总值产出的能源消耗与发达地区差距很大，长期下去，必然加剧欠发达地区自然资源的耗竭，并带来严重的环境污染，严重制约着欠发达地区生态经济的建设。发展再生资源产业，既可以消除垃圾处理不当带来的安全隐患和环境污染问题，也可以最大限度地提高资源利用率。

但是欠发达地区再生资源产业发展严重不足，再生资源回收利用效率低，制约生态经济的建设。欠发达地区再生资源产业发展特点有以下两点：

1. 对再生资源产业认识不足与缺乏长远规划

再生资源产业的发展需要融合哪些社会资源，能够生产出何种社会产品，满足哪些社会需要，对此，欠发达地区认识严重不足。对再生资源企业缺乏正确的引导和科学合理的规划，使再生资源产业还停留在"捡破烂"、"拾垃圾"的民间松散回收方式上，而不是把它作为一个产业加以培育，没有严格按照回收、分类和无害化处理的步骤来建立社会化的废物回收利用产业体系。自发进行回收的企业散布在城市各个角落，回收效率低，占地面积大，重复建设严重，大量浪费了紧缺的土地资源，对经济发展的贡献率不高，社会经济效益低下。

2. 资源再生利用技术设备落后

欠发达地区再生资源产业的生产经营以个体经营和小企业为主，加工处理工艺落后，装备水平较低，又缺乏引进新技术、新设备的能力，从而导致回收利用的产业化程度低。而且再生资源的生产对专业技术的要求高，如果不合理生产，极易产生二次污染，例如对蓄电池、干电池以及电子产品等废旧物资的回收利用，由于技术设备还落后，而从事加工处理人员又没有经过专门培训，在加工过程中往往会引起严重的环境污染。

四、生产技术落后

生态经济建设是一项复杂的系统工程，不仅需要政策的支持，其中也包括一些复杂的科学技术，如替代技术、减量技术、再利用技术、资源化技术、系统化技术等，只有依靠科技投入循环发展才能有更大的产出，才会获得更大的收益，公众才能体会到建设生态经济带来的实实在在的好处。对于欠发达地区而言，生产技术落后主要体现为技术装备的落后，技术研发动力不足，最终导致生态经济技术转换和推广成本比较高。

从技术装备来讲，装备制造是经济增长的发动机，也是科学技术的载体。从总体上看，高耗能、高耗水、高污染的传统生产工艺、落后的技术和设备在欠发达地区普遍存在，制约着欠发达地区生态经济的建设。另一方面，由于发达地区大量向欠发达地区进行落后产能转移，使一些落后的技术设备在欠发达地区还存在一定的生存空间，生产工艺中使用落后的技术装备，不仅资源消耗大，还会导致环境的污染，也加大了欠发达地区淘汰落后产能的难度，加大了产业升级和生态经济建设的难度。因此，在推进欠发达地区生态经济建设的过程中也不能放松对落后生产技术装备的改造升级。

从技术研发动力来讲，对于欠发达地区而言，由于企业规模普遍较小，自有资金不足、科技创新意识薄弱，因而普遍存在对科研的投入不足，科技人员少，科技服务体系不健全，技术研发能力薄弱，创新能力不强。在制度上，欠发达地区政府没有针对技术创新专门制定相应的激励制度，不能对技术人员及企业家取得的成绩进行合理的评价，不能从制度上保障技术创新。

由于技术装备落后以及缺乏相应的技术研发动力，最终导致在欠发达地区生态经济技术转换和推广成本高。在欠发达地区推进生态经济建设的过程中，企业的行为起着决定性的作用，但是由于考虑到企业自身的发展与建设生态经济并非完全耦合时，就会严重影响企业发展生态经济的主动性和积极性。具体包括三个方面：

1. 废弃物处理的规模

任何企业进行废弃物处理都有一个规模问题。欠发达地区企业规模普遍较小，单个企业排放的废弃物数量远远低于处理的最小规模，难以形成规模经济，因而企业通过内部循环综合利用废弃物是不经济的，也是非理性的。

2. 企业环境投入高

欠发达地区仍有很大一部分企业还是按照传统观念进行管理，认为污染综合治理和产品生产是相互独立的，进行污染治理和环境保护会损害既得的生产效益，因为这个过程需要投入。因此，即使企业认为一些新的技术符合生态经济建设的要求，也会因为投入大而放弃使用新的技术，从而使企业的技术选择与社会的长远利益产生矛盾。

3. 企业财政投入高

企业进行清洁生产，开展生态经济建设，就必须对生产设备进行技术更新和改造，对生产工艺流程进行再造，这就需要对企业进行大量的资本投入，资本投入的增大，会给企业背上沉重的包袱。另一方面，其投入的结果又很难预测，因为生态经济建设有一个重要的特征就是效益的滞后性。这就产生了一个矛盾，即企业进行清洁生产，开展生态经济建设产生了大量成本，而生态环境效益的显现却非常缓慢，这就意味着资本一旦投入就需要较长时间才能回收，甚至还无法回收，形成所谓的"沉淀成本"。以上海地区为例，目前建设一座服务人口 30~40 万人、日处理能力 10 万吨的污水处理厂需要 2 亿元以上的总投资，建成后每年的运行费用也高达上千万，这对于经济发展落后的欠发达地区的工厂企业而言，简直就是天文数字。所以，生产技术落后成为欠发达地区生态经济建设的一个障碍，依靠单个企业的力量又不能完全实现生产技术的革新，因此，欠发达地区的生态经济建设必然依靠政府的支持，进行相应的技术革新才能完成。

案例链接：北京过半农业垃圾归田变有机肥

东方网 8 月 14 日消息：居民家每天产生的菜帮菜叶、瓜皮果壳，半数以上都能回归产生它们的田地，"化作春泥更护花"。眼下，在丰台、延庆、顺义、大兴、房山等地的厂房中，菜帮菜叶、秸秆枯枝……每天堆积如山的农业垃圾，正变为农田急需的有机肥，成了种植有机、绿色果蔬不可或缺的肥料。本市一年产生的千余万吨农业产品垃圾，半数以上都能回归田地成资源。

大量垃圾回田的背后，是本市正在推广应用的一系列垃圾资源化处理新技术。以往，对待垃圾大都是进行填埋等无害化处理，费钱费时费土地；而今，新技术正在破解这一难题。

"垃圾都是放错了地方的宝贝！目前，本市每年直接和间接产生多达 1000 万吨的农业废弃物，潜在养分相当于 30 万吨化肥，如果加以资源化利用转化为有机肥料，其效果是难以用经济收益计算的：减少化肥用量、减少对环境的污染、缓解有机肥料的紧缺、生产更多的绿色食品……"说起废弃物资源化利用，市土肥站站长赵永志如数家珍。调查测算表明，本市每年产生的畜禽粪便、秸秆中，光是氮养分贮量就高达 6.82 万吨。此前，对它们的有效利用率仅有 20% 到 30%。

昔日让人头疼的垃圾，如今渐受热捧。2009 年，北京新发地农产品批发市场投资 2700 多万元建立起日处理能力 150 吨的农产品废弃物处理厂后，可以将这些废弃物活生生地吞入，经过消化排出即变成为肥沃农田的有机肥料。

日前，记者来到了这家处理厂。初级加工车间内机器轰鸣不绝于耳，菜帮菜叶、枝蔓、烂果等废弃物顺着输送带被送到硕大的机械之内，经过切碎、挤压等工序后变为八成干的有机肥原料。再经过堆沤腐熟、微生物无害化处理、干燥等工艺，各种有害病菌、虫卵、杂草种子均被杀灭，10 至 14 天后变成无臭味、无病菌的优质有机肥料。被挤压出的废液，则顺着管道被送进另一车间，作为制作液体肥的原料。

这些肥有多大效力？赵永志告诉记者，5 吨左右的菜帮菜叶可以转换成一吨有机肥，因其含钾量高，两吨多所含的钾元素营养就可以满足一亩草莓生长发育的需要。农业废弃物加工成的有机肥营养全面，不仅是生产绿色食品、有机食品的最佳肥料，也是土壤的高级"补品"，长期施用可以很好地改善土壤生物环境，提高耕地有机养分含量。地健康了，才能结出好果子。

市土肥站经过反复试验，还开发出了设施蔬菜和露地蔬菜废弃物循环利用、蚯蚓处理蔬菜废弃物等多种技术，这些技术简单易行，投资少，易于掌握，适宜一家一户农民应用。通州宋庄镇双埠头村示范基地自从建设起 20 个设施蔬菜废弃物循环利用处理点后，基地所产生的蔬菜废弃物都能经处理后转化为有机肥料，用于基地进行蔬菜再生产。现在，市土肥站已在顺义和大兴等 8 区县建立起 50 个示范点，示范点年资源化利用蔬菜废弃物 1000 多吨，带动周边农民资源化利用田间废弃物 4 万多吨。

几种垃圾放在一起，还能制成效力更大的多种肥料。市土肥站依据有机学原理，以畜禽粪便、植物秸秆和矿物质为原材料，采用生物技术，开发生产出叶营养剂、花果营养剂、果实营养剂等 18 种肥料产品。目前，应用此技术，本市已建立 30 个商品有机肥料厂，年处理畜禽粪便 70 多万吨，生产商品有机肥 30 多万吨。

目前，新型有机肥料已基本覆盖了全市各区县。昌平的苹果大兴的梨，都"吃"这种有机餐。经过对大兴、昌平、海淀的 40 个果园进行分析，土壤中有益菌明显增加，果品品质变得更加鲜美。果园平均每亩增收节支 1078.5 元。

（资料来源于 2011 年 8 月 14 日《北京日报》，作者：巩峥。）

第三节　欠发达地区生态经济建设的途径

一、欠发达地区生态农业建设的途径

一般而言，欠发达地区存在产业结构层次低、产业集聚度不高、再生资源产业发展不足、生产技术落后、制度建设滞后等五个方面的不足，从而不利于生态经济建设。因此，欠发达地区的生态经济建设主要从这五个方面入手：调整产业结构，优化产业层次；增强产业聚集能力，提高区域产业聚集度；发展再生资源产业，提高资源的利用效率；进行技术革新，促进技术和生产设备的升级换代；进行制度创新，从制度层面上为欠发达地区生态经济建设提供保障。

（一）构建资源高效利用的共生生态农业

1. 欠发达地区耕地农业的环境特征

我国的欠发达地区主要集中在西部。西部地区水土资源极不均衡，特别是西北地区干旱少雨，水资源普遍短缺。特殊的地理和气候条件，以及人口数量的迅速增长，导致西部地区传统耕地农业的生产水平较低。具体来说，西部地区耕地农业的环境特征有以下三点：

（1）地形地貌复杂，可用耕地较少。西部地区多高原、山脉，沙漠和盆地分布其中，地形条件复杂多样，区域差异较大。随着人口数量的增长，人均耕地资源持续减少。比如，新疆自治区的和田、喀什等地区耕地后备资源严重不足，人均耕地只有 0.1 公顷。

（2）降水量少，气候干旱。西北地区主要位于欧亚大陆腹地，以温带、寒温带气候为主，绝大部分地区属于干旱半干旱地区，气候特征主要表现为日照时间长、光热资

源丰富、降水量少、蒸发量大、气候干燥，多数地区年平均降雨量在 50~200 毫米之间，部分沙漠和戈壁地区甚至在 10 毫米以下。同时，水资源时空分布不均匀，区域调剂困难。随着西部地区城镇化进程的加快和经济建设的发展，工业和城市用水量增加，加之西北地区农田水利基础设施普遍缺乏，采用耕地灌溉方式造成水资源利用效率低下，用水短缺已成为制约西部农业经济发展的严重障碍。

（3）农业生态环境脆弱。由于西部地区长期以来对生态系统服务功能的认识不足，发展规划的科学性一度被忽视，加上西部地区生态环境的脆弱性、敏感性，致使西部很多地区的农业生态环境问题十分突出。西北地区水土流失十分严重，出现了土地沙漠化加剧、森林草原退化、土壤盐碱化、动物种群减少等现象，使生态环境的水源涵养和生态屏障功能作用下降，对西部地区的社会经济发展，尤其是农业生产构成严重威胁。

2. 欠发达地区耕地农业的生产特征

欠发达地区农业基础薄弱，这种情况在西部表现得尤为明显。耕地农业"靠天吃饭"的现象仍然存在，缺乏科学有效的生产方式，在造成生态环境破坏的同时，也导致生产效率低下。西部耕地农业的生产特征表现为以下四个方面：

（1）外部投入相对较大，资源利用率较低。西部地区在耕地农业生产中，大量施用化肥和农药，不仅增加了农业生产成本，造成土壤板结和土壤肥力下降，导致农作物减产，而且在农业灌溉过程中，农药和化肥中的化学成分随着农田灌溉渗漏地下，造成地下水和河流等环境污染。

（2）废弃物综合利用水平低。在西部耕地农业生产中，产生的大量有机废弃物，没有得到合理有效的处置。比如，耕地农业中产生的大量秸秆除了作为饲料和生活能源外，往往被就地焚烧处理，污染了大气环境，牲畜和家禽的排泄物及畜栏垫料就地堆放，农业生产和家庭生活污水随意排放，造成农村生活环境的污染。

（3）农业生产方式落后，规模小。西部大部分地区人口稀少，耕地农业生产方式落后，以家庭为主体的农业生产单位经营分散，难以形成规模经济，耕地农业生产的粮食等作物主要是自给自足，自然经济的特征明显。尽管从事耕地农业的农村人口较多，但农业资源、原料、能源浪费严重，农产品加工转化和生产效率低。

（4）市场经营渠道不畅。西部地区农业生产相对封闭，市场化生产和经营的意识薄弱，市场信息缺乏，销售渠道不畅，农产品商品率较低。同时，粮食等农产品价格被低估的现象在西部地区更为突出，耕地农业的农产品价值大量被转移到其他产业，生产利润在行业间分配不均衡，导致耕地农业的比较效益低，农民从事粮食生产等耕地农业的积极性不高。

（二）合理开发欠发达地区的山地农业

我国的广大山区地势崎岖，耕地破碎，不适宜机械化耕作，但是山地区域独特的资源条件适宜发展山地特色农业，山地农业开发潜力巨大，同时，合理开发和充分利用欠发达地区的山地资源，可以缓解耕地资源缺乏的局面，有利于发展山地农业、帮助农民增收和维护生态环境。

1. 建立林地复合生产经营机制

所谓林地复合生产经营机制，是指在山地农业生产中，通过空间上和时间上的合理配置，搭配进行林业、农业和其他经济作物的生产，提高林地资源利用率和土地生产率。比如，在林地间隙种植经济作物的林—特、林—草、林—茶、林—果、林—药等模式就属于林地复合生产经营。良好的林业生态环境是开展山地农业的基础，西部山地丘陵地区要重点抓好林业生态工程建设，对现有资源重点加以保护，引进优良树种和植被，积极开展退耕还林、封山育林、疏林补植等工作，合理规划商品林和生态林的比重和布局，加快低效林的改造，做好经济林产品开发。

2. 将特色农业作为山地农业发展的重点

由于山地农业的稀缺性和分散性，从整体上看，我国广大山区并不适宜发展种植业，山区的土地资源以山地、丘陵为主，平坝很少，土层较厚、肥力较高、水利条件好的耕地所占比重很低，因此，山区可用于农业开发的土地资源不多。以贵州和云南为例，贵州山地和丘陵面积占全省总土地面积的 92.5%，平坝仅占土地总面积的 7.5%，云南的山地和丘陵面积占到全省总土地面积的 94%，平坝面积仅占耕地面积的 6%，大量贫瘠的耕地零星的分布在陡坡峡谷之间，耕地破碎不连片，单块耕地面积很小，耕地形状不规则，耕地之间距离很远，尤其是贵州，由于受喀斯特溶岩地貌的影响，土壤非常稀薄，肥力很低。山地区域的耕地资源禀赋决定了山地农业规模化种植的不确定性，由种植规模的不确定性引致山地农业收益的不确定性。因此，山区不具备发展种植业的条件，更不适宜将山区种植业规模化，如果将山地种植业规模化，不仅很难提高现有耕地的边际收益，反而因为耕地的开垦而破坏脆弱的生态环境，加剧山地农业的脆弱性效应，不利于山区农业的可持续发展。

结合我国广大山区的特点，适宜发展畜牧业、养殖业等特色农业。在山地农业种植规模不确定性很强的情况下，适宜将特色农业作为山地农业的重点。山地畜牧业和养殖业对地形地貌的要求较低，山地区域的资源条件却很适宜发展畜牧业和养殖业。由于山地农业的多样性，我国广大山区拥有丰富的自然物种资源，丰富的自然物种资源为畜牧业和养殖业的发展提供了饲料来源。比如，贵州拥有优良牧草资源 2500 余种，饲养的主要畜品种有 30 多种，云南素有动植物王国之称，驯养的畜品种很多，具备发展畜牧业的良好条件。发展山地畜牧业和养殖业不仅不会对生态环境造成破坏，还能够创造经济收益，为山地农业的进一步产业化提供资金支持，为打破山地农业的边缘性、克服稀缺性、分散性和脆弱性创造条件。

另外，山地农业的稀缺性、分散性和脆弱性，虽然不利于大规模种植粮食作物，但适宜种植山地经济作物。比如，贵州和云南都拥有丰富的中药材植物资源，其中贵州的药用植物资源就有 3700 余种，占全国中草药品种的 80%，中草药的种植对耕地和水源的要求较低，也不受种植规模的限制，根据地形地貌和气候特点，既可以单家独户的种植，也可以适度规模化种植。发展山地经济作物种植业，同样能够为山区农民增加收入以改善生活的困境，也不会破坏生态环境，为克服山地农业的脆弱性和实现山地农业的

第七章 欠发达地区的生态经济建设

产业化创造条件。

知识链接：轮作

轮作是指在同一块田地上，有顺序地在季节间或年间轮换种植不同的作物或复种组合的一种种植方式。轮作是用地养地相结合的一种生物学措施。中国早在西汉时就实行休闲轮作。北魏《齐民要术》中有"谷田必须岁易"、"麻欲得良田，不用故墟"、"凡谷田，绿豆、小豆底为上，麻、黍、故麻次之，芜菁、大豆为下"等记载，已指出了作物轮作的必要性，并记述了当时的轮作顺序。长期以来中国旱地多采用以禾谷类为主或禾谷类作物、经济作物与豆类作物的轮换，或与绿肥作物的轮换，有的水稻田实行与旱作物轮换种植的水旱轮作。

欧洲各国八世纪以前盛行一年麦类、一年休闲的二圃式轮作。中世纪后发展三圃式轮作，即把地分为三区，每区按照冬谷类→春谷类→休闲的顺序轮换，三区中每年有一区休闲、两区种冬、春谷类。由于畜牧业的发展，18世纪开始推行草田轮作。如英国的诺尔福克式轮作制（又称四圃式轮作）把耕地分为四区，依次轮种红三叶草、小麦（或黑麦）、饲用芜菁或甜菜、二棱大麦（或加播红三叶草），四年为一个轮作周期。以后多种形式的大田作物和豆科牧草（或豆科与禾本科牧草混播）轮作，逐渐在欧洲、美洲和澳大利亚等地准行。19世纪，J. von 李比希提出植物矿质营养学说，认为需氮作物、需钾作物和需钙作物的轮换可均衡地利用土壤养分。20世纪前期，苏联的 B. P. 威廉斯认为多年生豆科与禾本科牧草混播，具有恢复土壤团粒结构、提高土壤肥力的作用，因此一年生作物与多年生混播牧草轮换的草田轮作，既可保证作物和牧草产量，又可不断恢复和提高地力。

合理的轮作具有很高的生态效益和经济效益：

1. 有利于防治病、虫、草害

作物的许多病害如烟草的黑胫病、蚕豆根腐病、甜菜褐斑病、西瓜蔓割病等都通过土壤侵染。如将感病的寄主作物与非寄主作物实行轮作，便可消灭或减少这种病菌在土壤中的数量，减轻病害。对危害作物根部的线虫，轮种不感虫的作物后，可使其在土壤中的虫卵减少，减轻危害。合理的轮作也是综合防除杂草的重要途径，因不同作物栽培过程中所运用的不同农业措施，对田间杂草有不同的抑制和防除作用。如密植的谷类作物，封垄后对一些杂草有抑制作用；玉米、棉花等中耕作物，中耕时有灭草作用。一些伴生或寄生性杂草如小麦田间的燕麦草、豆科作物田间的菟丝子，轮作后由于失去了伴生作物或寄主，能被消灭或抑制为害。水旱轮作可在旱种的情况下抑制，并在淹水情况下使一些旱生型杂草丧失发芽能力。

2. 有利于均衡地利用土壤养分

各种作物从土壤中吸收各种养分的数量和比例各不相同。如禾谷类作物对氮和硅的吸收量较多，而对钙的吸收量较少；豆科作物吸收大量的钙，而吸收硅的数量极少。因此两类作物轮换种植，可保证土壤养分的均衡利用，避免其片面消耗。

3. 改善土壤理化性状，调节土壤肥力

谷类作物和多年生牧草有庞大根群，可疏松土壤、改善土壤结构；绿肥作物和油料作物，可直接增加土壤有机质来源。另外，轮种根系伸长深度不同的作物，深根作物可以利用由浅根作物溶脱而向下层移动的养分，并把深层土壤的养分吸收转移上来，残留在根系密集的耕作层。同时轮作可借根瘤菌的固氮作用，补充土壤氮素，如花生和大豆每亩可固氮6～8千克，多年生豆科牧草固氮的数量更多。水旱轮作还可改变土壤的生态环境，增加水田土壤的非毛管孔隙，提高氧化还原电位，有利土壤通气和有机质分解，消除土壤中的有毒物质，防止土壤次生潜育化过程，并可促进土壤有益微生物的繁殖。

轮作因采用方式的不同，分为定区轮作与非定区轮作（即换茬轮作）。定区轮作通常规定轮作田区的数目与轮作周期的年数相等，有较严格的作物轮作顺序，定时循环，同时进行时间和空间上（田地）的轮换。我国多采用不定区的或换茬式轮作，即轮作中的作物组成、比例、轮换顺序、轮作周期年数、轮作田区数和面积大小均有一定的灵活性。轮作的命名决定于该轮作中的主要作物构成，一般被命名的作物群应占轮作田区1/3以上。常见的轮作有：禾谷类轮作、禾豆轮作、粮食和经济作物轮作、水旱轮作、草田（或田草）轮作等。

（资料来源于中国生态农业网。）

二、欠发达地区生态工业建设的途径

生态工业建设，是欠发达地区生态经济建设的重要环节和关键领域，必须科学地认识生态经济与传统经济发展模式的本质区别及其运行机理，紧密结合欠发达地区工业发展现状的实际，积极探索欠发达地区生态工业的发展模式与具体途径。

（一）传统线性工业模式与生态工业模式的比较

1. 前提假设的区别

传统线性工业模式建立在自然资源无限性假设基础之上，假设自然资源可以无限地从自然界索取，同时，认为自然生态系统的自净能力是强大的，能够消除和化解生产中排放的污染，人类对污染和环境破坏所进行的事后治理效果能够保证生态环境的恢复和正常运转。生态工业模式则建立在自然资源有限性的认识基础上，认为生产过程中的随意浪费必然会引起资源的耗竭，污染随意排放会引发生态环境的破坏，而污染的后期补救性治理难以彻底消除这种破坏的影响。

2. 资源流动方向的区别

传统线性工业模式是传统工业社会的主要发展模式，主要特征表现为物质流动遵循"资源——产品——废弃物排放"的单向式流程。在这种模式下，经济增长主要依靠资源高开采、低利用、高排放，即"两高一低"为特征的线性经济模式，在获取经济增长的同时，也造成了资源浪费和环境污染，影响和制约了经济社会的可持续发展。因此，传统线性工业模式是属于一种外延扩张的粗放型增长方式。

生态工业模式是对传统线性工业模式的一种变革和突破，足以克服传统线性工业模式的弊端。在"生态价值优先"的基本理念指导下，生态工业模式以生态经济的技术范式改变了传统的"资源——产品——废弃物排放"的线性经济流程，代之以物质闭环循环流动为特征的"资源——产品——再生资源"反馈式经济流程，将减量化、再利用、资源化作为生产、流通和消费等活动的基本原则，通过资源节约和循环利用的方式，降低输入和输出经济系统的物质流，减少自然资源的消耗，提高资源使用效率，最大限度地降低生产对生态环境的负面影响，在获取经济效益的同时，也实现可持续发展所要求的生态和环境保护效益。

3. 对污染防治方式的区别

传统线性工业模式对于污染和生态环境破坏主要采取的是一种事后的治理方式，即"先污染、后治理"的"末端治理"模式。这种以被动反应为主的环境末端治理方式存在严重的时效滞后性，补救措施所能实现的环境改善有限，无法从根本上解除污染对生态环境的影响。生态工业模式则将事后治理变为事前防范，它充分利用科学的管理方法和技术手段，在生产设计阶段，就将减少污染作为生产经营的前置标准，通过对工艺、设备、原料和产品进行环保化、循环化和生态化的设计，以及严格的管理控制，来实现节能、降耗，减轻污染的目的，通过对排放物的资源化处理，基本消除工业污染的负面影响。在促进物质的循环利用，减少对生态环境危害的同时，企业也降低了成本，提高了经济效益。

4. 未来发展趋势的区别

随着工业化进程的推进，人口、资源、环境与全球性经济社会发展的矛盾变得尖锐起来，生态环境问题已成为全球性的难题，传统线性工业模式已经难以为继。生态工业模式在全面、协调、可持续发展的科学发展观指导下，按照生态经济理念的要求，采取以"清洁生产"为代表的方式，实现对能源资源的节约使用和对废弃物的综合利用，使人类的经济活动对自然环境的影响降低到尽可能小的程度。生态工业模式作为一种新的发展模式和经济形态，代表了未来经济和社会的发展方向，正在受到越来越广泛的重视。因此，生态工业模式是对传统线性工业模式革命性的颠覆，是符合科学发展原则的经济发展模式，具有持续的、旺盛的生命力。

（二）欠发达地区生态工业建设的途径

欠发达地区生态工业建设是生态经济建设的主攻环节，必须按照全面、协调、可持续的科学发展观的要求，将生态工业建设作为生态经济的重点领域，不断探索适合欠发达地区实际的新型工业化道路，使欠发达地区的工业生产既遵循生态系统规律，又符合社会经济系统的要求，实现自然生态和社会经济系统的互动发展。

1. 增强生态工业的发展意识

欠发达地区多处于西部，社会相对封闭，经济发展比较落后，对生态理念的认识亟待提高。要深入开展宣传，加强相关方针政策、法律法规的宣传贯彻工作。引导公众树立资源节约意识和环境忧患意识，真正使生态经济理念深入人心，成为推进生态工业建设的行动指南。同时，要使企业和社会公众真正认识到，按照生态循环模式加强工业生产中的技术创新和管理，不仅可以降低原材料用量，还可以节约生产和管理成本，增加效益，增强竞争优势，从而引导企业自觉将环保工作的重点从废弃物"末端处理"转向从源头控制废弃物的产生。

2. 制定科学的生态工业发展规划

生态工业建设是一项巨大的系统工程，涉及面广、涉及的部门较多，需要政府、企业和社会各界的积极参与和努力。为加快生态工业建设的进程，需要建立部门间有效的协调机制，建立有效的组织协调机构，加强相关部门相互配合，制定工作方案，落实管理工作责任，积极指导和推动欠发达地区生态工业建设的深入开展。

3. 建立有利生态工业建设的保障机制

当前，鼓励生态工业建设的法规和政策体系还不健全，对生态工业建设的激励作用有限，这不仅影响到企业的积极性，而且还导致生态工业建设的无序性。因此，要充分借鉴国内外的成功经验，加紧完善我国相关的政策、法规及配套标准，明确生态工业有关部门及相关环节的责任和义务，将生态工业建设逐步纳入法制化轨道，促进健康快速发展。

4. 加强生态工业的技术创新

技术创新是生态经济建设的根本推动力量，生态工业的发展离不开技术创新的支撑。通过工艺创新、设备创新、产品创新和原料创新等各种技术创新手段，使欠发达地区生态工业建设上层次、上规模。加强政府引导，充分发挥市场机制，调动各方面的积极性，加大科技开发的投入，建立生态工业技术支撑体系，依靠科技进步和技术创新扩大生态工业建设的领域，提高工业企业的竞争力，推进欠发达地区生态工业的发展和进步。

三、欠发达地区生态服务业建设的途径

生态服务业是将服务业纳入到生态经济建设的轨道，实现生态系统和服务业有机结合的重要方式，是现代服务业发展的一个重要方向。生态服务业作为一种新兴的服务业类型，不同于传统的服务业，它在服务产品的设计阶段，就已经将生态经济的理念作为指导思想，在服务过程中，重点考虑减少服务主体、服务对象和服务途径等环节对生态环境的负面影响，并通过有效的方式，力求实现投入少、产值高、无污染，并提供以生态循环为基础的服务产品，进而实现服务业的可持续发展。

生态服务业与传统服务业的区别：第一，生态服务业是建立在生态经济理论的基础之上，从可持续发展的角度，遵循减量化、再使用、再循环的原则，对服务业内部资源的利用进行重新设计，推动生产、市场和消费行为的生态化，走出一条循环发展的模式。传统服务业和一般的产品生产相类似，沿袭"资源—产品—污染—治理"的发展模式，属于从生产到消费的单向流动的线性经济。第二，传统服务业和第一、第二产业之间的关系，主要体现为产品间的流动与合作关系。生态服务业则主要体现为纽带关

系，生态服务业作为生态经济的有机组成部分和其他产业的纽带，更侧重于通过生态型服务业的建设，发挥引导和带动作用，为生态农业和生态工业的建设提供支撑服务，促进其他产业的循环发展，进而带动生态经济的整体发展。

本节以生态物流业和生态旅游业为例，具体阐述欠发达地区生态服务业建设的途径。

（一）生态物流业

欠发达地区生态环境的脆弱性决定了物流业必须要处理好物流与生态环境的关系，在物流业的建设中，要重视科学规划和综合利用，不断提高对生态物流的认识，充分利用社会化大生产和专业化分工，积极发展生态物流。

1. 欠发达地区生态物流业建设的三种主要模式

（1）绿色物流模式。绿色物流是指在物流过程中，通过合理利用资源，减少消耗和排放，降低经营成本，提高工作效率，改善服务质量，减轻对生态环境的污染和危害，促进生态经济建设和可持续发展的一种物流模式。欠发达地区的绿色物流建设，主要是对传统物流业的供应、生产、销售、消费等各环节和流程进行生态化改造，实现循环化、绿色化、现代化运作，减少和防止物流过程中对生态环境的危害，实现物流体系与生态环境有机融合，从物流系统的源头控制污染的产生。

（2）逆向物流模式。逆向物流是和"正向物流"相对应的概念，"正向物流"是指货物从生产者到消费者的正向流动，是沿着供应链方向进行的物流，逆向物流则是以绿色环保、循环利用作为指导思想，使货物从消费者返回到生产者即产地的过程。引发逆向物流的主要因素包括退货、维修、物料循环利用、废弃物回收处理等因素。物资经过逆向物流返回到生产者后，通过进一步的维修、加工、材料提取等措施，可以使这些返回的物资重新得到有效的利用并实现重置价值和利润。逆向物流的开展对于解决资源和环境压力有重要的现实意义。从企业层面看，逆向物流为企业降低物料成本、节约资源、提高效益提供了条件，既有利于提升企业形象，也增强企业的竞争优势。从社会层面看，逆向物流促进了资源的流动，可以有效降低废弃物对环境的负面影响，促进了区域经济的可持续发展。

（3）回收物流模式。回收物流就是将在经济活动中失去原有使用价值的废弃物品，根据实际需要进行收集、分类、加工、包装、搬运、储存等，并分送到专门处理场所时所形成的物品实体流动。有资料显示，目前世界上主要发达国家每年再生资源回收价值达 2500 亿美元左右，世界钢产量的 45%、铜的 62%、铝的 22%、铅的 40%、锌的 30%、纸制品的 35% 来自于再生资源的回收利用。因此，回收物流对于资源再生利用和生态环境保护具有重要的意义。

2. 欠发达地区生态物流业发展的重点环节

现代物流系统一般由运输、仓储、包装、加工配送、营销和信息、商务服务等环节构成，各个环节相互链接，相互作用，相互影响，共同构成完整的物流系统链条，其中，运输、仓储、包装、加工配送、营销是对生态环境构成潜在威胁的重点环节，各个环节对生态环境造成威胁的方式和途径有所不同。因此，欠发达地区发展循环物流业，要抓住这五个重点环节，分析各环节对生态环境的潜在威胁和差异，用生态经济理念改造物流系统链条。

（1）运输环节。运输是物流体系中的主要活动，也被认为是物流系统中对生态环境影响较大的环节，主要是汽车等交通工具能源消耗较大，在货物运输过程中汽车排放的废气会对空气造成污染，同时，随着城市车辆的增加，交通堵塞也给生态环境造成影响。在运输环节中，要按照资源投入减量化的原则，严格控制运输环节的能源消耗，这不仅是欠发达地区建设循环物流所面临的首要障碍，同时也是重要的发展方向。

（2）仓储环节。加强仓储环节的科学管理，预防货损、变质、包装破坏等因素带来的污染。通过建设自动化仓库，使用计算机监控先进的仓储管理设备，及时监测温度、湿度等仓储环境的变化，减少人工搬运和操作。通过建设立体仓库，采用高层货架、货箱托盘等设备增加仓容面积，进而减少土地占用面积，降低基础设施建设过程中对资源的消耗和对环境的污染。

（3）包装环节。绿色包装是未来货物包装的一个重要趋势，绿色包装制度也成为了国际贸易中的一项主要的非关税壁垒。生态物流要在保证货物运输需求的前提下，使货物包装符合"3R"原则，尽量减少包装的体积、质量和成本，减少包装废弃物的产生量。这就需要科学地对货物分类，针对货物种类的不同和运输方式、距离等因素，合理确定各类货物的包装程度，开发新型重量轻、耐磨损、可降解、成本低的绿色包装材料，降低包装的木材使用率，减少纸制运输包装，提高可降解包装的使用率，鼓励开展包装的回收再利用，提高包装的重复使用率。

（4）加工配送环节。在加工配送环节，为使商品适应市场消费的需求，还需要对运送的商品继续进行非生产性加工，非生产性加工过程尽管在商品价值中所占比重较小，但由于二次加工的分散性和不确定性，往往也成为对污染的重要来源，比如，一些大包装或大体积食品在经过流通并交付到消费者之前，需要销售商对这些食品进行分割加工，如果以规模化的方式进行合理的集中加工处理，就会减少因家庭分散加工和烹饪所形成的浪费，提高资源利用效率。同时，集中处理剩余的废弃物和边角料，也有助于减少因家庭对垃圾随意处理所造成的污染和再生资源的利用，因此，要高度重视配送加工环节对生态环境的影响作用。

（5）营销环节。营销环节是物流链条的末端环节，也是在环保工作中容易被忽视的环节。现代营销手段种类繁多，比如大量设计精美的纸质广告宣传单的发放，不仅造成资源的浪费，也导致环境的污染。因此，要大力推广绿色营销模式，通过树立绿色营销理念，探索绿色营销的手段，引导绿色消费，减少不必要的资源消耗，提高营销的效果，并以此推动整个生产及流通领域的生态化和环保化进程。

（二）生态旅游业

所谓原生态一般是指没有受到人为干预和影响的原始生态，生态旅游就是将原始生态的自然景观和民俗文化作为游览目标而开展的旅游活动，展示着自然与人文的多样性，生态旅游景观是以天然美、自然美、原始美、无人工雕琢痕迹为主要特征。随着工业化进程的加快和人类生存环境的破坏，原生态景观作为一种重要的人类文化遗产，已被人们普遍认同为一种重要的旅游资源，生态旅游在国内外已成为旅游业的一个主要增长点。开展生态旅游能够有效维护生态环境，促进生态景观可持续发展，使原生态旅游资源转化为产业优势和经济优势，提高居民收入。

1. 欠发达地区发展生态旅游的优势和劣势

我国欠发达地区原始的自然生态景观非常丰富，拥有草原、戈壁、高原、雪域、沙漠、丘陵、丛林等多种类型的自然资源，自然生态的多样性十分丰富，生态旅游发展潜力巨大，同时，欠发达地区也是历史文化遗产富集的地区，比较完整地保留了传统的生产生活方式、民俗文化和自然景观，有着丰厚的历史文化和人文旅游资源，当前，以西部为代表的欠发达地区作为我国最具特色的原生态景观富集地区，在发展生态旅游业方面具有天然的后发优势。在未来的发展中，可以将生态旅游作为切入点，将西部地区定位于生态旅游的重点区域，凭借大量原生态的自然、人文的旅游资源开拓国内外旅游市场，使欠发达地区的原生态资源优势转化为现实的生产力。

不过，尽管欠发达地区具有发展生态旅游的良好资源条件，但是由于受经济发展水平、地理位置、气候条件，以及生态脆弱性等因素的影响和制约，欠发达地区生态旅游产业建设仍面临诸多问题需要解决。

(1) 从旅游资源条件来看，欠发达地区的生态旅游资源比较分散，集聚度低，景观差异性较小。同时，欠发达地区生态的脆弱性，也使得生态旅游区域的承载能力较差，生态系统脆弱。近年来，随着人口数量的增加，在经济利益驱动下，人为破坏生态环境的现象屡见不鲜，生态保护区内的物种不断减少，这些现象的出现严重威胁到欠发达地区原生态景观的保存和可持续发展。

(2) 从地理环境条件来看，欠发达地区主要集中在西部，地理空间广大，离发达地区距离较远，交通基础设施不完善。由于西部地区的旅游客源主要来自发达地区，距离客源地较远，因此，如果交通硬件设置落后，会影响到客源量。同时，部分景点道路设施不完备，一些原生态自然景区的可进入性不强，也影响到旅游的舒适性。

(3) 从经济基础条件来看，由于受经济总体发展水平的制约，西部地区旅游的卫生、住宿、餐饮等条件较差。旅游开发投资不足，财政投入能力弱，基础设施滞后，配套设备不完善，所能提供的物质条件较差。而且，居民对旅游资源的开发意识较弱，观念保守，缺乏开放意识。

2. 欠发达地区生态旅游建设的途径

发展原生态旅游业，既是保护原生态文化和景观的需要，也是欠发达地区实现可持续发展的重要途径，两者共同统一在建设生态经济的框架中。欠发达地区发展原生态旅游业，既具有一定的优势，也具有一定的劣势；既蕴涵着有利的机遇，也面临着巨大的挑战。因此，在未来发展中，要确立属地居民开发、共享旅游资源的主体地位，着力解除制约欠发达地区生态旅游业发展的问题和矛盾，努力在发展旅游业与维护生态环境之间找到契合点，实现"双赢"的目标。

（1）发展生态旅游与生态环境保护相协调。生态环境保护与生态旅游产业发展是相辅相成的关系，生态环境的维护状况与生态旅游经济效益成正比，即生态环境维护得越好，生态旅游经济就越发展，旅游经济效益就越好，反之亦然。我国已有22%的自然保护区由于发展生态旅游而造成保护对象的破坏，11%出现旅游资源退化，44%存在垃圾公害，12%旅游效益源于开发生态旅游资源，发展生态旅游产业的同时必须高度重视生态环境的保护。如贵州赤水生态旅游与生态环境保护协调发展。见图7-1。

图7-1 贵州赤水

（2）加强业务指导与政策支持。通过政府引导，市场运作的模式，利用多种途径收集整理本地区的民族文化和艺术，挖掘丰富多彩的民族艺术形式，建立民族文化博物馆；加强业务指导，特别是要加强乡村原生态旅游业的管理，严格执行相关行业法规，严把市场准入关口，旅游、卫生、环保等部门要密切配合，维护旅游者和经营者的合法权益，规范民族歌舞、民俗表演活动等场所的演出秩序，保持市场稳定；指导区域旅游商品的设计和开发，提高旅游商品的民族特色和文化内涵；制定鼓励政策，鼓励在原生态旅游区使用绿色交通工具，减少汽车尾气对旅游区环境的危害；制定和完善相关政策法规，作为推动行业发展的保障，杜绝旅游发展中的违规现象。

（3）加强经营者素质建设。欠发达地区生态旅游的主体和经营者是当地的居民，在发展过程中，需要努力提高经营者的综合素质和业务技能。提高经营者的生态环境保护意识，掌握必要的生态环境知识，引导他们自觉遵守生态循环原则，合理利用生态环境和旅游资源，促进环境、经济和社会的可持续发展；要使经营者熟练掌握绿色生产技术，减少能源消耗与废物排放，促进资源的循环利用；加强经营者的诚信意识、经营意识、服务意识，努力提高他们的文化素质和旅游经营水平，通过邀请旅游院校教师进行专业培训、异地交流学习等方式，提高经营者综合素质以及参与和管理生态旅游业的能力。

（4）加强形象宣传，拓宽旅游市场。通过各种方式，向国内外宣传本地区优美的原生态风光和浓郁的民族文化，利用本地区文化的差异性，突出原生态旅游产品的地域和民族特色。依托本地区民俗文化，举办民俗文化节等活动，吸引中外游客。重点加强生态旅游形象宣传，通过对原生态概念和内涵的宣传，赢得社会的认同和赞誉，提升欠发达地区的旅游业品位。

3. 欠发达地区生态旅游建设的模式选择

（1）原生态民俗家居旅游模式。欠发达地区可以以家庭为单位，利用现有的家庭设施和民俗氛围为旅游者提供特色服务。这种小规模分散化的家居模式的优势在于灵活分散，投入较小。可以通过建立家居旅游协会的方式，加强对分散经营者的指导、协调，提高从业人员的服务管理和业务水平，以点带面，共同树立良好的外部形象，促进俗生态家居旅游健康发展。

（2）村民为主体的专业合作社模式。可以在传统民族文化和原生态景观保护较完好的少数民族聚居村寨，由当地村民自筹资金和相关设施，进行入股、成立原生态旅游专业合作社，联合开发当地的原生态旅游资源。专业合作社通过采取集约化经营、标准化管理的方式，开设有具有地方特色的原生态旅游项目，建立集体经营约束制度，对合作社范围内的旅游活动实行价格透明、服务标准规范，逐步形成具有本地区特色的原生态旅游产业链，并带动和促进原生态旅游健康发展。

（3）区域品牌带动模式。通过政府的统一协调和组织，树立本地区的原生态旅游的品牌，带动本地区域原生态旅游发展。将本地的旅游企事业单位的资源进行重组、整合，通过组建大型旅游集团公司的模式，充分发挥国有资本对旅游产业发展的影响和带动作用；加大宣传力度，通过多渠道、多媒体、多层次的宣传手段，对本地区原生态旅游进行全方位的立体包装和宣传，塑造具有区域特色的著名生态旅游品牌；整合本地的原生态旅游资源，统一管理，由地方政府自筹资金或设立旅游建设基金等方式，加大营销投入，加大宣传推介，提高精品旅游资源的知名度。

复习思考题

1. 欠发达地区开展生态经济建设有何意义？
2. 如何处理欠发达地区生态保护和经济建设的关系？
3. 简述正式制度和非正式制度对行为约束的影响。
4. 资源高效利用的共生生态农业的实现途径是什么？
5. 试论欠发达地区生态工业建设与工业化的关系。

第八章

生态经济制度建设

我们要探索生态经济建设中面临的矛盾和问题，克服体制机制性障碍，必须加强制度建设，才能保障生态经济发展。因此，加强生态经济建设，制度保障是关键。

第一节　生态经济制度建设的意义

一、生态经济制度

在新制度经济学的理论中，制度作为一种内生变量，对经济的影响很大。新制度经济学派的代表舒尔茨将制度界定为一系列规则，他认为制度是某些服务的供给者，是应经济增长的需求而产生的。制度可以降低交易费用，影响要素权利人之间配置的风险，能提供组织和个人的收入，影响公共品和服务之间的生产和分配等。

新制度经济学派的另一代表人物诺思在舒尔茨的基础上对制度进行了更加深入的阐述。诺思认为制度是一种社会博弈规则，是人们所创造的用以限制人们相互交往的行为的框架，制度以一种自我实施的方式，制约着参与人的策略互动，并反过来又被他们在连续变化的环境下实际决策不断再生产出来。之所以存在制度，是因为制度有利于克服外部性和市场失灵，促使不完全市场更好地运作。

诺思指出：制度是由一系列正式约束、社会认可的非正式约束及其实施机制所构成。正式约束又称正式制度，包括政治规则、经济规则和契约等，它由公共权威机构制定或由有关各方共同制定，具有强制力。非正式约束又称非正式制度，主要包括价值观、道德规范、风俗习惯、意识形态等，它是对正式制度的补充、拓展、修正、说明和支持，是得到社会认可的行为规范和内心行为标准，在某种意义上说，非正式制度比正式制度更为重要。此外，一些经济学家把制度看作为一系列契约的集合。

以诺思和舒尔茨为代表的新制度经济学派提出的制度变迁理论，是制度经济学的最新发展。诺思认为，制度是一个社会的游戏规则，更规范地说，它们是为决定人们的相互关系而人为设定的一些制约。诺思认为，在影响人的行为决定、资源配置与经济绩效的诸因素中，市场机制的功能固然是重要的，但是，市场机制运行并非尽善尽美，因为市场机制本身难以克服"外在性"等问题。制度变迁理论认为，"外在性"在制度变迁的过程中是不可否认的事实，而产生"外在性"的根源则在于制度结构的不合理，因此，在考察市场行为者的利润最大化行为时，必须把制度因素列入考察范围。因此，深入探讨制度的基本功能、影响制度变迁的主要要素、经济行为主体做出不同制度安排选择的原因以及产权制度与国家职能、意识形态变迁的关系等问题，是经济学发展的必然要求。

按照一定的角度，制度经济学把制度分为三个层次。一是宪法秩序，它是具有普遍约束力的一套政治、经济、社会、法律的基本规则。宪法秩序就是第一类制度，它规定确立集体选择条件的基本规则，是制定规则的总则。二是制度安排。它是在宪法秩序下约束特定行为模式和关系的规则，具体指法律和制度。三是规则性行为准则。新制度经济学把思想文化因素纳入制度范畴，制度变迁不仅包括正式制度变迁，而且包括非正式制度变迁，即以意识形态、价值观、道德规范为核心的文化结构模式的变迁，作为"规则"的制度包括正式制度和非正式制度。正式制度主要包括界定人们在社会分工中的"责任"的规则，界定每个人可以干什么、不可以干什么的规则，关于惩罚的规则和度量衡规则等；非正式制度主要包括价值信念、伦理规范、道德观念、风俗习惯和意识形态等。

就生态经济制度而言，正式制度包括生态经济法律、生态经济规章、生态经济政策等；非正式制度包括生态意识、生态观念、生态风俗、生态习惯、生态伦理等。因此，生态经济制度就是解决生态经济问题、促进生态经济协调发展的社会规则，由于这些规则有利于生态保护，因此也称作"绿色制度"。

二、生态问题的制度根源

（一）市场失灵

新古典经济学研究证明，在理想市场状态下，市场机制可以在不同的消费者之间有效地配置生产的产品，在不同的厂商之间有效地配置生产要素，在不同的商品生产之间有效地配置生产要素，从而实现最优状态。然而，在现实的生态经济中，这种理想化市场状态的假设条件是不满足或不完全满足的，从而导致"市场失灵"。所谓市场失灵就是市场机制的某些障碍造成资源配置缺乏效率的状态，通俗地说，就是经济生活中，价格机制对某些问题无能为力，市场调节作用存在局限性。

根据微观经济学基本原理，市场机制这只看不见的手在一系列理想假设条件下，是资源在不同用途之间和不同时间上配置的有效机制，也就是说，正常市场机制可以实现废弃物资源配置的帕累托最优。然而，市场机制有效运作要求具备理想假设条件，其中包括：①所有资源的产权一般来说是清晰的；②所有资源必须进入市场，由市场供求来决定其价格；③完全竞争；④人类行为没有明显的外部效应，公共产品数量不多；⑤短期行为、不确定性和不可逆决策不存在。如果这些条件不能满足，市场就不能有效配置资源，而现实经济活动中，这些理想假设条件往往无法满足，因此产生市场失灵。

（二）政府机制失灵

市场不是万能的，在市场失灵的情况下，往往需要政府干预的积极配合。

当然，政府机制同样存在失灵的时候。政府机制失灵指政府干预不但没有纠正市场失灵，反而进一步扭曲市场的现象。在生态环境领域，生态经济建设是一项外部性很强的事业，市场机制对此表现出力不从心，导致有效供给不足，很难使这项事业蓬勃发展起来。政府通过制度设计以消除自由市场机制的障碍，并同时调动经济主体对于生态经济建设的积极性，就可以解决供给不足的问题，从而弥补市场失灵。

市场失灵意味着对一些环境产品和服务很难建立起市场或很难使市场正常工作。在市场失灵的情况下，政府干预成为一个可能的解决办法。但市场失灵仅仅是政府干预的必要条件，政府干预还需要两个其他条件：第一，政府干预的效果必须好于市场机制的效果；第二，政府干预所得到的收益必须大于政府干预本身的成本即计划、执行成本和所有由于政府干预而加于经济其他部门的成本。理论上，政府干预的目的在于通过税收、管制、建立激励机制和制度改革来纠正市场失灵。例如若上游乱砍乱伐破坏森林造成下游洪水，政府就应该向上游林业和下游农业征税，来补贴上游森林的再种植。而实际上政府干预往往不能补救市场失灵，反而会把市场进一步扭曲，这种情形就是"政府失灵"。政府失灵一般源于"干预失灵"或政府的有意或无意的不恰当行为；或由于缺乏政府的干预而导致的失灵或纠正市场失灵的失败。在干预失灵的情况下，可能导致内部和外部的市场失灵。在干预不足的情况下，现存的市场失灵会继续泛滥。当由于制度体系内部的原因，政府管理过程的最终结果使得价格远离社会最优的价格时，就会发生政府失灵。最重要的具有环境意义的政策失灵可能具有鼓励过度利用环境资源的作用。

三、生态经济制度建设的意义

（一）生态经济制度建设对生态经济的发展有重要的保证和推动作用

生态经济模式是一种涉及经济、社会、生态和区域经济协调等多种因素的发展模式。促进生态文明建设和经济建设的有机结合的经济发展离不开制度的保障，只有在完善的制度下，才能使生态经济主体自觉进行相应的生产和消费。无论是发达国家，还是发展中国家，都非常重视制度的建设，使经济发展有章可循。

随着我国经济的迅速发展，生态和环境问题已经成为阻碍经济社会发展的瓶颈。经济系统的运行和生态系统的运行都是客观存在的，但由于人们片面地追求眼前和局部利益，破坏了生态系统，从而受到了自然规律的严厉惩罚，因此必须增强社会公众的生态经济意识，把我国经济建设放在经济与生态稳固协调发展的基础上，实现经济、社会、生态三个效益的统一。

科学发展观强调以人为本，全面、协调、可持续发展，高度重视生态建设，政府采取了一系列加强生态保护和建设的政策措施，有力地推进了生态状况的改善。但在实践过程中，也深刻地感受到在生态保护方面还存在着结构性的政策缺位，特别是有关生态建设的经济政策严重短缺。这种状况使得生态效益及相关的经济效益在保护者与受益者，破坏者与受害者之间的不公平分配，导致了受益者无偿占有生态效益，保护者得不到应有的经济激励；破坏者未能承担破坏生态的责任和成本，受害者得不到应有的经济赔偿。这种生态保护与经济利益关系的扭曲，不仅使中国的生态保护面临很大困难，而且也影响了地区之间以及利益相关者之间的和谐。要解决这类问题，必须建立生态补偿机制，以便调整相关利益各方生态及其经济利益的分配关系，促进生态和环境保护，促进城乡间、地区间和群体间的公平性和社会的协调发展。

（二）生态经济制度是获得良好资源环境效果的关键

制度具有减少人类社会活动成本的作用，因此它对于理解人们的经济交往存在着重要的价值。而环境制度创新的意义就在于以尽可能小的环保成本实现尽可能好的环境效果。所以有观点认为，凡是能使制度供给主体获得超过预期成本的收益，一项制度就会被创新，而且创新的不断延续和发展将构成现代社会安全感与共同体的真正基础。由此看来，一国经济的增长、生态的平衡、社会的发展，其内涵就是制度的合理性和创造力。

从实际运作的视角分析，创建环境保护经济制度的核心意义在于：通过把自然资源和环境纳入国民经济核算体系，能使市场价格准确反映经济活动造成的环境代价，进而确定恰当的边际社会成本，以刺激企业对相应的环境经济政策和环境惩罚措施产生灵敏和足够的反应；同时，在合理分割企业所消费的"环境资源"产权的基础上，使他们把生产中所带来的"外部性"在明晰的产权和恰当的边际社会成本中实现"内部化"，以实现社会经济的高效率产出。然而，调整价格体系和实行环保经济政策，对于国家产业结构的调整和经济主体的决策选择具有更加深远的意义。因为，经济主体存在着对不同产业方案进行选择的潜在性动力，其中价格的导引和刺激是最为有效的。人们已经开始认识到，通过产业结构升级来保护自然环境和摆脱生态危机，已经成为现代国家和政府的一项重大的战略性决策。丹尼尔认为，产业层次越高，对环境的破坏作用就越小。因为，随着产业结构的不断升级，知识在产业中的含量会越来越高，对有形资产的依赖会越来越小，对资源利用的强度会越来越大，所以它对大幅度提高生产率和经济集约化程度，以及对投资规模、经济增长方式的改进都将产生积极和重大的影响。

当然，环境保护的经济制度只有在能够被使用的条件下才能发生作用，亦即对它们的应用需要政府机构、当下和未来污染者团体、越来越多的代表环境恶化受害者的非营利性组织对这些经济政策及其手段的接受，而最终的可接受程度将取决于不同的社会力量的抗衡。事实上，这些力量之间的抗衡在本质上表现为不同利益团体之间的一种博弈，而现代政府对环境利益关系的整合，就是通过协调他们之间的讨价还价来实现妥协与平衡的过程。诚然，现存的"不平衡"将受到政府与社会的普遍关注，然而政府行为越影响利益团体，这些团体就越觉得政府与自己的目的相关，也越是积极努力地去影响政府的决策。为了使国家和政府真正成为属于整个社会的公共力量，不至于成为少数强势利益团体的代言人，就需要建立起现代社会的有效机制，通过制度化的途径接纳社会成员的普遍参与。环境问题的公民参与有助于激发社会成员的责任感和积极性，以进一步壮大环境保护的社会力量，从而避免既得利益集团按照自身的经济标准来影响政府的决策；有助于实现公众对政府的监督，以制止政府的自利和扩张行为；有助于克服由生态危机而激发的矛盾，避免发生政治动荡和社会冲突。

人与自然的关系集中体现在生产力方面，其本质为科学技术；人与人的关系集中体现在制度方面，其本质为社会价值。而人与自然的相容性决定了制度与技术一定是密切相关的。所以与其他所有制度一样，保护生态环境的制度机制并不是一种空泛的架构，它将在推动科技进步、促进社会经济发展方面发挥越来越大的作用。

第二节　生态经济制度建设的现状

一、我国生态经济制度建设的历程

我国的生态经济建设始于 20 世纪 80 年代，建设生态经济以来，政府对生态经济制度的建设表现出高度的重视，一系列促进生态经济建设的相关政策法律法规相聚出台，生态经济机制的建立越来越受到重视。各项生态经济制度由最早的简单的强制性规则发展到了经济上的各项激励机制，形式上更加灵活多样。目前我国有关生态环境保护的法律内容已初具规模，形成了由宪法、法律、行政法规、地方性法规和我国签订的国际条约等所组成的生态环境保护法律体系。

1978 年修订的《中华人民共和国宪法》第一次对环境保护作了规定："国家保护环境和自然资源，防治污染和其他公害"，这为我国的环境立法提供了宪法依据。1979 年《中华人民共和国环境保护法（试行）》的颁布，标志着我国的环境保护工作进入了法治阶段。《中华人民共和国环境保护法》是一部综合性的实体法，是制定专门性环境单行法的依据。该法对环境保护立法目的、任务、对象及环境法基本原则、制度、防治污染、保护和改善环境的基本要求，以及环境监督管理的职权、环境保护法律责任等作出了原则性规定。

环境行政法规是由国务院制定的有关合理开发利用和保护改善环境和资源方法的行政法规，如《水污染防治法实施细则》、《淮河流域水污染防治暂行条例》、《建设项目环境保护管理条例》等。行政规章是由依法行使监督管理权的环境行政主管部门制定的，如《环境监理工作暂行办法》、《环境保护行政处罚办法》、《废物进口环境保护管理暂行规定》等。2003 年《清洁生产促进法》较系统地对生产领域节约资源、提高资源利用率、资源综合利用、减少有毒的原料使用以及合理包装等进行了规范。

在环境行政法规出台的同时，地方环境保护法也相应出台。省、自治区、直辖市及较大城市的人大及其常委会根据本行政区域的具体情况和实际需要，在不与宪法、法律、行政法规相抵触的前提下，可以制定地方性法规。省、自治区、直辖市和较大市的人民政府，可以根据法律、行政法规和本省、自治区、直辖市的地方性法规来制定规章，如《河北省环境保护条例》、《云南省野生动物管理法》等。

20 世纪 80 年代我国开始实施了生态环境补偿政策，20 世纪 90 年代末实施了退耕还林（草）工程、天然林资源保护工程、退牧还草工程的经济补助政策，2001 年开始试点实施生态公益林补偿金政策、扶贫政策中的生态补偿政策、生态移民政策、矿产资源开发的有关补偿政策、耕地占用的有关补偿政策、三江源保护工程经济补助政策以及流域治理与水土保持补助政策等。从立法角度看，我国 1998 年的《森林法》修正案中第一次明确规定"国家设立森林生态效益补偿基金"，但是这项立法至今还没有全面实施。严格意义上说，上述与生态补偿相关的政策还不能称为生态补偿政策，确切地说应当是针对单一要素或单一工程项目的补助政策。尽管如此，这些生态补偿相关政策在保护生态环境、调节生态保护相关方经济利益的关系上仍发挥了积极作用，对于完善我国生态补偿机制具有重要参考价值。综合起来看，我国现行的生态补偿相关政策存在的主要问题是：政策基本上还不是以生态补偿为目标而设计的，带有比较强烈的部门色彩；整体上还缺少长期有效的生态补偿政策；在政策制定过程中缺乏利益相关方的充分参与；补偿标准普遍偏低；资金使用上没有真正体现生态补偿的概念和涵义。

二、我国生态经济制度建设存在的不足

近来年，尽管我国生态经济制度的建设取得了一定的成绩，但相比发达国家还存在很多不足，特别是欠发达地区的生态经济制度的建立还存在诸多不足，主要表现如下：

（一）生态经济制度供给不足

1. 生态经济制度供给总量不足

20 世纪以来，世界各国在经历了放任发展经济带来的环境污染使得生态失衡以后，都在探索一条促进经济、社会、生态环境平衡发展的可持续道路。改革开放后，我国也采取了各种措施治理环境污染、生态破环。然而这些措施和手段仍然是针对生态环境遭到破环以后采取的，并不能到达真正意义上的平衡的可持续发展。

目前，我国正处在从农业社会向工业社会转变的关键时刻，我们离发达国家和工业社会还有距离，盲目追求经济利益的同时严重破环了生态环境，生态经济的意识较为淡漠，导致生态经济制度供给不足。但是，全球生态危机加速了世界向后现代工业转化的步伐，绿色经济成为我们的必然选择。落后的法制理念使我国现有的制度中很少出现专门的生态经济制度，即使对现有制度修改，也会在利益集团的左右下举步维艰。

2. 生态经济制度供给手段落后

制度是经济发展的规则，由于对市场经济认识有限，对于生态经济更是知之甚少，所以，对生态经济制度的设计更多地运用了计划手段，强制性、限制性制度较多，经济发展的鼓励性、指导性制度不足，导致激励不足，使制度的受用者要么正面抵触，要么采取迂回的方式，架空制度的效用。

3. 生态经济制度供给的范围狭窄

我国目前生态经济制度的供给主要是在生产领域，如循环经济促进法、清洁生产法等，在流通、分配和消费领域相对较少。然而，生态经济的发展同样涉及生产、流通、分配、消费等环节，资源在流通和消费过程中污染和浪费也非常严重，过度消费、超前消费的现象愈演愈烈。因此，拓宽生态经济制度供给领域，加强对流通领域中企业、政府采购行为的规范，对居民的消费给予合理引导，鼓励绿色采购和绿色消费，使终端的绿色消费引导前端的绿色生产，从而形成经济过程的绿色化。

（二）生态经济制度操作性差、效率低

1. 生态经济制度不健全

当今世界各国包括我国在内，对怎样计算、评估生态环境破坏与资源浪费所造成的直接经济损失，对怎样计算保护环境、治理污染、保护生态、挽回资源损失所必须支付的投资，都已积累了一些初步经验，形成了一套初步可行的评估、计算方法。已创建的绿色制度完全可以量化后投入实际操作，用绿色经济制度体系这个新的"指挥棒"，去规范和考核经济行为。但强烈的利益冲突使已有的研究成果无法在制度中体现。

2. 生态经济部分法规不能适应新形势发展的需要

我国的环境保护法律体系主要是在计划经济体制下建立起来的，有些内容带有浓厚的行政隶属色彩，其指导思想主要体现为如何治理污染，这显然不符合建设生态经济的要求，所以，我们的立法指导思想应由污染治理改变为预防污染。环境法律体系尚待完善。目前出台的许多环境法律都过于原则化，缺乏相应法规、规章和实施细则的配套，结果导致法律的可操作性差，执法随意和执法标准不一致。

3. 环境保护制度和措施落后

长期以来，我国在环保工作中主要采用行政管理的制度和措施，这些制度在市场经济条件下早已显示不足，为此，还必须引进相应的经济激励制度和市场调节制度。

4. 环境标准偏低

由于我国以往片面追求高经济效益，对环境标准制定过低，从而造成企业不惜牺牲环境追求经济效益的短视行为。入世后我国许多产业加大对外开放力度，过低的环境标准，将会给一些发达国家向我国转嫁"夕阳"产业和重污染产业以可乘之机。

（三）非正式制度缺失

正式制度的建立和实施需要非正式制度的支持，非正式制度又受到正式制度的影响而改变。随着我国经济体制转型和市场经济的发展，人们把更多地关注正式制度的改革，希望通过不断完善法律监管体系来解决经济发展中出现的治理缺失和秩序混乱等问题，在一定程度上却忽略了非正式制度对经济运行所起到的维护作用。另外，与一些发达国家相比较，我国公众的生态知识缺乏，生态意识比较淡漠，保护生态环境的意识淡漠，公众参与有限。法律虽然规定了公众参与制度，但却缺少参与的渠道和措施。由于生活水平较低，我国公众受长期生活习惯的影响，生态观念、生态文化、生态习俗等非正式制度缺失。

第三节　生态经济制度建设的途径

一、完善市场机制

市场机制应该成为生态经济发展内部运行的基础，充分发挥市场机制的资源配置基础作用。

（一）市场价格机制

市场机制最主要是通过价格机制来实现的，生态产品必须具有相应的价格，以实现生态经济建设者的利益补偿。

（二）健全产权制度

经济学认为，产权是有效利用、交换、保存、管理资源和对资源进行投资的先决条件，产权必须是明确的、专一的、可安全转移的和可涵盖所有资源、产品、服务的，这是市场机制正常作用的基本前提。从产权的形式上看，环境资源主要是以公共资源为主，由于环境资源的公共物品属性所产生的外部性，难以实现排他性和可交易性，难以通过市场价格机制对其实现合理有效的配置。产权经济学家认为，产权制度是整个社会制度体系的基础和核心。产权越明晰，产权交易的成本越低，收益越高；产权不明则会发生"公地悲剧"现象。

经济系统中，重视社会、经济、环境的协调发展，将环境代价计入发展的成本，真实反映经济发展的速度和质量，已是不争的事实。所以，生态经济制度建设的重点在于要明晰环境、资源产权，建立完整的环境、资源价格体系，使其价格正确反映它的价值，从制度上迫使利益主体承担相应责任和义务。从责任与公平的角度看，生产者、经营者、消费者都要对产品的最终报废处理和再利用承担资源与环境的责任。

明晰的产权关系会产生激励作用，从而影响主体的行为，这是产权的一个基本功能。产权的排他性激励着拥有财产的人将它用于带来最高价值的用途，有权决定如何使用他的财产，以及有权要求侵犯其权利的人进行赔偿。形成资源环境利用者相互制约体内生治理机制，主要包括明确财产权和健全排污权交易制度。只有明确产权，才能对环境污染的责任加以明确的界定，并对环境的所有权加以有效地保护；健全排污权交易制度，主要是政府作为环境保护者的代表，享有环境不被污染的权利。

二、健全政府机制

政府的管理活动往往通过各种手段对开发和利用环境的活动进行干预。

（一）制定生态经济政策

生态经济制度的具体化就是生态经济政策。为了达到生态改善与环境保护的目的，政府往往会采取多种手段对开发与利用环境的活动进行干预，利用它的行政权力制定经济发展和生态保护的各种政策。

1. 生态产业政策

建设生态经济要求形成节约资源和保护生态环境的产业结构、增长方式、消费模式，建立和完善产业导向、扶持激励的政策支撑，这是全面实现小康社会的新要求。我国经济发展主要不是靠提高生产要素的效率来促进发展，而是靠资源、投资和劳动力的扩张来促进发展。因此，必须改变以高投入、高消耗、高排放为特征的传统的工业化道路，发展生态经济。

第八章 生态经济制度建设

2. 生态保护政策

在诸多的政策中，环境经济政策尤为重要。环境经济政策是指政府按照市场经济规律的要求，运用价格、税收、财政、信贷、收费、保险等经济手段，影响市场主体行为的政策手段。目前我国政府应从以下几个方面制定或完善政策：环境税费制度、财政补助制度、生态补偿机制、排污权交易制度、环境标志制度、环境责任保险制度等。

(二) 构建生态经济法律法规体系

法律法规是生态经济政策和环保行动的出发点和归宿，生态保护的原理、原则、方针和政策规范化、权威化和强制化，就形成生态经济法律法规。

法律作为最基本的制度形式，所反映的只是不同的交易规则，它界定和影响着交易成本，交易活动中依靠个别组织机构或私人制度安排形式都存在着极高的制度成本，在这种情况下，制定并实施国家统一的法律就具有较大的规模效益。此外，法律是其他制度安排的基础，法律制度决定各种具体制度安排形式的选择范围，进而影响具体制度安排形式的成本，有效的法律制度一方面可以降低制度的创新成本及维护成本，另一方面可以增加制度的收益，改善资源配置效率。

1. 完善环境法律法规

一是及时弥补环境立法领域上存在的空白点，为解决环境纠纷提供法律依据，使环境行政执法有法可依。二是及时修订与市场经济和可持续发展战略不相符合的法律法规，以便更好地适应社会发展，更好地解决社会矛盾。三是完善各项环境法律制度，加强地方环境保护立法，使国家与地方的法律法规互相配套、相互呼应，以保证国家法律在各地的实施。

法制是生态文明建设职能运行的直接依据。目前，政府在环境行政立法上还存在配套立法进展缓慢、环境法规滞后于社会发展的突出问题，给生态文明建设职能的执行带来障碍。在执法上，有的地方政府在项目的环保审批、验收上把关不严，对破坏环境的违纪违法行为放任不究，严重影响了生态建设职能的行使。因此，立法机关和政府必须加强立法、保障严格执法，通过尊重和发挥法律法规的权威性、严肃性，使生态文明建设职能得到彰显。

2. 政府严格执法

政府必须严格执法，切实维护环境法律法规的权威性、严肃性，坚决抵制地方政府在环保项目审批、验收上把关不严，以及对破坏环境的违纪违法行为放任不究等执法不严的现象。

(三) 建立生态补偿与政府财政转移支付制度

我国生态保护方面存在着结构性的政策缺位，特别是有关生态建设的经济政策严重短缺，使得生态效益及其相关的经济效益在保护者与受益者、破坏者与受害者之间的不公平分配，导致受益者无偿占有生态效益，保护者得不到应有的经济激励；破坏者未能承担破坏生态的责任和成本，受害者得不到应有的经济赔偿。要解决这类问题，必须建立生态补偿机制，以便调整相关利益各方的生态及其经济利益的分配关系，促进生态和环境保护，促进城乡间、地区间和群体间的公平性与社会的协调发展。

生态补偿是以保护生态环境、促进人与自然和谐发展为目的，根据生态系统服务价值、生态保护成本、发展机会成本，运用政府和市场手段，调节生态保护利益相关者之间利益关系的公共制度。生态补偿按照实施主体和运作机制的差异，可以分为政府补偿和市场补偿两大类型。政府补偿机制是目前开展生态补偿最重要的形式，也是目前比较容易启动的补偿方式。政府补偿机制是以国家或政府为实施和补偿主体，通过财政补贴、政策倾斜、项目实施、税费改革和人才技术投入等方式的补偿。

财政转移支付是生态补偿机制中最核心的制度，是以各级政府之间所存在的财政能力差异为基础，以实现各地公共服务的均等化为主旨而实行的一种财政资金或财政平衡制度。

1. 建立生态补偿机制

生态补偿是当前生态经济学界、政府环保部门甚至社会大众关注的热点问题。生态补偿机制是一种新型的资源环境管理模式，是新时期我国生态环境保护政策创新的重要内容。建立和完善生态补偿机制是我国落实科学发展观、实现人与自然和谐的重要战略选择，生态补偿机制是一种保护资源环境的经济手段，是一种有利于调动生态建设的积极性、促进环境保护的利益驱动机制、激励机制和协调机制。

生态补偿机制是指为改善、维护和恢复生态系统服务功能，调整相关利益者因保护或破坏生态环境活动产生的环境利益及其经济利益分配关系，以内化相关活动产生的外部成本为原则的一种具有经济激励特征的制度。其基本思路是通过恰当的制度设计使环境资源的外部性成本内部化，由环境资源的开发利用者来承担由此带来的社会成本和生态环境成本，使其在经济学上具有正当性。生态补偿机制的建立是一项复杂的系统工程，需要政府、社会和公民的广泛参与，需要各利益相关方的协调配合和相互监督。生态补偿坚持的两个原则：一是谁利用谁补偿，二是谁受益谁付费的原则。

建立生态补偿机制应采取的措施：

第一，建立生态补偿的长效机制。生态建设是长期的、艰巨的任务。政策调整上应继续推进退耕还林、退耕还草工程，尤其要扩大重要江河流域所涉区域的实施范围，将补助期限延长到 20 至 30 年，或是当工业化发展到农民离开土地也能生存时，终止这项政策。完善"项目支持"的形式，重点发挥生态环境保护地区的生态移民和替代产业的发展。

第二，完善中央财政转移支付制度。中央财政增加用于限制开发区和禁止开发区生态保护的预算规模和转移支付力度及生态补偿科目。国家财政部制定的《政府预算收支科目》中，与生态环境保护相关的支出项目约 30 项，其中具有显著生态补偿特色的支出项目如退耕还林、沙漠化防治、治沙贷款贴息占支出项目的三分之一强，但没有专设生态补偿科目。因此，在政府财政转移支付项目中，增加生态补偿项目，以用于国家级自然保护区、生态功能区的建设补偿。对因保护生态环境而造成的财政减收，应作为计算财政转移支付资金分配的一个重要因素。国家对限制开发区和禁止开发区实行政策倾斜，增加对生态保护地区环境治理和保护的专项财政拨款、财政贴息和税收优惠等政策支持。

第三，建立横向财政转移支付制度，将横向补偿纵向化。建立地方政府间的横向财政转移支付制度，实行下游地区对上游地区、开发地区对保护地区、受益地区对生态保护地区的财政转移支付。让生态受益的优化开发区和重点开发区政府直接向提供生态保护的限制开发区和禁止开发区政府进行财政转移支付，以横向财政转移改变四大功能区之间既得利益格局，实现地区间公共服务水平的均衡，提高限制开发区和禁止开发区人民生活水平，缩小功能区之间的经济差距。

案例链接：内蒙古建立草原生态补偿机制

本报呼和浩特5月30日电（记者：岳富荣、辛阳）"科学合理地利用草场，既保护生态又富裕群众，这是我们牧民盼望的好政策"。望着茫茫草原，内蒙古自治区呼伦贝尔市鄂温克族自治旗锡尼河镇巴彦胡硕嘎查（村）牧民斯木吉德乐说，如今牧民并不想再让牛羊啃食可能好于往年的牧草，期待着业已退化了的草原能够得到更好的休养生息。

2010年10月，国务院决定从2011年起到2015年，在内蒙古、新疆等8个主要草原畜牧区全面建立草原生态保护补助奖励机制，中央财政每年拿出130多亿元，给牧民禁牧补助、草畜平衡奖励、生产性补贴等，以此加强草原生态保护，转变畜牧业发展方式，促进牧民持续增收。

内蒙古拥有13亿亩天然草原，为加快建立草原生态恢复补偿机制，内蒙古决定继续加大禁牧、休牧、轮牧的补偿力度。在生态极度恶化、不适宜人居住的地区以及正在实施长期禁牧的地区，继续实施异地扶贫移民搬迁、边境生态移民和移民扩镇等项目。

锡林郭勒盟苏尼特右旗赛音锡力嘎查牧民齐木德算了一笔草原补偿账，他们一家6口人，有1.5万亩草场，按照国家的禁牧补助标准，在恢复草场的同时每年还可获得7万多元的补助金。没有落实禁牧政策时，养了五六百只羊，除去饲草料成本，每年纯收入只有4万多元，如今少养羊甚至不养羊反而还划算了许多。"禁牧，我们牧民都赞成！"

目前，在国家建立草原生态保护补助奖励机制的鼓励下，许多牧民借助牧业联合组织、高效益舍饲圈养、移民搬迁等途径，转变传统生产方式发家致富。

（资料来源：《内蒙古建立草原生态补偿机制》，人民日报，2011年5月31日，网址：http：//www. mof. gov. cn/zhengwuxinxi/caizhengxinwen/201105/t20110531＿555757. html）

三、建立社会机制

建设生态经济制度离不开社会机制的构建。社会机制指社会公众包括社会团体、民间组织和公民个人接受并宣传生态环保的思想，参加生态建设和环境保护的实施。社会机制是生态经济发展中最为广泛的机制。

市场经济建立在市民社会的基础上，社会团体是市民社会的中坚力量。生态经济的发展离不开社会团体的参与。世界各国在建设生态经济过程中都越来越重视社会机制的建立。新加坡能够在较短的时间内取得绿色经济建设的成果，很大程度上与公民的参与有关。日本在《循环型社会形成推进基本法》中特别规定了社会团体的参与。因此，我国应当特别注意加强对社会团体的培育，不仅从组织上，而且在参与社会经济发展中，应当积极发挥作用。社会团体的参与不仅能实现决策的科学化、民主化，而且，还对公民绿色环保意识的培养起到积极的作用。因为社团的成员来自民间，其宣传和榜样的力量可以对社会绿色化进程产生巨大的影响。

构建生态社会机制的路径：

（一）增强公众的生态经济意识

生态经济的建设，既是经济问题也是生态问题，经济系统和生态系统的运行都是客观存在的，但由于人们片面地追求眼前和局部利益，破坏了生态系统，从而受到了自然规律的严厉惩罚，各种环境问题凸现出来。因此必须增强社会公众的生态经济意识，培养和提高公民的生态环境素质，树立生态经济观念；增强全社会的环境保护意识，以环境教育和环境意识普及的方式，唤起公众的节约意识和环保意识，从而提升整个社会对环境的责任感，让足够的认知成为公众自觉行动的能力；改变公众的消费偏好，形成健康文明、节能环保的消费模式和生活方式。

（二）公开生态环境信息

由于技术的原因和政府部门的种种因素，我国的生态环境信息不透明，公众缺乏对生态环境信息的知情权。信息公开可以使公众能够基于更充分的信息作出选择，从而对有利于生态的产品和服务产生更大的需求。如对污染排放的信息公开使公众能够监督生产经营者的行为和他们对环境的遵守程度。

（三）发动公众自觉参与

社会机制特别注重公众的参与程度，政府在改善生态环境中的作用往往是基于公众对于环境状况的强烈不满和改善环境的强烈愿望，因此，鼓励公众参与是生态管理的一个重要方面。如在重大项目的环境评价中要求公众听证，既可以提高公众的生态意识，又可以在判定开发过程中将如何对其环境产生重大影响时向整个社区提供有效的声音。公众参与环境影响评价，不应仅仅停留在项目规划的事前监督上，还应包括事后监督；不应仅仅是对建设项目规划的评价，还应包括立法规划的评价，把公众参与贯穿到建设规划项目和立法规划项目的全过程，确保所有行为和决策以生态环保为前提。

（四）扶植绿色社团建设

绿色社团在生态经济中发挥着越来越重要的作用，要通过民间发起的环境保护组织开展宣传公众，鼓励创办绿色企业、从事绿色营销、生产消费绿色产品。要通过组建具有相对独立性的非政府绿色社团组织，对政府的生态管理活动形成一定的监督和制约作用。环保团体是公众参与的重要渠道，依靠其团体优势和专业优势，公众能够更好地监督政府立法、执法行为，防止企业、个人的环境破坏行为。

（五）倡导生态消费

绿色消费是目前世界各国比较流行的一种观念和行动。绿色消费是随着生态环境危机的加深、人类消费观念及消费需求的变化而产生的一种全新的消费理念和生活模式。目前，绿色消费已成为世界消费发展的大趋势，并日益成为我国消费发展的主旋律。当今社会，关于绿色消费的研究涉及多学科、多角度，研究也不断深入。因此，对于这种新的消费方式和生活模式的理解也有不同的解释，所使用的概念也有不同。例如绿色消费、可持续消费和生态消费等概念的使用。绿色消费是指以绿色、自然、和谐、健康为宗旨的，有益于人类健康和环境保护的消费内容和方式。绿色消费具有十分丰富的经济、社会、生态的内涵，其内涵的本质是可持续消费，即要求消费的过程和消费的商品、劳务均对消费者本人、对他人（包括同时代人和后人）、对生态环境无害，达到人与人之间、人与自然之间均衡、公平、可持续发展的目的。生态消费比绿色消费范围更大、内容更广泛和深刻，如绿色消费仅仅指人的健康与不损害环境，生态消费还包括在实现消费方面的公平、公正等内容，是指既符合物质的发展水平，又符合生态的发展水平，既能满足人的消费需求，又不对生态环境造成危害的消费模式。

生态消费就是广义的绿色消费，是为了满足人类的生态需要，实现人类和经济的可持续发展。西方发达国家早在19世纪末就有了"绿色意识"。20世纪70年代以来的绿色革命深刻冲击着人们的观念，当今绿色意识、生态意识已深入人心。据有关民意测验统计，77%的美国人表示，企业和产品的绿色形象会影响他们的购买欲；94%的德国消费者在超市购物时会考虑环保问题；85%的瑞典消费者愿意为环境清洁而付出较高的价格；80%的加拿大消费者宁愿多付出10%的钱购买对环境有益的产品；日本消费者更胜一筹，对普通的饮水机和空气都以"绿色"为选择标准；韩国和我国香港地区的消费者，争先购买几乎绝迹的茶籽、茶籽油作为天然的洗发剂、护发剂。与之相比，我国长期占据主导地位的是自然资源取之不尽、用之不竭的思想，是对自然界的战胜、改造的观念。我国20世纪90年代初引进"绿色营销"的概念，消费者的绿色消费需求是拉动企业绿色生产的动力。然而，我国的政府对绿色营销宣传不够，企业在生产、销售中也缺乏必要的绿色教育，没有形成对消费者的有效的绿色消费心理刺激，绿色产品的社会效应难以深入人心。同时受制于收入水平的限制，一些消费者无力承担由于生产绿色产品而带来的绿色成本的上涨，绿色产品成为多数人眼中的"空中楼阁"。因此，加强生态消费制度建设具有非常重要的意义。

复习思考题

1. 什么是生态经济制度？生态经济正式制度、非正式制度分别包括哪些内容？
2. 如何理解生态经济制度建设的重要性？
3. 你认为当前生态经济制度建设存在哪些不足？
4. 生态经济制度建设的途径有哪些？
5. 构建生态社会机制的路径有哪些？

参考文献

1. 唐建荣. 生态经济学 [M]. 北京：化学工业出版社，2005.

2. 赵桂慎. 生态经济学 [M]. 北京：化学工业出版社，2009.

3. 梁山，赵金龙，葛文光. 生态经济学 [M]. 北京：中国物价出版社，2002.

4. 汤天滋. 主要发达国家发展循环经济经验述评 [J]. 财经问题研究，2005（2）.

5. 彼得·巴特姆斯. 数量生态经济学. 齐建国，张友国，王红，等，译. 北京：社会科学文献出版社，2010.

6. 赫尔曼·E·戴利. 超越增长：可持续发展的经济学 [M]. 诸大建，胡圣，等，译. 上海：上海译文出版社，2001.

7. 张黎. 什么是绿色经济 [J]. 中国环境报，2009-8-18.

8. 中国人民大学气候变化与低碳经济研究所. 低碳经济——中国用行动告诉哥本哈根 [M]. 北京：石油工业出版社，2010.

9. 王松霈. 中国生态经济学研究的发展与展望 [J]. 生态经济，1995（6）.

10. 王松霈. 生态经济学是指导实现可持续发展的科学 [J]. 鄱阳湖学刊，2009（1）.

11. 腾有正. 环境经济问题的哲学思考——生态经济系统的基本矛盾及其解决途径 [J]. 内蒙古环境保护，2001（2）.

12. 李鹏，杨桂华. 生态经济学学科基本问题的新思考 [J]. 生态经济，2010（10）.

13. 姜学民，等. 生态经济学概论 [M]. 武汉：湖北人民出版社，1985.

14. 赫尔曼·E·戴利，肯尼斯·汤森. 珍惜地球 [M]. 范道丰，译. 北京：商务印书馆，2001.

15. 严茂超. 生态经济学新论：理论、方法与应用 [M]. 北京：中国致公出版社，2001.

16. 尚杰. 农业生态经济学. 中国农业出版社，2000.

17. 戴星翼，俞厚末，董梅. 生态服务的价值实现 [M]. 北京：科学出版社，2005.

18. 马传栋. 可持续发展经济学 [M]. 济南：山东人民出版社，2002.

19. 莱斯特·布朗. 生态经济学 [M]. 林自新，等，译. 北京：东方出版社，2002.

20. 王松霈 . 生态经济学 ［M］. 西安：陕西人民教育出版社，2000.

21. 黄玉源，钟晓青 . 生态经济学 ［M］. 北京：中国水利水电出版社，2009.

22. 沈满洪 . 生态经济学 ［M］. 北京：中国环境科学出版社，2008.

23. 刘思华 . 生态马克思主义经济学原理 ［M］. 北京：人民出版社，2006.

24. 伍炜 . 绿色 GDP 核算的应用研究——以炎陵县为例 ［D］. 长沙：湖南农业大学，2010.

25. 周龙 . 资源环境经济综合核算与绿色 GDP 的建立 ［D］. 北京：中国地质大学，2010.

26. 陈栋生 . 环境经济学与生态经济学文选 ［M］. 南京：广西人民出版社，1982.

27. 刘思华 . 理论生态经济学若干问题研究 ［M］. 南宁：广西人民出版社，1989.

28. 陈德昌 . 生态经济学 ［M］. 上海：上海科学技术文献出版社，2003.

29. 鲁明中，王沅，张彭年，李晓荣 . 生态经济学概论 ［M］. 乌鲁木齐：新疆科技卫生出版社，1992.

30. 马传栋 . 生态经济学 ［M］. 济南：山东人民出版社，1986.

31. 姜学民，徐志辉 . 生态经济学通论 ［M］. 北京：中国林业出版社，1993.

32. 王全新 . 生态经济学原理 ［M］. 郑州：河南人民出版社，1988.

33. 丁四保 . 区域生态补偿的方式探讨 ［M］. 北京：科学出版社，2010.

34. 黄欣荣 . 产业生态论 ［M］. 北京：科学出版社，2010.

35. 傅国华，许能锐 . 生态经济学 ［M］. 北京：中国农业出版社，2008.

36. 廖娟论 . 我国生态旅游的可持续发展 ［J］. 现代商贸工业，2011（24）.

37. 夏林根 . 论旅游生态资源化 . 旅游论坛 . 2000（3）.

38. 李云龙 . 绿色物流的产生背景及发展对策初探 ［J］. 中国商界，2012（9）.

39. 胡江虹 . 绿色物流发展研究 ［D］. 西安：长安大学，2011.

40. 李丽 . 论生态旅游的特点及其开展 ［J］. 商场现代化 . 2012（2）.

41. 罗清 . 关于中国生态旅游发展前景的分析 ［OL］. ［2012 - 11 - 15］www.cus-dn. org. cn.

42. 吴肖坚 . 我国发展绿色物流的对策研究 ［J］. 中国人口、资源与环境，2011：21.

43. 高文武，关胜侠 . 消费主义与消费生态化 ［M］. 武汉：武汉大学出版社，2011.

44. 黄国勤 . 生态文明建设的实践与探索 ［M］. 北京：中国环境科学出版社，2009.

45. 生态文明建设学习读本编写组 . 生态文明建设学习读本 ［M］. 北京：中共中央党校出版社，2007.

46. 俞海山，周亚越 . 论消费主义的危害与对策 ［J］. 商业研究，2003（8）.

47. 王宁 . "国家让渡论"：有关中国消费主义成因的新命题 ［J］. 中山大学学报

（社会科学版），2007（4）.

48. 张文伟. 美国"消费主义"兴起的背景分析 [J]. 广西师范大学学报（哲学社会科学版），2008（1）.

49. 杜林. 多少算够——消费主义与地球的未来 [M]. 长春：吉林人民出版社，1997.

50. 尹世杰. 提高生态消费力的意义和途径 [N]. 人民日报，2012-4-12.

51. 鞠美庭，王勇，孟伟庆，何迎. 生态城市建设的理论与实践 [M]. 北京：化学工业出版社，2007.

52. 李海龙，于立. 中国生态城市评价指标体系构建研究 [J]. 城市发展研究，2011（7）.

53. 吴琼，王如松. 生态城市指标体系与评价方法 [J]. 生态学报，2005（8）.

54. 李玉霞，肖建红，陈绍金. 国内外生态足迹方法应用研究进展 [J]. 安徽农业科学，2011（5）.

55. 蒋依依，等. 国内外生态足迹模型应用的回顾与展望 [J]. 地理科学进展，2005（3）.

56. 周国忠. 国内外生态足迹研究进展 [J]. 浙江学刊，2010（6）.

57. 杜斌，等. 城市生态足迹计算方法的设计与案例 [J]. 清华大学学报（自然科学版），2004（9）.

58. 夏春海. 生态城市指标体系对比研究 [J]. 城市发展研究，2011（1）.

59. 王玉庆. 当前生态城市建设中的几个突出问题 [J]. 求是，2011（4）.

60. 李锋，等. 生态市评价指标体系与方法——以江苏大丰市为例 [J]. 应用生态学报，2007（9）.

61. 郭珉媛. 1999年以来国内生态城市评价指标体系研究述评 [J]. 前沿，2010（23）.

62. 任正晓. 中国西部地区生态循环经济发展研究 [D]. 北京：中央民族大学，2008.

63. 吴燕燕. 欠发达地区循环经济发展障碍及对策研究 [D]. 杭州：浙江师范大学，2010.

64. 丹尼斯·米都斯，等. 增长的极限——罗马俱乐部关于人类困境的报告 [M]. 李宝恒，译. 长春：吉林人民出版社，1997.

65. 崔兆杰，迟兴运，滕立臻. 应用生态位和关键种理论构建生态产业链网 [J]. 生态经济（学术版），2009（1）.

66. 袭著燕. 制造业与资源性产业实现清洁生产的一般性工业生态框架 [J]. 软科学，2008（9）.

67. 曲格平. 关注中国生态安全 [M]. 北京：中国环境科学出版社，2004.

68. 宋东宁，咚敏. 我国生态旅游发展浅析 [J]. 齐齐哈尔大学学报（哲学社会科学版），2007（6）.

69. 王来喜. 西部民族地区"富饶的贫困"之经济学解说 [J]. 社会科学战线，2007（5）.

70. 师守祥，张贺全，石金友. 民族区域非传统的现代化之路 [M]. 北京：经济管理出版社，2006.

71. 胡鞍钢. 地区与发展：西部开发新战略 [M]. 北京：中国计划出版社，2001.

72. 王振健，张保华，李如雪，等. 四川典型紫色土肥力特征及可持续利用研究 [J]. 西南农业大学学报（自然科学版），2005（7）.

73. 王石川. 期待垃圾分类从文本走向范本 [N]. 京华时报，2011 - 11 - 20.

74. 牛斌武. 中国22%自然保护区遭破坏，生态旅游"名不副实". 光明日报，2010 - 3 - 15.

75. 樊胜岳. 生态经济学原理与运用 [M]. 北京：中国社会科学出版社，2010.

76. 沈满洪，高登奎. 生态经济学 [M]. 北京：中国环境科学出版社，2008.

77. 姬鹏程，孙长学. 鄱阳湖生态经济区制度建设研究 [M]. 北京：知识产权出版社，2009.

78. 任勇，冯东方，俞海. 中国生态补偿理论与政策框架设计 [M]. 北京：中国环境科学出版社，2008.

79. 梁山，姜志德. 生态经济学 [M]. 北京：中国农业出版社，2008.

80. 马传栋. 工业生态经济学与循环经济 [M]. 北京：中国社会科学出版社，2007.